Volker Freystedt / Eric Bihl

Equilibrismus

Volker Freystedt · Eric Bihl

Equilibrismus

Neue Konzepte statt Reformen für eine Welt im Gleichgewicht

Mit einem Geleitwort von
Peter Ustinov
und einem Vorwort von
Daniel Goeudevert

Signum

Fachlicher Beirat:
Prof. Ernst Schrimpff (www.solarinitiative.de;
www.sonnenkraft-freising.de)
Helmut Creutz (www.helmut-creutz.de)
Andreas Bummel (www.bummel.org.)

Gewidmet den Kindern dieser Welt –
im Bewusstsein, dass es ihnen nur besser gehen wird,
wenn sie es besser machen werden als wir.

© 2005 by Signum Verlag – Amalthea Signum VerlagsGmbH, Wien
Alle Rechte vorbehalten
Zeichnungen: Andreas Raub
Schutzumschlag: Wolfgang Heinzel
Satz: Fotosatz Völkl, Türkenfeld
Druck und Binden: GGP Media GmbH, Pößneck
Printed in Germany
ISBN 3-85436-370-2

Inhalt

Vorwort von Daniel Goeudevert

Nach meinem Einstieg in die Automobilbranche und der Ausschöpfung der rasanten und interessanten beruflichen Möglichkeiten, die sich mir boten, begann ich mich in den 1980er-Jahren wieder für weitere Horizonte zu öffnen. Ich entdeckte viele neue und mir bis dahin unbekannte Ideen aus anderen Gebieten, von denen viele mich selber weiterbrachten, während auch ich manchem Unkonventionellen weiterhelfen konnte.

Wichtig dabei ist die Bewahrung der Unvoreingenommenheit; auch wenn man bewiesen hat, dass man etwas weiß und etwas kann, sollte man in der Lage sein, neue Gedanken erst einmal anzuhören – auch und gerade wenn sie nicht von anerkannten Experten kommen, sondern von so genannten »Querdenkern«. Ich verstehe darunter jemanden, der verhindert, dass man sich im Kreise dreht.

Viele scheinbare Außenseiter haben mit ihren Gedanken wichtige Anstöße gegeben, auch wenn sie ihre Modelle oder Lösungsansätze in manchen Punkten überschätzten. Doch solche Inputgeber sind nötig, um die oft eingefahrenen Debatten mit neuen Sichtweisen zu beleben.

Manchmal ist es natürlich besonders schwierig, sich einem neuen Konzept zu öffnen – dann nämlich, wenn ihm ein völlig neuer Ansatz, ein neues Paradigma zugrunde liegt. Doch gerade darauf sind wir heute offenbar angewiesen, haben alle bisherigen »Reformen« doch eines gemeinsam: Sie führen uns nicht, wie erhofft, aus der Sackgasse heraus. Wäre es da nicht an der Zeit, die Scheuklappen abzulegen und sich einmal auf Überlegungen einzulassen, die von anderen Ansätzen ausgehen und andere Zusammenhänge herstellen, als wir sie bisher kannten?

Genau dies wird im vorliegenden Buch versucht, in dem von der Organisation *Equilibrismus e. V.* Vorschläge zusammengetragen wurden, die zu einer verbesserten Lage alles Lebendigen auf dieser Erde beitragen könnten. Dabei wird hier nicht der Anspruch erhoben, schnelle Patentlösungen anbieten zu können. Grundlage ist ein völlig neues sozioökologisches Wirtschaftssystem, auf dem aufbauend ein veränderter Umgang mit der Natur sowie unter uns Menschen möglich werden könnte.

Ich selbst kann unmöglich alle hier gemachten Vorschläge bewerten und dafür geradestehen, dass sie funktionieren könnten. Aber ich hege große Sympathien für Menschen, die sich auf so breiter Ebene auf geistiges Neuland wagen, die neben ihren beruflichen und familiären Verpflichtungen den Enthusiasmus aufbringen, sich nicht nur Gedanken über eine bessere Welt zu machen, sondern diese sogar in einem Modell umzusetzen versuchen, in dem einfache Lösungen für schwierige, untereinander verflochtene Probleme erprobt werden sollen.

Dieses Buch verdient Leser, die bereit sind, sich neuen Sichtweisen zu öffnen, und willens, sich an der notwendigen Debatte über neue Lösungen zu beteiligen. Seien Sie neugierig! Lassen Sie sich möglichst unvoreingenommen auf seinen interessanten Inhalt ein. Danach entscheide jeder, wo er konform geht oder wo er widerspricht.

Daniel Goeudevert

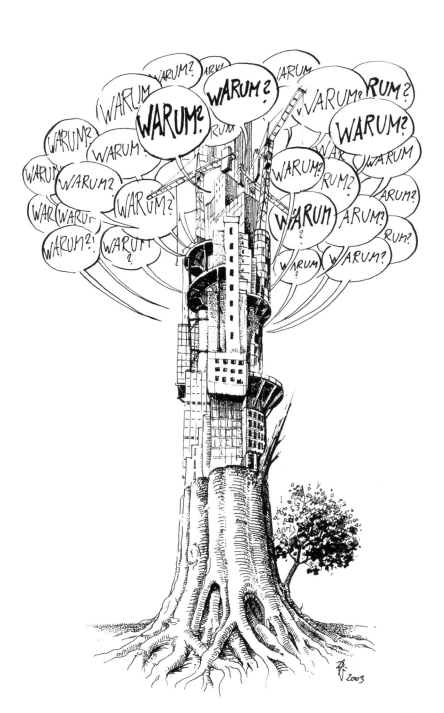

Der schlechten Prognose den Vorrang
gegenüber der guten zu geben
ist verantwortungsbewusstes Handeln
im Hinblick auf zukünftige Generationen.
Hans Jonas

Einführung in das Konzept des Equilibrismus

Es gibt viele Organisationen, die sich für die Erhaltung der Umwelt einsetzen. Die einen schützen Tiere, die anderen Pflanzen, wieder andere kämpfen allgemein gegen die Zerstörung der Umwelt durch wirtschaftliche Interessen.

Es gibt auch etliche Vereinigungen, die sich für die Einhaltung der Menschenrechte stark machen. Einige Organisationen prangern das ungerechte kapitalistische Wirtschaftssystem an, das zwar freier als das kommunistische, aber auch nicht gerechter ist, und fordern eine Geldordnung, die nicht, einer blinden Gesetzmäßigkeit folgend, Reichtum durch Armut erzeugt und den Staat vor aussichtslose Ausgleichsaufgaben stellt.

Viele Vereine beschränken ihre Aktivitäten auf den nationalen Rahmen, während andere global agieren.

Das Problem all dieser Initiativen (deren Arbeit sehr zu begrüßen ist!) liegt darin, dass sie sich jeweils mit Teilbereichen befassen, die aber in ihrer Kausalität mit den anderen Bereichen untrennbar verbunden sind. Soll die Arbeit dieser Organisationen nachhaltigen Erfolg haben, so müssen sie zumindest miteinander kooperieren.

Damit ist für uns auch die Frage nach dem Sinn dieses Buches beantwortet. Natürlich gibt es bereits eine Vielzahl von Publikationen, die sich mit den gleichen Themen befassen, die hier angesprochen werden. Wir jedoch wollen nicht nur einige noch wenig bekannte Anregungen geben, sondern vor allem neue Sichtweisen auf neue Zusammenhänge herstellen, indem wir die zahlreich vorhandenen, aber sonst nur vereinzelt auftretenden Alternativmodelle in einen systemischen Zusammenhang stellen.

(Wieder-)Herstellung des Gleichgewichts

Der Equilibrismus (von lateinisch »aequilibrium«, Gleichgewicht) strebt eine (Wieder-)Herstellung eines Gleichgewichts zwischen Natur- und Kulturraum, vor allem zwischen Ökologie und Ökonomie an. Er entwirft ein Konzept, das sich *übergreifend* mit den wichtigsten Problembereichen beschäftigt und eine *globale* Umsetzung anstrebt. Deshalb bezeichnen wir uns auch nicht als »Globalisierungsgegner«, auch wenn wir klar sehen, was hinter der so genannten »Globalisierung« steckt: die globale Monopolisierung, etwa von Waren- und Kapitalmärkten. Es gibt einen Begriff, der den Unterschied besser zum Ausdruck bringt: »Altermondialisten«. Darunter sind Menschen zu verstehen, die eine andere Welt wollen als die von den derzeit richtunggebenden Weltkonzernen geprägte.

Auch die Globalisierung bewirkt in einem gewissen Sinne ein Gleichgewicht. Der Wohlstand der »Ersten Welt« basierte bisher zum nicht unerheblichen Teil auf der Ausnutzung der Dritten Welt, wobei auch hier schon galt, dass in allen Ländern immer nur eine Finanzelite zu den wahren Gewinnern zählte. In Zukunft dürfte es durch die Globalisierungsfolgen zu einer Nivellierung der Lebensstandards der »Normalbevölkerung« aller Länder kommen – wobei die jetzt wohlhabenden Weltgegenden sich den jetzt armen Ländern stark annähern werden in einem »Gleichgewicht des Schreckens«.

Diese Entwicklung sehen wir nicht als Schicksal, sondern als eine von einer Minderheit gewählte Option. Der wollen wir uns widersetzen, indem wir bessere, weil gerechtere und zukunftsfähigere Möglichkeiten aufzeigen und Wege zu deren Umsetzung suchen.

12

Einige wichtige Prinzipien

Es wird so viel von dringend benötigten Visionen geredet – wir haben eine: eine Welt, an der jeder Mensch seinen Anteil hat, der ihm ein selbst bestimmtes Leben in Frieden ermöglicht. Eine Welt, in der auch Platz für alles andere Lebendige ist.

Dazu benötigt man keine revolutionären neuen Technologien und auch keinen »neuen Menschen«. Es genügen die Technik und der Mensch von heute. Was es braucht, sind allein neues Denken und neue Zielsetzungen – und deren tatkräftiges Umsetzen.

Sich für eine andere, bessere Welt einzusetzen bedeutet für uns konkret, lokal *und* global zu denken *und* zu handeln.

Dabei gilt es, wieder in großen Zusammenhängen denken zu lernen.

So, wie alle Teile des Körpers gleich wichtig sind und nicht einer auf Kosten der anderen ungebremst wachsen darf, sollte die ökonomische Betätigung des Menschen – wiewohl grundlagenschaffend – nicht Selbstzweck sein und den Vorrang vor seinen anderen Bedürfnissen erhalten. Auch darf die Inanspruchnahme der natürlichen Ressourcen durch eine Spezies keine ständigen Zuwachsraten aufweisen. Dazu gehört in erster Linie die Vermeidung eines weiteren dramatischen Bevölkerungswachstums. Zum anderen muss bei der Wahl der Energiequellen ein deutlicher Schwenk weg von den endlichen und meist schädlichen »Bodenschätzen« erfolgen, hin zu regenerativen und an die – nach menschlichem Zeitmaß unerschöpfliche – Sonnenenergie gekoppelten vielfältigen Energieformen. Im Stoffbereich ist entscheidend, dass alles, was dem Naturkreislauf entnommen wird, ihm auch wieder zurückgeführt werden kann. Um diese Ziele zu erreichen, müssen die Kurskorrekturen *sofort* eingeleitet werden, weil ihre Wirkungen nur langsam und mit Verzögerung einsetzen können.

Unsere Aktivitäten müssen, wenn der Begriff *Nachhaltigkeit* nicht als bloßes Schlagwort missbraucht werden soll, in Symbiose mit den Regeln und den Kreislaufgesetzen der Natur stattfinden.

Es gibt kein »Zurück«

Trotzdem will der Equilibrismus kein »Zurück zur Natur«. Wir wollen überhaupt kein »Zurück«, auch wenn wir uns manchmal wünschen, die Zeit noch einmal zurückdrehen zu können – um die paar Jahrzehnte, seit denen wir eigentlich schon wissen, dass wir in einer Sackgasse vorwärts rasen. Auch einer der bekanntesten Warner, Dennis Meadows, hat vor kurzem in einem Interview bemerkt, wir hätten seit seinem Buch »Grenzen des Wachstums« 30 Jahre verloren. Als Grund sehen wir vor allem, dass wir eine zur Umkehr wichtige geistige Grundvoraussetzung noch nicht erfüllt haben: die Abkehr vom anthropozentrischen Denken. Wir müssen erkennen, dass es ein »Zurück zur Natur« gar nicht geben kann, weil es uns nicht möglich ist, sie zu verlassen. Wir sind doch nicht zufällig von irgendwoher auf die Erde gestoßen und haben beschlossen zu bleiben, weil es hier ganz nett ist – wir Menschen sind ein komplexes Teilsystem in einer Vielzahl von komplexen Systemen, die sich langsam in langen Zeiträumen, in wechselseitigen Abhängigkeiten und in einem dynamischen Beziehungsgeflecht entwickelt haben. Und nur an *dieser* Stelle des Universums, die wir Erde nennen, kann es uns geben – vorausgesetzt, wir zerstören das labile Gleichgewicht nicht, das unsere Lebensgrundlagen sicherstellt. So, wie wir heute ganz selbstverständlich mit »unserem« heliozentrischen Weltbild umgehen und über das geozentrische Weltbild vor Kopernikus und Galileo nur spotten können, so werden wir hoffentlich bald zu einer holistischen Weltsicht finden, in der der Mensch seinen Platz im Ganzen erhält, und mit Verwunderung auf die Zeit zurückblicken, als er sich losgelöst über »den Rest der Schöpfung« gestellt sah.

Um in der kurzen, uns verbleibenden Zeit überhaupt noch eine Chance zu haben, will der Equilibrismus nicht an fehlerhaften Systemen herum-»reformieren«, sondern sie durch Besinnung auf die jeweiligen Grundfragen völlig erneuern; insofern ist er »radikal«, weil er an die Wurzeln geht. Es dürfen aber nicht nur fehlerhafte Systeme abgeschafft, sondern es müssen gleichzeitig neue Rahmenbedingungen festgelegt werden. Als Maßstab für die neuen Regeln gilt immer (siehe oben), dass sie sich im Einklang mit der Natur befinden.

Wir sind der Überzeugung, dass es kein Gebiet gibt, auf dem wir uns heute betätigen, in dem nicht noch ein gewaltiger Fortschritt möglich ist, ein Fortschritt allerdings in dem Sinne, dass auch nach uns ein Weiterschreiten der Menschheit und allen Lebens auf der Erde möglich ist.

Wer keine Wahl hat, hat die Qual

Auch wenn die Endsilbe »ismus« manchen erschrecken mag: Die Namensbildung »Equilibrismus« ist auch als ironische Herausforderung gedacht gegenüber der scheinbar bipolaren Welt aus Kapitalismus und Sozialismus. Wir möchten provozierend darauf aufmerksam machen, dass es durchaus noch andere Denkmuster geben kann.

Dabei verstehen wir unser Konzept nicht als neues Dogma, als etwas Endgültiges, an das man sich abweichungs- und ausnahmslos zu halten hat; denn wir können keine Straßenkarte vorlegen, wenn Neuland betreten wird, sondern nur einen Kompass anbieten, der als Richtungweiser bei eigenen Entscheidungen benutzt werden kann.

Eine wichtige Rolle als Wegweiser käme auch den Religionen zu, sofern deren spirituelle Inhalte (und damit das Einende) und nicht mehr Form und Organisation (und hiermit das Trennende) im Vordergrund stünden. Von der heute mit der Führungsrolle von Gemeinschaften betrauten Politik, und das heißt in erster Linie von den Parteien, ist erst dann wieder ein positiver Beitrag für die Zukunftsgestaltung zu erwarten, wenn völlig neue Bürgerbeteiligungsmodelle entwickelt werden.

Immer wieder heißt es, wir hätten kein Erkenntnis-, sondern ein Umsetzungsproblem. Das ist zum großen Teil richtig. Wie aber könnte ein Buch, dessen Inhalt in erster Linie auch wieder der Vermittlung von Informationen dient, die Umsetzung fördern? Nun, zur Bewusstseinsänderung gehört zunächst Information,

15

gehört das Wissen über Alternativen. Da dieses Wissen bei den so genannten Entscheidungsträgern sogar größtenteils vorhanden ist, aber nicht umgesetzt wird, bedarf es offenbar einer breiten Wissensoffensive in der Bevölkerung, damit von dort der nötige Druck auf die Politik ausgeübt wird, besser noch: damit dort konkrete Projekte realisiert werden.

Keine Komplexe vor Komplexem!

Der »Nachteil« des Equilibrismuskonzepts besteht darin, dass jeder Bereich für sich gesehen bereits sehr komplex ist, das Gesamtkonzept daher eine gehörige Portion an Aufnahmebereitschaft vonseiten der Interessierten verlangt. Doch wenn wir uns dazu befähigt und berechtigt sehen, als »Experten« in einem Spezialbereich tätig zu werden, mit Folgen für andere Bereiche, dann müssen wir uns auch für diese Folgen interessieren. Umso mehr, wenn diese Folgen so weitreichend sind wie heute beim Klimawandel oder wenn soziale Verwerfungen damit verbunden sind, die zu Elend, Unruhen oder Krieg führen. Weil die dramatischen Entwicklungen uns alle betreffen, ist es notwendig, dass wir uns alle nach unseren Möglichkeiten »schlau machen« und an Entscheidungen beteiligen. Der unmündige, durch Breitbandkonsum ruhig gestellte Bürger muss zum Auslaufmodell werden.

Zu diesem Mündigmachen auch in Dingen, die fernab der eigenen Ausbildung und des derzeitigen Berufsfelds liegen, wollen wir beitragen. Denn erst wenn wir Bürger laut mitreden, wenn wir Alternativen benennen und fordern können, werden »die da oben« reagieren und sich zu wirklichen Reformen durchringen.

Hier wollen wir mit gutem Beispiel vorangehen, indem wir – ohne durch Studium oder berufliche Spezialisierung dazu zertifiziert zu sein – mit diesem Buch den Versuch unternehmen, als »mündige Bürger« zunächst eine geraffte Analyse des weitgehend katastrophalen Status quo vorzulegen und im Anschluss

16

durch beispielhafte und ermutigende Alternativen neue Zukunftsperspektiven zu eröffnen.

An wen wenden wir uns?

Wir wollen diejenigen erreichen, die die Lösung unserer Probleme nicht mehr von institutioneller Seite, von den Höhen der politischen Hierarchie erwarten.

Wir wenden uns an alle, die erkannt haben oder zumindest ahnen, dass wir es mit grundsätzlichen Systemfehlern zu tun haben, die nur durch einen Systemwechsel behoben werden können; die aber gleichzeitig sehen, dass wir selbst uns dieses System gewählt haben, es also auch in unserer Hand liegt, wann und wie wir es verändern.

Wir wollen somit vor allem jene ansprechen, die schon ein hohes Problembewusstsein haben und die vor allem an Lösungsvorschlägen interessiert sind. Genau hier liegt unser Schwerpunkt. Trotzdem wollten wir uns nicht allein darauf beschränken. Denn zum einen hoffen wir, dass jeder, der Gefallen an diesem Buch findet, auch das eine oder andere Exemplar an Menschen verschenkt, die noch nicht überzeugt sind von der Notwendigkeit tiefgreifender Veränderungen. Auch wenn es dann erst einmal im Bücherregal landet: Wenn die Krisen in Wirtschaft und Gesellschaft noch deutlicher zutage treten, wird man sich vielleicht erinnern. Aber auch wenn jemand bereits von der Dringlichkeit von Veränderungen überzeugt ist: Es kann nicht schaden, möglichst die Analyse des Status quo, Argumente für Veränderungen und konkrete Alternativvorschläge auf engem Raum versammelt zu finden, sodass man sich in den noch bevorstehenden schwierigen Diskussionen leichter tut.

München, im November 2004

Eric Bihl & Volker Freystedt
EQUILIBRISMUS e. V.
(www.equilibrismus.de)

I.

Die Ziele der Menschen
oder:
Beabsichtigte Wirkungen

Alles Lebendige sucht nach einer besseren Welt. ...
Alles Lebendige macht Fehler.
Karl R. Popper

Wir wollen doch nur das Beste

Wenn der Mensch sich auf dieser Erde betätigte, so tat er dies in grauer Vorzeit, um sein Überleben und das seiner Sippe zu sichern. Nicht verdursten, nicht verhungern, nicht erfrieren, nicht von wilden Tieren gefressen werden, sich vermehren. Das stellte bereits das Optimum an Lebensqualität dar. Dazu gab man sich mit dem zufrieden, was man vorfand: eine Höhle, Früchte und Wurzeln, Wildtiere. Erst später kam – mit dem Bestreben und den Möglichkeiten, der Knappheit durch Bevorratung zu begegnen – auch der gestaltende Eingriff in die Natur hinzu, wie ihn Landwirtschaft, Tierzucht und Hausbau darstellen. Doch erst seit der Mensch begonnen hat, seine Umwelt »wissenschaftlich« zu ergründen und in die Naturgesetze Einblick zu nehmen, kam mit dem Wunsch nach Prophylaxe noch der Drang hinzu, die Unvollkommenheit der Welt durch Korrekturen zu beseitigen und sie nach den Bedürfnissen des Menschen zu gestalten.

Daran ist sicher nichts Illegitimes. Wer könnte es uns übel nehmen, dass wir nicht nur nicht von großen Wildtieren zertrampelt oder gefressen, sondern auch nicht von mit bloßem Auge unsichtbaren Viren und Bakterien durch Krankheiten dahingerafft werden möchten? Dass wir nicht nur nicht hungern, sondern ganz genau bestimmen möchten, was wir wann essen? Dass wir unsere Zeit nicht allein mit Jagen oder Ackerbau oder als Wildhüter verbringen möchten, sondern ganz gerne auch ein Abonnement für das Staatstheater hätten?

Und könnte man nicht auch sagen: Wenn wir schon die Fähigkeiten besitzen, die Erde zu verändern, dann wird das schon (von Gott, von der Evolution) so beabsichtigt sein? Oder einfacher gesprochen: Wer kann, der darf?

Tausche Leid gegen Glück

Jetzt mag mancher einwenden, dass wir vieles tun, was nicht gerade zu unserem Besten ist, sondern allenfalls der schnöden Gewinnsucht dient.

Auch wenn es an den heutigen Zuständen viel zu kritisieren gibt, man kann sicher nicht alles darauf zurückführen, dass die Verursacher von Umwelt- und Gesundheitsschäden nur ihren Profit im Auge hätten. Natürlich gibt es genügend Menschen, die für Geld auch über Leichen gehen. Doch in den meisten Fällen unserer Fortschrittsentwicklungen kann man sicher unterstellen, dass zunächst lautere oder zumindest akzeptable Motive im Spiel waren. Oder man könnte durchaus mit Buddha sagen: Der Mensch möchte Leid vermeiden und Glück erzielen. Im profanen Alltag reduziert sich das dann oft darauf, dass jemand eine Marktlücke finden, ein anderer mit einer Erfindung reich werden und wieder jemand anderes als Popstar Berühmtheit erlangen will. Einzelne sind sogar hauptsächlich vom Gedanken getrieben, ihren Mitmenschen zu helfen. Das kann durch die Entwicklung eines neuen Medikaments, die Entdeckung neuer Ressourcen oder die Erfindung einer neuen Technologie geschehen.

Erinnern wir uns doch an unsere eigene Sozialisation. Wer als typisches Großstadtkind einer westlichen Industrienation aufgewachsen ist, konnte die Meldungen über neue Erfindungen nur begrüßen: Da gab es nicht nur Hemden, die nicht mehr gebügelt werden mussten, sondern es wurde sogar möglich, statt durch Rauch erzeugende Verbrennung schmutziger Kohle Energie aus Atomkernen zu gewinnen! Sauber, geräuschlos und geruchlos ließ sich mit solch kleinen Elementen eine so große Wirkung auch zur friedlichen Nutzung entfachen. Ein genialer Einfall menschlichen Geistes! Da konnte man als Heranwachsender doch nur bewundernd staunen.

Oder die Fortschritte in der Medizin: Eine Krankheit nach der anderen wurde nicht nur besser diagnostiziert (wobei die Fortschritte in der Physik eine große Hilfe waren), sondern man entwickelte immer mehr Pharmaka, mit denen diese Krankheiten auch behandelt werden konnten. Wo nichts mehr zu retten war, tauschte man einfach Organe aus. So langsam stellte sich die Frage: Wie lange dauert es noch, bis es für alle Krankheiten eine Heilung und letztlich weder Altern noch Tod mehr geben würde?

Es geht voran!

Doch die Eingriffe beschränkten sich nicht auf den menschlichen Körper. Auch tierisches und pflanzliches Leben konnten immer besser beeinflusst und fortschrittlich verändert werden – Eigenschaften, die uns passen, wurden verstärkt, die anderen unterdrückt. Und alles wurde sehr rational durchorganisiert: Wenige große Flächen statt vieler kleiner lassen den Einsatz von großen Maschinen zu, viele Tiere einer Art lassen sich zeitsparender aufziehen und verarbeiten, und die Reduzierung auf spezialisierte Pflanzenarten schafft ebenfalls jede Menge Vereinfachung und damit Einsparungen. Immer weniger Menschen sind nötig, um den Rest mit Nahrung zu versorgen. Und fast alles wird immer billiger. Dem Ideal, ein Weltprodukt zu schaffen, das dank gleich bleibender Ausgangsstoffe überall gleich und dazu noch billig angeboten werden kann, sind Coca-Cola und McDonald's am nächsten gekommen. Der Kunde dankt für diese Berechenbarkeit mit globaler Treue.

Auch im rein technischen Bereich gab es ständigen Fortschritt und Neuentwicklungen. Autos wurden immer schneller, sicherer und komfortabler. Für den Haushalt gab es immer raffiniertere Geräte, die einem die Arbeit erleichterten. Um die gewonnene Zeit genießen zu können, entwickelte man immer mehr Unterhaltungs- und Kommunikationstechnologie: Fernsehgeräte, Tonaufzeichnungs- und -wiedergabegeräte, Telefonapparate bis hin zum Foto-Handy, PCs und schließlich das Internet. Mit den vielen ihm zur Verfügung stehenden Knöpfen auf Fernbedienungen, der gewaltigen verfügbaren Informationsmenge und der grenzenlosen Erreichbarkeit beschleicht auch den Durchschnittsbürger das Gefühl der Omnipräsenz und Omnipotenz.

23

Das beste aller Systeme?

Mit der Vielfalt der Fortschrittsoptionen steigen auch die Erwartungen – nicht nur im technischen Bereich, sondern überall. Auch an die Politik, die doch die Rahmenbedingungen für die Entfaltung unserer Gesellschaft und die Erfüllung ihrer Bedürfnisse schaffen soll. Dafür haben wir das beste System, nämlich die Demokratie. Wir wählen aus einer Reihe von Parteien unsere Regierung, die dann einige Jahre Zeit hat, sich zu beweisen. Wenn sie sich als unfähig erweist, wählen wir eine andere. Da in einer Demokratie alle Entscheidungen öffentlich debattiert werden, wissen wir dank unserer Medien auch immer, woran wir sind und wer für was verantwortlich ist. Und wegen der zunehmenden Komplexität unserer selbst geschaffenen Kunstwelt haben wir Experten für alle Gebiete, die testen, überprüfen und begutachten.

Vor allem aber haben wir das beste Wirtschaftssystem: den Kapitalismus. Quot erat demonstrandum! Denn lange Zeit versuchte der Sozialismus, ein Kopf-an-Kopf-Rennen vorzutäuschen – bis ihm die Luft ausging, mit der er sich aufgeblasen hatte. Jetzt also ist es amtlich. Der freie Markt oder, wie Adam Smith es nannte, »die unsichtbare Hand« sorgt selbstregulierend dafür, dass einerseits Nachfrage und Angebot über den Preis zusammenkommen, aber auch dafür, dass die egoistischen Absichten der Individuen letztlich doch zu einer Verbesserung der Gesamtsituation aller führen. Die Mechanismen des Kapitalmarkts tragen dazu bei, dass bei der Herstellung des Angebots immer der bestmögliche Einsatz von Material, Energie und Arbeitskraft erfolgt.

Also alles bestens, sollte man meinen.

Doch Tatsache ist, dass wir trotz nicht zu leugnender Verbesserungen der Lebensumstände in einigen Punkten und an wenigen Plätzen dieser Erde bei ungetrübter Wahrnehmung mehr Schatten als Licht erkennen. Wenn wir ehrlich sind, müssen wir zugeben, dass wir uns immer stärker reduzieren und unsere

Vielfalt nur noch eine scheinbare ist, nämlich die der künstlich erzeugten Angebote. Die von jeher vorhandene natürliche Vielfalt hingegen schränken wir ständig weiter ein.

So nutzen wir zum Beispiel von Hunderttausenden von Pflanzenarten eigentlich nur 20 für unsere Ernährung, und davon decken allein vier (Reis, Weizen, Mais und Kartoffeln) über 50 Prozent des Bedarfs ab.

Wir suchen nach Sicherheit, doch ein Großteil der Menschheit lebt in existenziell unsicheren Verhältnissen, was bedeutet, dass sie nicht davon ausgehen können, die nächsten Monate zu überleben. Sie sind bedroht von Hunger und Krankheiten, Mangel an sauberem Wasser, extremem Wetter, Dürre oder Überschwemmung, Vertreibung und Krieg. Sie sind verschuldet und rechtlos. Sie haben keine Zukunftsperspektive und können nichts an die nächste Generation weitergeben als dieses unsichere Leben.

Bei näherem Hinsehen müssen wir wohl zugeben, dass wir offenbar doch nicht in der Lage sind, die Welt so zu manipulieren, dass alles zu unserem Vorteil läuft – und zwar nicht nur zum Vorteil weniger heute Lebender, sondern zum Wohlergehen der Menschheit an sich!

Einige Menschen meinen immer noch, mit noch größerer Geschwindigkeit den weiteren »Fortschritt« vorantreiben zu müssen, und haben dafür die Begründung: »Gott gab uns unser Hirn, und es ist eine Beleidigung für ihn, wenn wir es nicht voll ausnutzen.«* Andere raten derweil dringend zu einem langsameren Tempo, das uns noch Zeit für eine Erfolgskontrolle lässt: Passt das Alte noch zu dem Neuen, oder produzieren und lernen wir eigentlich nur noch für die Müllhalde und den Papierkorb, weil nichts mehr länger als einen Augenblick lang Gültigkeit hat?

---

* Ein Leserbriefschreiber zum Thema Stammzellforschung, Newsweek, 18. Oktober 2004.

Doch damit sind wir eigentlich schon beim nächsten Kapitel. Während in diesem unsere eigentlichen Ziele aufgezeigt werden sollten, wie beim »Waschzettel« für ein Medikament die beabsichtigten Wirkungen, so werden wir uns im folgenden Kapitel mit den unerwünschten Nebenwirkungen befassen, und es wird (wie oft bei medizinischen Beipackzetteln auch) weitaus umfangreicher ausfallen.

II.

Die Geister, die wir nicht riefen
oder:
Unerwünschte Nebenwirkungen

II.

Die Geister, die wir nicht riefen
oder:
Unerwünschte Nebenwirkungen

Denke daran,
dass nach den großen Zerstörungen
jedermann beweisen wird,
dass er unschuldig war.
Günter Eich

Die Geister, die wir nicht riefen

Wir haben unterstellt, dass die meisten Eingriffe in die Natur zunächst einmal in der guten Absicht geschahen, Verbesserungen herbeizuführen. Dass der Mensch dabei in erster Linie an seine eigenen Lebensbedingungen denkt, wie im Kampf gegen Krankheitserreger, entspringt wohl einem gesunden, »natürlichen« Egoismus. Aber auch wenn man davon ausgeht, dass die meisten Forscher und Erfinder in der Regel Gutes bewirken wollten – später stellte sich leider zu häufig heraus, dass sie entweder schädliche Nebenwirkungen (wie bei vielen Chemie- und Pharmaprodukten) übersehen hatten, oder ihnen wurden ihre Entdeckungen von Macht- und Geldbesessenen aus der Hand genommen und für negative Zwecke verwendet (wie bei der Kernspaltung).

Inzwischen haben die Eingriffe in die Naturabläufe sowohl quantitativ als auch qualitativ solche Ausmaße angenommen, dass wir kaum noch unterscheiden können zwischen Schäden, die uns Menschen tangieren, und Schäden, die »nur« andere Lebewesen, bis hin zum Artensterben, betreffen.

Auch unsere Gesellschaften haben, global gesehen, noch längst nicht zu einem friedlichen Miteinander gefunden, wie dies erstrebenswert und möglich wäre. Selbst innerhalb einzelner Länder nehmen die Spannungen eher zu als ab. Das mag auch damit zu tun haben, dass die ökonomischen Fortschritte einiger Weltgegenden immer nur einer Minderheit zugute kommen und zu einem beträchtlichen Teil auf Kosten der breiten Masse und der Umwelt gehen.

Unser guter Wille und unsere wunderbaren wissenschaftlichen Theoriemodelle haben uns, wenn wir einen ehrlichen Blick auf unsere Welt werfen, wenig vom Paradies und viel von der Hölle gebracht.

Mission unerfüllt

Denn trotz allen »Fortschritts« sind die größten Probleme der Menschheit nicht gelöst. Einige von ihnen (wie Hunger, Obdachlosigkeit oder Epidemien) mögen für einen Teil der Menschen derzeit nicht relevant sein, indirekt aber bedrohen die negativen Entwicklungen jeden Menschen auf der Welt, sei es durch Klimaveränderung, atomare Strahlung oder durch Krieg und Terrorismus. Es gibt nur verhältnismäßig wenige Menschen auf der Erde, die nicht irgendeiner Bedrohung ausgesetzt sind. Und wer kann im Ernst glauben, dass in Europa, wo die heute unter Sechzigjährigen weder Krieg noch Seuchen noch anderes Elend erleben mussten, auch der nächsten Generation ein so großes Zeitfenster mit Frieden und Wohlstand offen stehen wird?

Ein grundlegendes Problem ist nach wie vor die beinahe exponentielle Zunahme der Weltbevölkerung, die vor allem dort stattfindet, wo die Versorgung mit Lebenswichtigem kaum gegeben ist. Wollte man die gesamte Erdbevölkerung mit dem ausstatten, was heute allgemein als »menschenwürdig« empfunden wird, so stieße man sehr schnell an die Grenzen der vorhandenen Ressourcen, umso mehr, wenn man bei den derzeitigen Produktions- und Energieerzeugungsmethoden bliebe.

Ungerechtes Gefälle

Dabei wäre durchaus »genug für alle« da. Doch die Realität weist ein starkes Gefälle aus: Es gibt eine große Bandbreite von sehr wohlhabenden Ländern bis hin zu extrem armen Weltgegenden. Reiche Länder haben eine differenzierte Infrastruktur, sie produzieren, importieren und exportieren alle notwendigen

Güter und verfügen über eine Vielfalt an Dienstleistungen. In armen Ländern haben viele Menschen nicht einmal das, was ihnen das Erleben des nächsten Tages garantieren könnte, und oft ist die Infrastruktur so schlecht, dass Hilfsangebote die Bedürftigen nicht einmal erreichen.

Auch innerhalb der einzelnen Länder gibt es starke Unterschiede. Trotz aller Beteuerungen stehen nicht jedem Menschen bei seiner Geburt sämtliche Zukunftsoptionen offen. Der Bildungsweg, der Zugang zu gesellschaftlichen Schichten und Berufschancen hängen zum größten Teil vom Elternhaus ab. Erst recht die Teilhabe am Wohlstand. Man wird leichter reich, wenn man in einem armen Land in einer reichen Familie geboren wird (selbst ohne hohen IQ), als wenn man in einem wohlhabenden Land in einer armen Familie aufwächst (und recht gescheit ist).

Diese krassen Unterschiede in den einzelnen Lebenslagen widersprechen allen ethischen, moralischen und religiösen Wertvorstellungen, und sie werden folglich auch als Ungerechtigkeit empfunden. Die Folgen sind dramatisch – doch da es innerhalb der von uns überschaubaren Historie offenbar nie anders war, sind wir weitgehend abgestumpft. Ein Teil der Menschen erhält quasi nie die Möglichkeit, wirklich zu leben; jeder Tag ist ein Vegetieren im Angesicht des Todes. Andere haben Macht und besitzen so viel, dass sie Diener brauchen, die sich um alles kümmern. Wieder andere werden fanatisiert und greifen zu Gewalt, um sich zu holen, was ihnen verwehrt ist, oder anderen das zu zerstören, was diese mehr haben.

»Der Mensch ist dem Menschen ein Wolf«, sagte Thomas Hobbes.

Warum ist es trotz entsprechender Lehren und Gebote der Religionen bis heute nicht gelungen, einen Zustand herbeizuführen, in dem die Menschen sich als gleichberechtigte, mitfühlende und sich unterstützende Angehörige der »Familie Mensch« betrachten? Warum schaffen wir es nicht, weltweit das zu erreichen, was in der Wirtschaft Win-win-Situation genannt wird?

Wunder und Wundern

Bleiben wir zunächst im eigenen Land. Deutschland gehört zu den wohlhabendsten Staaten der Erde. Trotzdem geht es uns schlecht. Warum? Für die derzeitigen Probleme wird ein Kernproblem verantwortlich gemacht: das fehlende (oder zu geringe) Wirtschaftswachstum. Wie konnte das geschehen? Betrachten wir einmal die Zeit nach dem Zweiten Weltkrieg. Vieles musste erst wieder aufgebaut werden, was im Krieg zerstört worden war. Wachstum war dringend nötig, und es bewegte sich um 1950 bei zirka acht Prozent. Schon bald war vom »Wirtschaftswunder« die Rede: Sowohl der private als auch der öffentliche Wohlstand nahmen rapide zu. Man baute komfortablere Wohnungen, richtete sich behaglich ein, konnte sich immer mehr Haushaltsgeräte leisten, dann sogar ein Auto, und fuhr immer weiter und öfter in den Urlaub. Wachstum war also immer noch möglich, es lag in den Sechzigern um die vier Prozent. Die »öffentliche Hand« baute Schulen, Straßen, Schwimmbäder und Konzertsäle. Das Bruttosozialprodukt stieg zwar real immer noch, doch in Prozentzahlen ausgedrückt sank das Wachstum – bis wir unter ein Prozent kamen. Was aus dem Munde eines Politikers oder »Wirtschaftsweisen« allerdings so klingt, als würde hierzulande nichts mehr produziert, bedeutet nüchtern betrachtet aber nichts anderes als: Wir haben selbst bei einem »Nullwachstum« das gleiche Bruttosozialprodukt wie im letzten Jahr und ein weit höheres als in den Jahrzehnten davor!

Sieht man sich in den deutschen Haushalten um, dann leuchtet es durchaus ein, dass ein quantitatives Wachstum kaum noch möglich ist; trotz deutlich gestiegenen Pro-Kopf-Wohnraums sind die Zimmer voll. Fernsehgeräte, Videorekorder und Stereoanlagen stehen nicht mehr nur im Wohnzimmer, und auch PCs sind bereits in Kinderzimmern zu finden. Ein Mobiltelefon besitzt inzwischen ebenfalls fast jedes Kind. Wer einen Führerschein macht, wartet nicht mehr lange auf sein Auto. Auch hier sind wir nahe an der Vollausstattung.

Wozu also noch »wachsen«, warum reicht es nicht, für Ersatz

32

zu sorgen, wenn die Gebrauchsgüter kaputtgehen? Ja, es müsste durch beständige Fortentwicklung doch eher zu langlebigeren Gütern kommen, wodurch das Wachstum noch einmal gebremst würde – ein eigentlich erfreulicher Umstand.

Verbraucher

Doch mit aggressiver Werbung wird vor allem die »Zielgruppe« Kinder und Jugendliche zum Kauf immer neuer »Technologien«, neuer »PC-Anwendungen« und Handy-Klingeltöne gedrängt, wird im Wettlauf zwischen Hard- und Software der PC künstlich veraltet, bevor man noch mit seinen Macken umzugehen gelernt hat, werden mit vielen und zu wenig erprobten Gimmicks voll gestopfte neue Auto-»Generationen« auf die Straße gehetzt, was zu jährlich zunehmenden und imageschädigenden Rückrufaktionen führt. Ist damit das oft beschworene »qualitative Wachstum« gemeint?

Immer wieder werden wir als »Verbraucher« oder »Konsumenten« angesprochen und zum Geldausgeben ermuntert, obwohl jeder mit ein bisschen gesunden Reflexen das als Beleidigung ansehen müsste. »Benutzer« oder »Gebraucher« wäre gerade noch erträglich. Aber nein, halten wir uns beim »Verbrauchen« auch nur ein wenig zurück, führt das nicht etwa zu Lobeshymnen vonseiten der Regierung. Im Gegenteil: Wirtschaft und Politik brechen unisono in großes Wehgeschrei aus: Wir brauchen mehr Binnennachfrage, unser Wachstum ist zu gering! Doch wo bleibt hier die naive Kinderfrage nach dem »Warum?« Warum soll ich, je satter ich werde, umso mehr essen?

Produktivitätsfortschritt

Genauso freudig wie die zunehmende Langlebigkeit von Produkten müsste eigentlich der ständige Produktivitätsfortschritt begrüßt werden. Denn er bedeutet: Man kann mehr haben, muss aber weniger dafür tun. (1960 kostete ein Mono-Transistorradio 110 DM – heute bekommt man für 55 Euro eine komplette Stereoanlage. Für 110 DM musste man 1960 aber weit länger arbeiten als für 55 Euro heute). Mit weniger Arbeit den gleichen Lebensstandard oder sogar einen etwas höheren genießen, sollte das nicht als echter Fortschritt gefeiert werden? Wieder Fehlanzeige: Während die hauptsächlich mit sich selbst beschäftigte Arbeitsagentur mit immer neuen Tricks die weiter steigenden Arbeitslosenzahlen zu schönen bemüht ist, wird an der Arbeitsfront zur Offensive geblasen; es soll mehr statt weniger gearbeitet werden! Ein Teil der Arbeitsfähigen und Arbeitswilligen wird derweil weiterhin ausgegrenzt – was für viele nicht nur mit dem finanziellen, sondern teilweise auch mit dem seelischen Zusammenbruch endet. Dafür wird für den anderen Teil der Druck durch gesteigerte Erwartungen an »Flexibilität, Belastbarkeit und Leistungsbereitschaft« erhöht, bis Psyche oder Physis oder beides nicht mehr mitmachen.

Und dazwischen werden die zerrieben, die eigentlich nicht gebraucht werden, die auch keinen »Bock auf Arbeit« haben (worüber man sich ja eigentlich freuen müsste angesichts der Leiden vieler Arbeitsuchenden), denen man ihren Lenz in der »sozialen Hängematte« aber im Hinblick auf die (noch) Leistungs- und Leidensbereiten nicht so neidlos gönnen will. Diese könnten sonst vielleicht ins Grübeln geraten. Und das ist so ziemlich das Letzte, was sich unsere Gesellschaft leisten kann!

Wachstumszwang

Wir unterliegen offenbar einem regelrechten Wachstumszwang. Bevor wir uns seinen Ursachen (und damit seiner möglichen Behebung) zuwenden, wollen wir uns jedoch anschauen, wie heute damit umgegangen wird und welche Folgen sich daraus ergeben.

»Wachstum kommt von Innovationen«, sagte Siemens-Chef Heinrich von Pierer. Natürlich haben Erfindungen wie Dampfmaschine, Eisenbahn, Auto, Fließband, Flugzeug, Radio, Fernseher, Telefon, Kunststoffe, Computer, Kreditkarte und Internet Wachstumsschübe in der Wirtschaft ausgelöst. Doch wenn solche echten Neuheiten ausbleiben, müssen Pseudoinnovationen

34

her. Ein Auto ist heute noch wie vor Jahrzehnten dazu da, von A nach B zu rollen. Der Fortschritt besteht darin, diese Mobilität sicherer, bequemer, schneller und ressourcensparender zu machen. Der Wachstumszwang macht es aber erforderlich, dass möglichst viel, also auch unnötig, gefahren wird. Und dass nicht erst dann ein Auto gekauft wird, wenn man (wieder) eines benötigt. In den USA ist inzwischen die Wachstumsschallmauer durchbrochen – dort sind mehr Autos zugelassen, als Fahrlizenzen vergeben wurden. Der Markt ist eben nicht schon dann gesättigt, wenn jeder ein Auto hat, sondern erst wenn jeder für jede Gelegenheit ein Auto hat. So gibt es den Van für die Fahrt zum Kindergarten und zum Supermarkt, das Wohnmobil für die Wochenenden und den Urlaub, die Limousine als Geschäftswagen und das spritzige »Date-Car« für die Eltern, wenn sie allein ausgehen beziehungsweise -fahren.

Da diese Art von Mobilität zu einer Systemkrise führen musste, weil weder genug Platz auf den Straßen geschaffen werden kann, damit alle gleichzeitig Auto fahren können, noch genügend Abstellraum zur Verfügung steht für die Zeit, in der der Autofahrer anderen Tätigkeiten als dem Bewegen seines Lieblingsspielzeugs nachgeht, muss durch immer wieder neue und nette Spielereien die Benutzung des Autos aufgewertet werden. Wenn man schon nicht vom Fleck kommt, soll man die Zeit wenigstens anderweitig nutzen können.

So werden von den Konzernen jedes Jahr viele Milliarden Euro ausgegeben, um Neues zu entwickeln, nach dem eigentlich niemand fragt, und weitere Milliarden werden in Werbung und Marketing gesteckt, um den Kunden zu suggerieren, dass es jetzt endlich genau das gibt, worauf sie schon so lange Anspruch haben: »Man gönnt sich ja sonst nichts!« oder »Weil ich es mir wert bin!« sind solche typischen Einflüsterungen.

Ängste sind gut fürs Geschäft

Wachstum ist aber auch noch möglich, indem man, statt Bedürfnisse zu wecken, Ängste erzeugt. Dazu gehört vorrangig der Gesundheitsbereich, wo durch immer neue Diagnosever-

35

fahren Krankheiten immer früher entdeckt werden können. Mit der so genannten »Früherkennung« wird suggeriert, man könne alles in den Griff bekommen; hiermit wird das Bedürfnis nach Sicherheit bedient und gleichzeitig an das Verantwortungsbewusstsein der Leute appelliert, doch ja nichts Machbares zu unterlassen. Die Machbarkeit ist überhaupt *die* Falle des »Gesundheitswesens«: Wer (als Arzt) etwas macht oder (als Patient) etwas machen lässt, steht bei einem Fehlschlag immer besser da als jemand, der etwas unterlassen hat. Im ersten Fall war es eben Pech, im zweiten Fall Unverantwortlichkeit. Vor allem aber bringt Unterlassen keinen Umsatz!

Auch wenn Tests und Untersuchungen häufig keine gesicherten Erkenntnisse liefern, so dienen sie zumindest der Verunsicherung und können als Ausgangslage für Folgeuntersuchungen, teilweise für Behandlungen und manchmal sogar für Eingriffe dienen.

Obwohl manche Untersuchungsmethoden eigene Risiken bergen, wird den Patienten mit statistischen Angaben suggeriert, dass es in den meisten Fällen trotzdem besser sei, auf die Karte Früherkennung zu setzen. Das Gleiche gilt für die Impfungen. Am erfolgreichsten sind die Aufrufe zu Frühuntersuchungen natürlich bei so heimtückischen Krankheiten wie Krebs. Dass bei dem überwiegenden Teil verstorbener älterer Frauen Brustkrebs festgestellt wird, ohne dass dieser kausal für den Tod war, wird nicht an die große Glocke gehängt. Es wird im Gegenteil jeder Frau über 40 Jahren dringend zur Mammografie geraten. Doch was macht sie dann mit dem Ergebnis? Soll sie etwa in dem Moment, wo sie über einen direkten Hinweis verfügt, sich auf die oben genannte Statistik stützen und sich sagen, der Befund müsse ja nicht unbedingt etwas bedeuten? Da werden ihre eigene Beunruhigung und ihr Arzt sie schon drängen, dass etwas unternommen, »eingegriffen« statt abgewartet wird.

Aber auch die Zweifel und Ängste, die für viele Frauen mit einer Schwangerschaft verbunden sind, lassen sich leicht wecken und bestens bedienen. Auch hier wird viel mit beeindruckenden Zahlen geschreckt – mit Erfolg, denn die wenigsten Menschen können mit Statistiken umgehen. Was besagt es zum Beispiel, wenn das Risiko, ein Kind mit Downsyndrom zu bekommen, bei einer 35-jährigen Frau bei 1:350 liegt, bei einer 40-jährigen aber auf 1:123 steigt? Ist das Risiko dann fast dreimal so hoch? Zumindest klingt es beängstigend. Warum sagt man nicht, die Wahrscheinlichkeit, ein gesundes Kind zu bekommen, liege im ersten Fall bei 99,7 Prozent und sinke im zweiten Fall leicht auf 99,2 Prozent? Weil das zu harmlos klingt? Weil dann die Rolle des Arztes ein wenig von ihrer Bedeutung verlöre?

Heute gelten 80 Prozent aller Schwangeren als »Risikopatientinnen«, obwohl 96 Prozent der Kinder gesund zur Welt kommen. »Früher wartete man aufs Kind, heute auf die Testergebnisse«, schrieb Silke Pfersdorf in der »Brigitte«[1]. Bei alldem steht der Arzt im Mittelpunkt, nicht die Schwangere: Er hat ja schließlich eine Palette an diagnostischen Gerätschaften zur Hand und verfügt über das Spezialwissen. So verzichten viele Schwangere ganz darauf, sich Gedanken über den Ablauf der bevorstehenden Geburt und vorbereitende Übungen zu machen: Sie ergeben sich in ihr Schicksal und in die Hände des »Fachkundigen«. Doch Gynäkologen sind auf dem Gebiet der Pathologie geschult – über unkomplizierte Geburten haben sie wenig gehört.

Auch wenn mancher Zweifel an der Notwendigkeit vieler Untersuchungen besteht – einen Sinn und Zweck haben sie zweifelsfrei: Alles dient dem Wachstum des Bruttoinlandsprodukts!

»Grenzwert« und »Risikogruppe«

Das Gleiche gilt für die Verordnung von Medikamenten. Auch hier war über die Jahre eine Tendenz zu beobachten, die hieß: Nicht erst warten, bis Erkrankungen auftreten, die dann therapiert werden müssen. Durch die Festlegung von »Grenzwerten«

---

[1] »Brigitte«, 6/2004.

(zum Beispiel bei der Knochendichtemessung zur Ermittlung der Osteoporosegefahr) lassen sich so genannte »Risikogruppen« ziemlich beliebig einengen oder ausweiten. Immer mehr Menschen werden so zu »Präpatienten« – sie haben zwar noch keine Krankheit, bekommen aber den Rat, möglichst vorbeugend Medikamente zu nehmen. Das hat für die Pharmaindustrie den Vorteil, dass es auch nie einen Grund geben wird, die Medikamente wieder abzusetzen. Es sei denn, der Patient erkrankt wirklich, und zwar an den Nebenwirkungen.

Auch hier wird, außer mit aggressivem Marketing, raffiniert mit Datenmaterial gearbeitet – so etwa, wenn es heißt, ein Medikament könne bei einer Krankheit »das relative Risiko um 50 Prozent reduzieren«.

Das klingt für den Laien beeindruckend, weiß er doch, dass 50 Prozent die Hälfte von etwas ist. Nur von was, weiß er nicht. Erleidet zum Beispiel von 100 Menschen mit Bluthochdruck einer einen Infarkt, so bedeutet eine »relative Risikoreduktion um 50 Prozent«, dass man 200 Patienten mit einem Mittel behandeln muss, um zu erreichen, dass statt zweien nur noch einer einen Infarkt bekommt. 198 Patienten haben also keinen Vorteil, sondern riskieren im Gegenteil die nicht unerheblichen Nebenwirkungen; ein Patient erleidet trotz Behandlung einen Schlaganfall; und nur einem wurde durch das Medikament geholfen!

Wird da nicht langsam deutlich, wer durch diese ungezielten Verordnungen wirklich gesund beziehungsweise saniert werden soll?

Braucht es noch solche Fälle, bei denen ein Konzern ein Medikament nicht vom Markt nimmt, obwohl die Hinweise auf Nebenwirkungen mit teilweise tödlichen Folgen deutlich sind, und der stattdessen Rücklagen für zu erwartende Schadenersatzprozesse bildet, die aber nur einen Bruchteil der noch zu machenden Gewinne ausmachen?

Krebswachstum

Spätestens hier müsste der Verdacht aufkommen, beim Wachstumszwang könne es sich selbst um eine krebsartige Gesetzmäßigkeit handeln. Denn prozentuales Wachstum bedeutet exponentielles Wachstum, und das ist schlicht nicht über einen längeren Zeitraum und in einem begrenzten Raum möglich.

Eine weitere Möglichkeit, über echte und Pseudoinnovationen hinaus den Raum für das »Krebswachstum« zu vergrößern, ist die »Privatisierung«. Das lateinische Wort »privare« bedeutet ursprünglich »berauben«; und nichts anderes ist mit der heutigen Privatisierungswelle beabsichtigt: eine Beraubung der Gesellschaft, ein Ausschlachten auch noch der letzten Felder, wo noch Profit zu machen ist.

Alles wird zur Ware: die Versorgung mit Lebenswichtigem wie Wasser und Gesundheit, die Mobilität, Kommunikation, Ideen, Genstrukturen. Alles soll (soweit noch nicht geschehen) »privatisiert« und damit kommerzialisierbar werden. Die zunächst schleichende, derzeit bereits deutlich spürbare Enteignung der Gemeinwesen führt dazu, dass uns Bürgern der öffentliche Wohlstand unter den Füßen weggezogen wird.

Große Fortschritte wurden bereits auf dem Gebiet der Ernährung erzielt. Die Nahrungsversorgung weiter Teile der Welt liegt in den Händen von wenigen Multis, die sich »Patente« auf jahrtausendealte Pflanzen erteilen lassen und Bauern verbieten, Saatgut zu verwenden, das diese nicht bei ihnen gekauft haben. Oder sie verhindern gleich durch Züchtung, dass geerntete Pflanzensamen aufgehen können. Durch diese Monopolisierung wird die totale Abhängigkeit erzwungen. Das Saatgut, das die Multis verkaufen, ist wiederum angewiesen auf speziellen Dünger sowie bestimmte Herbizide und Pestizide. Die große Gefahr: Die Reduzierung auf immer weniger Sorten mit den angeblich besten Eigenschaften könnte bei Ausbruch von Krankheiten verheerende Hungersnöte zur Folge haben.

Verschärft wird diese Entwicklung derzeit durch die kaum noch aufhaltbaren gentechnisch veränderten Pflanzen, deren Züchtung dazu führen könnte, dass nicht nur uns, sondern auch der Natur alle Kontrolle entgleitet. Goethes »Zauberlehrling« war im Vergleich in einer beneidenswerten Lage: Er hätte leicht weglaufen können.

Globalisierung

Der Versuch, den Wirtsorganismus für weiteres Krebswachstum zu erweitern, dieser ständige Zwang zur Expansion kann nicht an den Grenzen eines Landes Halt machen: Die Konsequenz ist die »Globalisierung«. Sie soll den größtmöglichen Zugriff auf die weltweit verfügbaren Ressourcen und einen weit reichenden Zugang zu den globalen Absatzmärkten garantieren.

Dass mit der Ausbreitung des Wachstumszwangs in immer mehr Ländern die Verknappung der Ressourcen beschleunigt wird, was kurzfristig zur Verteuerung und mittelfristig zu Versorgungsschwierigkeiten führen muss, wird mit dem Scheuklappenblick auf die schnelle Rendite ausgeblendet.

Ebenso wird ignoriert, dass mit dem zunehmenden Ressourcenverbrauch auf hauptsächlich fossiler Basis auch die Umwelt, im Besonderen das Klima, beeinträchtigt wird. Die möglichen Szenarien sind allgemein bekannt. Sie bewegen sich bis hin zum möglichen Verschwinden menschlichen Lebens von der Erde.

Seit Jahrzehnten wird über Phänomene wie Klimawandel, Ozonloch, Erderwärmung, Pol- und Gletscherschmelze, Ausbreitung der Wüsten, Wasserverknappung etc. geredet und geschrieben. Dabei sind zwei Lager zu beobachten: diejenigen, die sicher sind, dass es diese Entwicklungen gibt, und die verzweifelt versuchen, sie wissenschaftlich nachzuweisen, um eine Richtungsänderung herbeizuführen, und die andere Seite, die nichts davon wissen will, weil sie sonst ihr Verhalten ändern müsste. Auch diese Seite findet Experten, welche die Bedrohung klein reden. Klüger wäre es, Gefahren, die letztlich alle bedrohen, im Konsens zu untersuchen, zu bewerten und nötige Gegenmaßnahmen einzuleiten. Heute aber ist alle Forschung (und ihre Veröffentlichung) stark interessengesteuert. Entweder man schaut erst gar nicht hin; oder man schaut nur auf das, was man finden will. Ständig wird versucht, unliebsame Ergebnisse unter den Teppich zu kehren, als wenn so die damit verbundenen Gefahren ebenfalls verschwänden.

Zu diesem Titanic-Syndrom (damit sich niemand durch das

Schaben der Eisberge gestört fühlt, spielt die Musikkapelle etwas lauter) neigen Konzerne, weil Veränderungen Geld kosten würden, und neigen Regierungen, weil sie sonst ihre Programm- und Haushaltsschwerpunkte (zum Beispiel von Militärausgaben zu mehr Umweltschutz) verschieben müssten.

Es gibt keine »Um«-Welt!

Überhaupt der Begriff »Umwelt«! Er suggeriert eine Eigenständigkeit der Spezies Mensch, die es eben nicht gibt! Die Forderungen der »Umweltverbände«, man solle doch achtsam mit »der Natur« umgehen und nicht täglich über 100 Tier- und Pflanzenarten ausrotten, klingen immer ein wenig nach »bitte-bitte«: Lasst doch noch ein paar Tümpel übrig, damit die Frösche nicht ganz aussterben! So viel Verzicht können wir uns doch leisten!

Im Gegenteil: Wir können uns *weniger* »Verzicht« auf Naturzerstörung auf die Dauer nicht leisten, weil wir eben Teil dieser Natur sind! Doch genau hier liegt das Kernproblem: Wir denken nicht mehr *auf die Dauer*, und wir denken nur an *ökonomischen* Gewinn. Unser Wirtschaftssystem in seiner heutigen Form zwingt uns zu kurzfristigem »Profitieren« – alles muss in Geldwert umgewandelt werden, sonst ist es nichts wert.

Das kurzfristige Gewinnstreben trägt eine Hauptschuld am Raubbau an der Natur. Eine andere Ursache ist unser anthropozentrisches Weltbild, das uns als »Krone der Schöpfung« sieht, woraus der menschliche Wunsch entspringt, sich über die Naturgesetze zu erheben. Dazu gehört auch das Phänomen des Todes, des Werdens und Vergehens. Wir wollen nicht sterben, wir wollen nicht einmal daran *denken*, auch wenn wir es alle *wissen*, dass wir eines Tages (vielleicht noch heute!) sterben werden. Denn im Bewusstsein des jederzeitigen Endes wären die meisten unserer täglichen Entscheidungen und Handlungen wohl kaum möglich: Dinge zu tun, die keinen Sinn machen, uns aber zu Geld und Macht verhelfen; Güter anzuhäufen, einfach nur weil wir sie besitzen möchten; Menschen ihrer Lebens-

41

chancen zu berauben und die Natur zu zerstören, damit es uns materiell noch etwas besser geht. So aber wünschen wir uns nichts sehnlicher, als den Tod abschaffen zu können.

Eine Folge ist Verdrängung, die teilweise so weit geht, dass wir uns ohne Zwang in Todesgefahr begeben, um zu zeigen, dass der Tod uns nichts anhaben kann (Bunjeejumping). Andererseits sind wir leichte Beute all derer, die uns Todesangst einjagen, zum Beispiel vor Krankheiten, und dann ihre Hilfe und ihren Schutz (»Vorsorge!«; »Impfen!«) anbieten. Wir wollen auch immer schneller Auto fahren, aber bitte rundum gepolstert, denn es soll ja nicht wehtun! Wer uns Angst vor dem Tod machen kann und uns Sicherheit verspricht, bekommt von uns alle Vollmachten. Wer uns vor Terroristen schützt, darf unsere Freiheit einschränken und unsere Steuergelder verschleudern, auch wenn im täglichen Kleinkrieg auf unseren Straßen weit mehr Menschen sterben als bisher durch Terroranschläge.

Todesfurcht

Warum diese Angst vor dem Sterben? Sie wäre doch nur begründet, wenn unser Gastspiel auf dieser Erde etwas Einmaliges wäre. Dabei sagen doch nicht nur die meisten Religionen (wenn auch in unterschiedlicher Weise), dass Geburt und Tod, Werden und Vergehen sich in ewigen Kreisläufen wiederholen. Ein Blick in die Natur zeigt auf so vielfältige Art dieses »Weiter«. Nichts bleibt, wie es ist, aber es geht auch nichts verloren, es wird nicht aus Etwas ein Nichts. Alles wandelt sich um. Aus Seewasser wird Dampf / werden Wolken / wird Regen / wird Flusswasser / wird Meerwasser; aus Holz wird Hitze und Asche / wird Dünger; aus Elementen der Erde werden mit Sauerstoff und Sonnenlicht Pflanzen / werden Nahrung / werden Energie und Ausscheidungsstoffe / werden Erdelemente und Gase.

Wir haben also offenbar Furcht vor etwas, das wir einerseits nicht verhindern können, das uns andererseits aber nicht zu schrecken bräuchte, wenn wir die tieferen Zusammenhänge allen Lebens erkennen und anerkennen würden. Auf der anderen

42

Seite geht uns die lebenserhaltende Fähigkeit der Angst ab. Angst vor den wahren Gefahren, die größtenteils hausgemacht sind und die wir somit auch weitgehend ausschalten könnten.

Stattdessen wird so weitergemacht wie bisher. Als wären die Bedrohungen nicht existent oder als gäbe es keine Alternativen.

Wer oder was treibt uns?

Daraus ergibt sich die interessante Frage, warum wir wie die Getriebenen weitermachen. Vielleicht, weil wir getrieben werden?

Doch von wem oder was? Schaut man sich daraufhin an, wessen Interessen ständig von Regierenden in aller Welt in den Vordergrund gestellt werden, so sind es eindeutig die der *Wirtschaft*.

43

Es gibt keinen vernünftigen ökonomischen Grund, warum man im Zeitalter ständiger Produktivitätszuwächse, wenn man seine Bedürfnisse in täglich weniger als fünf Stunden Arbeit befriedigen könnte, acht Stunden oder mehr arbeiten sollte. Der einzige Grund, dies doch zu fordern, ist der, dass die Profite umso größer werden, je höher der Umsatz, also der Durchfluss ist. Es geht also nicht primär darum, dass der Arbeiter mehr bekommen soll, indem er mehr arbeitet. Auch nicht der Arbeitgeber, der mehr arbeiten lässt. Beides sind bestenfalls Nebenwirkungen, denn in erster Linie geht es darum, dass zur Erbringung dieser höheren Arbeitsleistung ein höherer Einsatz von Kapital nötig ist. Je mehr Kapital eingesetzt wird, desto höher die Verschuldung, ergo die Zinszahlungen. Treten später Absatzprobleme der zu viel erzeugten Produkte auf, die zu Einnahmeausfällen für den Unternehmer führen, muss der sich mit den Arbeitern einigen, wie die Verluste unter ihnen verteilt werden. Der Kapitalgeber hat derweil sein Schäfchen im Trockenen und schickt es längst auf eine andere Weide.

Warum ist nicht genug für alle da?

Nun ist die Bedeutung der Wirtschaft sicher nicht zu leugnen, ist sie es doch, die im arbeitsteiligen Verfahren die Versorgung der Bevölkerung mit dem Lebensnotwendigen und dem Angenehmen sicherstellt. Sicherstellen sollte. Denn es ist immer deutlicher zu erkennen, dass die Wirtschaft sich immer mehr um sich selbst dreht.

Oder ist es nicht erstaunlich, dass unsere ökonomischen Fortschritte nicht zum allgemeinen Vorteil geraten? Wenn heute nur noch vier Landwirte nötig sind statt wie noch vor einem Jahrhundert 40, um 100 Menschen zu versorgen, müsste es da nicht ein Leichtes sein, auch die heutigen sechs Milliarden Menschen satt zu bekommen? Wenn zur Herstellung von Gebrauchsgütern immer weniger Arbeitsstunden aufzuwenden sind, müsste da nicht auch ein immer größerer Anteil der Menschheit hiermit versorgt werden können? Wenn die Mobilität so ausgebaut ist, dass im

Luxushotel in Dubai auf Wunsch Marmelade aus Kalifornien oder Fisch aus Japan eingeflogen werden kann, sollte dann nicht auch die weltweite Versorgung mit Wasser und Grundnahrungsmitteln in den Griff zu kriegen sein? Doch offensichtlich traut sich kaum jemand, solche naiven Fragen zu stellen – sehr zur Freude der »Experten«, die darauf sicher keine Antwort fänden.

»Wants« und »needs«

Statistiken, die uns beweisen wollen, dass der Globalisierungsprozess unter dem Strich zu einer Steigerung des weltweiten Wohlstands führt, vergessen, eine wichtige Unterscheidung zu treffen: Wird zwischen »needs« und »wants« differenziert, so ist der Trend bei den »wants«, also den nicht lebenswichtigen Gütern, eindeutig positiv – auch in China nimmt zum Beispiel die Zahl der Autos und Handys zu. Bei den »needs«, also den Lebensgrundlagen wie Wasser und Nahrungsmitteln, Gesundheitsversorgung, Wohnung und Kleidung, hingegen sieht es verheerend aus. Hier nimmt die Zahl der Unterversorgten ständig zu!

Offenbar haben wir für das Problem, das Adam Smith schon vor über 220 Jahren in seinem Gesellschaftsmodell beschrieb, nämlich, »die Bedürfnisse einer sich ständig vergrößernden Bevölkerung unter dem Druck knapper Ressourcen zu decken«[2], immer noch keine andere Antwort als: Hauptsache ICH! Ich, meine Familie, meine Gemeinde, mein Bundesland, meine Nation. Weiter sind wir trotz allem »Globalisierungs«-Gerede immer noch nicht. Im Alltagsgeschäft interessieren einen Politiker nur die Menschen innerhalb seines Zuständigkeitsbereichs, also soweit er auf ihre Wählerstimmen angewiesen ist. Jeder Bürgermeister möchte seine Stadt »nach vorne bringen«, jeder Ministerpräsident sein Bundesland »noch besser aufstellen«, jeder Regierungschef sein Land »siegreich im Wettbewerb« sehen.

---

[2] Gerhard Streminger: Markt, Motive, moralische Institutionen. Zur Philosophie Adam Smiths. http://members.aon.at/gstremin/as_markt.htm

Dass es in einer solchen Art von »Wettstreit« auch Verlierer braucht, dass es den Gewinnern meist auf Kosten der Verlierer besser geht, wird in Kauf genommen, solange die *anderen* verlieren. Ohne Dritte Welt keine »Erste« Welt.

Wir wären sowohl technisch als auch logistisch in der Lage, immer mehr Menschen mit immer besseren Produkten zu versorgen, die mit immer geringerem Aufwand an Zeit, Energie und damit auch weniger Geld zu erzeugen sind. Warum aber schaffen wir es in der Praxis nicht? Die Antwort lautet: weil das nicht unser derzeitiges Ziel ist!

Aber wir erklären doch immer wieder in Resolutionen und schreiben in Manifesten, dass wir die Armut halbieren und die weltweite Grundversorgung verbessern wollen! Sind das demnach alles Lügen? Was hindert uns, am Montag mit der Umsetzung der am Sonntag verkündeten Ziele zu beginnen?

Was sind die Ursachen, dass wir Dinge tun, die offenbar der Mehrheit der Menschen schaden?

Wer hält was zurück?

Liegt es nicht vor allem an der schlechten Verteilung (Allokation) des Tauschmittels Geld, sodass dort, wo noch unerfüllte Bedürfnisse sind, keine Nachfrage daraus werden kann? Schon der wahrlich nicht zimperliche Henry Ford erkannte ökonomisch scharfsichtig, dass »Autos keine Autos kaufen«. Seine logische Konsequenz war, seinen Arbeitern Löhne zu zahlen, die sie in die Lage versetzten, die von ihnen produzierten Autos auch kaufen zu können.

Heute bemüht man sich mit nachgerade verzweifelten Aktionen, »den Konsumenten« aus seiner »Konsumzurückhaltung« zu locken: Längere Ladenöffnungszeiten, »Schnäppchenpreise« und Rabattorgien sollen dazu beitragen. Doch wer gerade seinen Job verloren hat, weil sein Arbeitsplatz in ein Billiglohnland verlegt wurde, wer seit Jahren keine Arbeit mehr findet, wem seine Sozialhilfe höchstens bis zum 25. eines Monats reicht oder wer bereits im privaten Insolvenzverfahren steckt, muss das Gerede von »Zurückhaltung« als geradezu zynisch empfinden.

Dabei sind diejenigen, die den Euro zweimal umdrehen müssen, gleich mehrfach benachteiligt. Sie können sich nicht nur viele Wünsche und Bedürfnisse nicht erfüllen oder gar einfach mal aus Lust etwas kaufen, sondern sie verlieren einerseits Zeit dadurch, dass sie immer nur die kleinste Menge kaufen können, und sie zahlen zum anderen auch noch drauf, weil kleine Packungen im Verhältnis immer teurer sind als große. Und sie müssen oft auf Qualität verzichten, wogegen bei Wohlhabenden der Spruch gilt: Ich kann mir Billiges (= schlechte Qualität) nicht leisten.

Auf einem Erfolg versprechenden Weg zum Geldbeutel der Verbraucher sind hingegen die Anbieter der ständigen »Innovationen«, die eben nicht die ansprechen, die noch keinen DVD-Player, keinen Laptop und kein Handy besitzen, sondern die denjenigen, die ihre »Kaufkraft« bereits unter Beweis gestellt haben, den Mund wässrig machen auf die jeweils »neue Generation« der bei ihnen bereits vorhandenen Geräte.

Noch weitsichtiger und einsichtiger sind die Anbieter, die sich ganz auf die Klientel mit der dicken Brieftasche eingestellt haben – und das ist durchaus wörtlich zu nehmen. So erfreuten sich bei der Urlaubs- und Reisemesse C-B-R 2004 in München gerade die Monsterwohnmobile mit Garage für Smart oder Porsche größter Beliebtheit – und wurden bevorzugt in bar bezahlt! Ähnliches erleben Anbieter von Yachten auf Bootsmessen.

Auf die gleiche Kundschaft zielt wohl auch das Konzept der »1. Luxus-Ausstellung Just Fine«, die im Februar 2004 in München zu einer Tournee durch Europas Metropolen startete. Ein Aussteller brachte es sehr schön auf den Punkt: Es sei zu beobachten, dass sich die Kunden radikal aufteilen. Entweder sie kaufen sehr teure Produkte oder Billigware – »dazwischen gibt's kaum mehr etwas.«[3]

---

[3] »SZ« vom 10./11./12. April 2004.

»Wir«-Gefühl

Vor dieser Realität verschließen aber sowohl Politiker als auch die meisten Medienvertreter ihre Augen. Es werden Nebenschauplätze eröffnet wie die Diskussion um die »Generationengerechtigkeit«. Dabei gibt es keine arme und keine reiche Generation, sondern es gibt Arme und es gibt Reiche *innerhalb* aller Generationen!

Der Realitätsverlust spiegelt sich auch in der Wortwahl: Der (be)trügerische Gebrauch des »*Wir*« sollte unter Strafe gestellt werden! Denn damit wird ein falsches Gemeinschaftsgefühl erzeugt: Gäbe es den statistischen Bürger tatsächlich, hätten »wir« alle keine finanziellen Sorgen mehr.

Ohne hier einer Gleichmacherei das Wort zu reden (die weder machbar noch sinnvoll ist), sollen zur Veranschaulichung unseres gesamtgesellschaftlichen Reichtums konkrete Zahlen genannt werden: Wenn »unser« Wohlstand so verteilt wäre, wie es Politiker und Ökonomen offenbar annehmen, dann hätte jeder der zirka 41 Millionen Haushalte in Deutschland ein (Bar-)Geldvermögen von 75 000 Euro und 190 000 Euro als Sach- und Anlagewerte! Doch die Realität sieht anders aus. Wenn es ums Geld geht, gibt es kein »*Wir*«. Deshalb sollte immer nachgefragt werden: Wer ist gerade gemeint, wenn von »*wir*« gesprochen wird – wir Politiker; wir Kapitalbesitzer; wir Arbeiter; wir Arbeitslosen?

Wo ist das Geld?

Überall scheint es an Geld zu mangeln. Der Satz »Wir leben in Zeiten leerer öffentlicher Kassen« ist mittlerweile zum geflügelten Wort geworden. Er wird dementsprechend gedankenlos wiederholt mit dem Ergebnis, dass kaum jemand an seinem Wahrheitsgehalt zweifelt. Aber ist es denn nicht tatsächlich so, dass überall das Geld fehlt? Der Staat ist hoch verschuldet (mit insgesamt 1300 Milliarden Euro), der Unternehmensbereich noch höher (mit 3350 Milliarden Euro), und auch die Zahl der überschuldeten Privathaushalte[4] steigt ständig (bei derzeit 3,1 Millionen ist nahezu jeder elfte Haushalt betroffen: Insgesamt beträgt die private Verschuldung 1500 Milliarden Euro).

Doch auch die Wohlhabenden sind angeblich schlecht dran: Durch die Einbrüche an den Aktienmärkten wurde viel »Kapital vernichtet«. So lautet jedenfalls eine der Standardphrasen, mit denen die Mär vom verarmten Millionärsstand genährt wird. Natürlich haben etliche Spekulanten Geld verloren, große und kleine Beträge. Aber andere haben gewonnen. Man nutze einfach sein logisches Denkvermögen, statt dem Geplapper der »Experten« ungeprüft zu folgen: Es verliert zwar immer mal wieder jemand (der, der seine Aktie niedriger verkauft, als er sie gekauft hat), aber auf der anderen Seite der Bilanz stehen die Gewinner.

Dass die *Bewertung* der börsennotierten Unternehmen in den Aktienindizes zeitweise auf die Hälfte des Höchststandes einbrach, bedeutet doch keinen Kapitalverlust! Wenn mir für ein Gemälde gestern eine Million Euro geboten wurde und heute, da es sich als Fälschung erweist, niemand mehr einen Cent geben will, so habe ich doch keinen Millionenverlust erlitten, sondern muss nur den von mir einst geleisteten Kaufpreis (von vielleicht 10 000 Euro) als Verlust verbuchen.

DA ist das Geld!

Wenn wir also behaupten, das Geld, das dem Staat (aber auch so manchem Unternehmen und vielen Privathaushalten) fehlt, sei nicht einfach verschwunden, dann stellt sich natürlich die Frage: Wo ist es denn?

Wenn unsere Behauptung richtig ist, dass Verschuldung und Vermögenszuwachs parallel fortschreiten, dann müssten doch einige Leute Geld im Überfluss haben. Und das haben sie

---

[4] Laut »FAZ.Net« vom 18. Oktober 2004 stieg die Zahl der überschuldeten Haushalte von zwei Millionen 1994 über 2,7 Millionen 1999 auf 3,1 Millionen im Jahr 2002; Letzteres entspricht 8,1 Prozent aller Haushalte.

tatsächlich! Nur zeigen sie es nicht in aller Öffentlichkeit. In seinem Buch »Unter Wilden« lässt der Autor Dirk Wittenborn einen in New York lebenden deutschen Baron sagen: »Das Brillante an der amerikanischen Aristokratie ist, dass sie der ganzen Welt weismacht, es gäbe sie gar nicht.« Es handelt sich zwar um einen Roman, doch den Stoff dafür hat Wittenborn quasi als Nebenprodukt seines Dokumentarfilms »Born Rich« destilliert, für den er einige Vertreter der Milliarden-Erbengeneration porträtierte, die im Glauben aufwächst, Privatflugzeuge seien etwas Selbstverständliches, weil ihre Familien weitgehend abgeschlossen von der Welt der Habenichtse leben.

Dem Wohlergehen des reichsten Teils der amerikanischen Bevölkerung gilt das Hauptaugenmerk der Bush-Administration. Während es der breiten Masse immer schlechter geht, wachsen die großen Vermögen unter anderem dank großzügiger Steuergeschenke weiter. »Einige nennen euch die Wohlhabenden und die Noch-mehr-Habenden – ich nenne euch meine Basis.« Mit diesen bezeichnenden Worten eröffnete George W. Bush eine Festveranstaltung der Finanzelite Amerikas. Was kann man von Politikern erwarten, die eine Wahl dank einer kostspieligen Kampagne gewonnen haben, die mit den großzügigen Spenden reicher Gönner finanziert wurde? Sollen sie dann etwa Entscheidungen treffen, die gegen die Interessen dieser Leute gehen und vielleicht sogar noch denen nützen, die die Gegenpartei gewählt haben? Politiker mögen alles sein, naiv sind sie nicht. Das überlassen sie dem Volk.

Der zaghafte Staat

Doch auch in anderen Ländern sind die Verhältnisse nicht wesentlich anders – Deutschland inklusive. Aus Angst, das Kapital könne in noch stärkerem Ausmaß ins jeweilige Ausland abwandern, lassen sich nahezu alle Regierungen zu einem Abwärtswettrennen um die niedrigsten Steuersätze für Kapitaleinkünfte erpressen. Ein »Experte für Steuerpolitik« am DIW-Institut in Berlin lieferte in einem Interview dazu die wissenschaftliche Begründung: »Ein hoher Spitzensteuersatz begünstigt die Kapitalflucht.«[5] Genauso gut könnte ein Strafrechtsexperte argumentieren, dass hohe Strafen die Fluchtneigung eines Täters »begünstigten«.

Prophylaktisch haben deutsche Regierungen jahrzehntelang die Anreize zur Kapitalflucht zu senken versucht: Der Beitrag der Gewinn- und Vermögenssteuer zum Gesamtsteueraufkommen sank in den letzten 40 Jahren von 20 auf sechs Prozent; derjenige der Körperschafts- und Einkommenssteuer sank in 20 Jahren von 14 auf jetzt nur noch 2,3 Prozent.[6] Um diese Einnahmeausfälle auszugleichen, wurde die Nettoneuverschuldung immer wieder erhöht. Statt sich das nötige Haushaltsgeld per Steuern auch von den Wohlhabenden in angemessenem Umfang zu holen, leiht man es sich dort bloß. Dies hat für die Kapitaleigner den wohltuenden Effekt, dass ihnen die Sorge um lukrative *und* sichere Anlagemöglichkeiten wenigstens teilweise genommen wird.

Die Scham der Unverschämten

Hinweisen auf den Reichtum, der uns in erster Linie interessiert, also den an liquiden Mitteln, eben dem *Geldvermögen*, ist schwierig beizukommen. Es gibt inzwischen zwar Armutsberichte, die in mikroskopisch immer kleinere Bereiche vordringen, doch Daten über den Reichtum werden so gut wie nicht gesammelt. Das liegt zum einen daran, dass man nicht nur an das Geld der Reichen schwer herankommt, sondern sogar an Informationen über Höhe und Art der Vermögen und hohen Einkommen. Reichtum ist weitgehend anonym, man kann nur statistisch sehen, dass er wächst, ihn aber kaum an Personen festmachen. Es sei denn, sie gehören zu den ganz Großen wie Gates, Soros oder die ALDI-Brüder, die in den Hitlisten der Wirtschaftsmagazine geführt werden.

Dass selbst das manchem schon zu viel Publicity ist, bekam der Chefredakteur der russischen Ausgabe der »Forbes«, der eine

---

[5] »Taz« vom 17. August 2004.
[6] »Stern« vom 21. Dezember 2004.

Liste der reichsten Russen veröffentlichte, zu spüren: Er wurde kurze Zeit später, im Juli 2004, in Moskau ermordet. Was aber auch in diesen Aufstellungen im Dunkeln bleibt, ist das »*Wie*« der Gewinnerzielung. Sind die Albrechts solche geschickten Kaufleute, die nicht nur billig ver-, sondern noch billiger einkaufen können? Oder erwirtschaften sie ihre Gewinne vorzugsweise durch Kapitalanlagen?

© A. Raub, Equilibrismus e. V.

Spielgeld

Doch hin und wieder enthalten die Wirtschaftsseiten der Zeitungen und Zeitschriften auch kleine Andeutungen über das, was die Reichen mit ihrem Geld anfangen. So meldete zum

Beispiel die »Süddeutsche Zeitung« im November 2003: »Anleger drängen in Hedge-Fonds«.

Dabei handelt es sich hier um weitgehend ungeregelte, hoch spekulative und damit risikoreiche Fonds, in die man nur »Spielgeld« stecken kann, also Beträge, die man verschmerzen können muss. Hedge-Fonds verwalten inzwischen (2004) nach Schätzungen von Finanzexperten weltweit über eine Billion Dollar!

Und da in Deutschland Hedge-Fonds bisher verboten waren, deutsche Anleger aber auch mitspielen möchten, wurde vom Bundesfinanzministerium (tatkräftig unterstützt durch Fachjuristen der Fondsbranche!) eine Gesetzesänderung erarbeitet.

Während in der Politik das Wort »Sparen« gleich nach »Wachstum« um den Häufigkeitsrekord kämpft, während Büchereien, Schwimmbäder und Musikschulen geschlossen werden müssen, während Zuschüsse für Jugend- und Selbsthilfeeinrichtungen gekürzt werden, wissen einige Leute offenbar nicht, wohin mit ihrem Geld. Und da die relativ sicheren Anlagen bereits ausgebucht sind (allein von 1998 bis 2000 investierten Ausländer zwei Billionen Dollar in US-Staatsanleihen und US-Firmen; in deutschen Fonds tummeln sich 2004 bereits 1,2 Billionen Euro), steigt zwangsläufig die Risikobereitschaft. Das gilt auch für die vielen Pensionsfonds, die riesige Summen gesammelt haben, die zur Altersversorgung dienen sollen und von denen erwartet wird, dass sie an Wert gewinnen. Insider warnen bereits vor einer bevorstehenden Katastrophe, weil etliche Pensionsfonds an den Börsen hohe Verluste erlitten haben und es fraglich ist, ob sie sich davon erholen, bevor die Auszahlungen zunehmen werden.

Geld zum Verheizen

Die Zeitschrift »Newsweek« brachte im August 2003 einen Artikel mit doppelseitigem Aufmacher, auf dem Bündel von Dollarscheinen und die Überschrift »Too Much Money« zu sehen war. Mehrere Ökonomen namhafter US-Banken sprachen von Billionen[7] »heimatloser« Dollars, von der »größten Flut an Liquidität seit Noah«, von »der Welt größtem Problem«, das »endlose Blasen« erzeuge, da Investoren wie wild von Aktien in Bonds, in Immobilien, in Gold hetzen und überall die Preise in die Höhe treiben. »Die Welt hat Geld zum Verheizen« ist ein anderer häufig gehörter Spruch.

Aber offenbar konzentriert sich dieses Zuviel an Geld auf ein Zuwenig an Personen. Bereits 1969 haben sensible Charaktere wie das damalige Vorstandsmitglied des CDU-Wirtschaftsrats, A. H. Neuhaus, und der damalige Präsident des Statistischen Landesamts von Baden-Württemberg, Paul Jostock, festgestellt: »Die Vermögensverteilung in der BRD kann nur als Skandal bezeichnet werden.«[8] Seither ist es nur noch schlimmer geworden, ohne dass der Skandal lange Zeit als solcher empfunden wurde, da immer noch genug Krümel vom Tisch der Reichen zu Boden fielen und man noch das Gefühl einer allgemeinen Zunahme des Wohlstands haben konnte. Und wie sieht es heute aus? Bei dieser Frage müssen alle Behörden passen. Wir erforschen zwar den Weltraum, doch die Abläufe unseres Finanzsystems lassen wir im Dunkeln.

Die letzte einigermaßen ausdifferenzierte »Einkommens- und Verbrauchsstichprobe« in Deutschland stammt von 1983 und wies aus, dass die Nettogeldvermögen (also Guthaben minus Konsumentenschulden) folgendermaßen verteilt waren: fünf Prozent der Haushalte waren ohne Vermögen (aber auch ohne Schulden); acht Prozent hatten ein »negatives Nettogeldvermögen« (also nur Schulden); bei 87 Prozent der Haushalte ergab sich eine positive Nettogeldvermögensbilanz. Allerdings waren die Geldvermögen bei der Mehrheit der Haushalte so niedrig, dass die ärmere Hälfte der Bevölkerung über weniger als fünf

---

[7] Auch wenn von Dollar die Rede ist, ist immer die europäische »Milliarde« (amerikanisch: billion) beziehungsweise die europäische »Billion« (amerikanisch: trillion) gemeint.

[8] »Der Spiegel« vom 28. Dezember 1969.

Prozent der Nettogeldvermögen verfügte! Doch auch in der reichen Hälfte konzentrierten sich die 96 Prozent Geldvermögen noch einmal sehr stark; man konnte eigentlich nur fünf Prozent der Haushalte als wirklich reich bezeichnen.

Fortschreitende Konzentration

Je feiner das Mikroskop eingestellt wird, desto gigantischere Vermögen lassen sich entdecken: Das Investmenthaus Merrill Lynch ermittelte 2003 für Deutschland, dass ein Viertel des gesamten Privatvermögens in der Hand von 0,5 Prozent der Bevölkerung liegt (das sind 365 000 Personen). Das ZDF-Magazin »Kontraste« nannte im Dezember 2003 eine weitere interessante Zahl für Deutschland: 0,004 Prozent der Bevölkerung gehören 612 Milliarden Euro (Geld- und Sachvermögen)! Das entspricht 3500 Personen, die zehn Prozent der gesamten Vermögen oder fast 180 Millionen Euro pro Kopf besitzen!

Der aktuelle Armuts- und Reichtumsbericht der Bundesregierung stellt fest, dass der Anteil der Reichsten zehn Prozent der Haushalte am privaten Nettovermögen seit 1999 weiter gewachsen ist, und zwar von 46 auf 47 Prozent. Die ärmere Hälfte der Bevölkerung musste hingegen eine Schrumpfung ihres Anteils von 4,4 auf 4,0 Prozent hinnehmen.

Auch weltweit lässt sich eine fortschreitende Konzentration der Vermögen feststellen: So zeigte der Weltbankbericht 2003, dass die reichsten zehn Prozent der Haushalte über 48 Prozent der Einkommen verfügen, während die ärmsten zehn Prozent gerade einmal 1,6 Prozent der Einkommen erhalten.

Der heilige Spekulatius und die Matratze

Doch das Geld wird nicht nur zur Spekulation anstelle von sinnvollen und Arbeitsplätze schaffenden Investitionen eingesetzt (über 98 Prozent der täglichen weltweiten Finanztransaktionen in Höhe von einer Billion Euro dienen nicht realen

Wirtschaftsvorgängen, sondern sind reine Finanzmarktjongliererei!). Es liegt tatsächlich teilweise einfach irgendwo »an einem sicheren Hort« herum! Das hatte in Japan, das sich wegen der schon vor Jahren auf null gesunkenen Zinsen zum Hortungsweltmeister entwickelt hatte, während der allgemeinen Rezession zum Boom bei den Tresorherstellern geführt.

Sparen und Horten

Und wie sieht es in Deutschland aus? Auch hier liegt die so genannte »Sparquote«, also der Anteil am verfügbaren Einkommen, der nicht ausgegeben wird, wieder über der magischen Zehnprozentmarke. Wohlgemerkt, dieser Wert ist nur beschränkt aussagekräftig und verleitet immer wieder leicht zu Fehlschlüssen vor allem der Art, dass »der Konsument« verunsichert sei und sich deshalb mit Käufen zurückhalte. Wie wir sahen, liegt nur bei einem Teil der Bevölkerung Geld herum, während andere Haushalte liebend gerne ein paar Euros mehr ausgeben würden.

Eigentlich müsste die Zentralbank, zu Zeiten der D-Mark die Deutsche Bundesbank, jetzt die Europäische Zentralbank, als Emittent des Bargelds doch wissen, wo sich »ihr« Geld befindet, wie viel davon umläuft und mit welcher Geschwindigkeit?

Es zeigte sich im Zuge der Umstellung von der DM auf den Euro, dass die Bundesbank keine Ahnung hatte, in welchem Umfang die von ihr herausgegebenen Bargeldbestände (Noten und Münzen in Höhe von 278 Milliarden DM) in Umlauf waren oder wie viel Bargeld sich im Ausland oder in Koffern und unter Matratzen befand. Das hat mit Sparen nichts mehr zu tun, sondern es handelt sich hier um Hortung. Ende 2003 stellte man erstaunt fest, dass zwei Jahre nach Einführung des Euro immer noch knapp 16 Milliarden DM nicht zurückgegeben worden waren. Geld, das offenbar nicht benötigt wird oder das so gut versteckt wurde, dass es wahrscheinlich erst bei Haushaltsauflösungen auftaucht. Dies betrifft vor allem das Münzgeld.

Doch auch der Euro wird, ziemlich offensichtlich, bereits zum

Horten verwendet. Denn, was will jemand mit einem »Fünfhunderter«, wenn zum Beispiel Tankstellen schon die Annahme von 200-Euro-Scheinen ablehnen? Doch gerade diese großen Scheine erfreuen sich seit dem Start des Euro steigender Beliebtheit: Beim lila Fünfhunderter stieg die Nachfrage im Laufe des Jahres 2002 auf das Dreifache! Mit 167 Millionen Scheinen liegt die größte Euronote deutlich vor dem Zweihunderter (121 Millionen Scheine) und steht mit einem Wert von 83,5 Milliarden Euro vor dem Wert der 100-Euro-Noten mit 70 Milliarden Euro an erster Stelle (im Verhältnis zur gesamten Bargeldmenge von 358 Milliarden Euro beträgt der Anteil der Hunderter am Gesamtwert 20 Prozent, der der Fünfhunderter 24 Prozent).

Ein Großteil der Großscheine dient vor allem der Schattenwirtschaft und als sicherer Hafen in Osteuropa und anderen Weichwährungsländern.

Wenigstens träumen!

Während die ständigen Appelle an »den Verbraucher«, doch bitte mehr zu konsumieren, denjenigen, die noch unbefriedigte Grundbedürfnisse haben, wie Hohn in den Ohren klingt, wissen die anderen nicht, was sie mit dem Geld, das ihnen auch nach »Konsum bis zum Überdruss« noch übrig bleibt, anfangen sollen, oder sie wissen nicht einmal mehr, wo ein Teil ihres Geldes steckt.

Um den Konsum also wirklich anzukurbeln, nützen keine »Schnäppchen«-Orgien, die zu noch höherer Verschuldung führen, sondern Angebote, die das Geld dort weglocken, wo es tatsächlich ist. Und so wird immer mehr Luxus angeboten: das teuerste Hotel der Welt in Dubai, das neue Kreuzfahrtschiff *Queen Mary 2*, noble Golfressorts, Luxusautos wie den Maserati Quattroporte, von dem auf dem Genfer Salon bereits die erste Jahresproduktion vorverkauft wurde, schicke Yachten, edle Tropfen, exklusive Mode, ausgefallene Geschenke. Antiquitäten sind als Geldanlage ebenfalls sehr begehrt.

Wird da nicht Neid geweckt bei denen, welchen es zunehmend schlechter geht? Eine Beobachtung in den Niederlanden scheint zu bestätigen, dass man zwar neidisch ist auf den Nachbarn, der etwas mehr hat, aber jene bewundert, die in unerreichbaren Sphären weilen. Da will man wenigstens aus der Ferne am Glanz teilhaben, weshalb sich das Magazin »Quot 55« für die 72 000 holländischen Millionäre einer Auflage von 125 000 Exemplaren erfreut.

In den USA zählten sich bei einer Umfrage des »Time Magazine« 19 Prozent der Befragten zum reichsten Prozent der Bevölkerung – und 20 Prozent rechneten damit, in absehbarer Zeit dazuzugehören! Dieses »Vom-Tellerwäscher-zum-Millionär-Märchen«, wie Michael Moore es nennt, scheint inzwischen in den Genen der Amerikaner verankert. Auch der ärmste Hund denkt nicht im Traum daran, die Reichen anzugreifen. Eines baldigen Tages könnte er ja einer von ihnen sein!

Dabei ist dieses Phänomen nicht neu. Bereits Adam Smith beschrieb vor über 230 Jahren in seiner »Theorie der ethischen Gefühle« zwei starke natürliche Wünsche: den nach materieller Besserstellung und den, Gegenstand sympathetischer Empfindungen anderer zu sein. Dieses Phänomen bestimmte jahrhundertelang den Lauf der ökonomischen Entwicklung, weil die Armen eher bereit waren, mit der Freude der Reichen zu sympathisieren als mit dem Leid ihresgleichen. Smith machte diese »parteiische Sympathie« für »die Verfälschung unserer ethischen Gefühle« verantwortlich. Heute bedienen unsere Medien einen daraus entstandenen Markt und lenken von den wichtigen Dingen ab.

Hänsel und Gretel

Doch kann es wirklich sein, dass »unsere« Politiker nichts von diesen Entwicklungen und den auch im eigenen Land immer unterschiedlicher werdenden Lebensbedingungen mitbekommen? Leben auch sie selbst zu weit weg nicht nur von der Realität der Armen, sondern auch von der der wirklich Reichen, um diese krassen Verzerrungen für möglich zu halten? Wenn man solche Reden wie die Neujahrsansprache 2004 des bayerischen Ministerpräsidenten Stoiber hört, in der der »Landesvater« in

Brüder-Grimm-Manier seinen Hänseln und Greteln mit einer Kreidefresserstimme zu verstehen gab, dass in Zukunft alles noch schlimmer kommen wird, weil das Geld nun mal nicht mehr für alle und alles reiche, dass alle »Einschnitte« aber zu ihrem Besten seien und sie nur volles Vertrauen haben und sich anstrengen sollten, dann beschleicht einen wieder einmal mehr das Gefühl, dass diese Politiker zwar vom »Volk« gewählt sind, aber nicht »zum Wohle des Volkes« handeln.

Wenn das Volk wüsste, wie viele von ihm mit einem Mandat versehene »Abgeordnete« in wie vielen Vorständen und Aufsichtsräten sitzen, könnte es eigentlich nichts Gutes mehr erwarten. Viele Politiker tragen zur Verschleierung der Tatsachen sowie zur Verdummung des Bevölkerungsteils am unteren Ende der Wohlstandsskala genauso bei wie die Wissenschaftler, die in Gutachten fordern, »dass demotivierende Wirkungen der Abgabenlast auf die Leistungsbereitschaft so gering wie möglich bleiben« (Sachverständigenrat 1996/97) müssen, und die dabei nicht die Arbeiter meinen, sondern die Vorstände der Konzerne!

Professor Norbert Walter, Chefökonom der Deutschen Bank, ist ebenfalls ein Verfechter eines Staates, der sich wenig in das freie Spiel der Kräfte einmischt. Unterschiede bei Einkommen und Vermögen sieht er als positiv und warnt, dass Eingriffe der Motivation schaden könnten, sich noch mehr zu bereichern. Offenbar ist es das, was man heute unter »Entrepreneur« versteht. Der gute alte Unternehmer hat fast schon Museumswert. Umgekehrt sollten diejenigen, die bisher zu kurz gekommen sind, den Erfolg der anderen doch zum Ansporn für größeren Einsatz nehmen. Aber es könne doch auch sein (meint Walter), dass eine selbst gewählte Bescheidenheit ursächlich für einen geringen Lebensstandard ist (»Aussteiger«)!

Autismus der Ökonomen

Bekannte Ökonomen, wie der Chef der Wirtschaftsredaktion der »Süddeutschen Zeitung«, Nikolaus Piper, der Chefredakteur der »Welt am Sonntag«, Christoph Keese, oder der Leiter des Münchner ifo-Instituts, Professor Hans-Werner Sinn, äußern sich sogar in umfangreichen Publikationen, um den Leuten die segensreichen Seiten des Kapitalismus zu erklären. Während Piper den Arbeitslosen das Hohelied der »Freiheit« singt und von den Chancen des »Wettbewerbs« schwärmt, Keese mit selektiver Statistikauslegung nachzuweisen versucht, dass es bei uns eigentlich gar keine richtig Armen und Reichen gibt, verkündet Sinn, niedrige Löhne seien *das* Vademecum, mit dem man die wirtschaftlichen Probleme kurieren könne. Dass Menschen, die nichts verdienen, auch nichts ausgeben können, spielt für Professor Sinn keine Rolle; nach ihm brauchen wir keine Stärkung der Kaufkraft, sondern nur niedrige Produktionskosten. Also Löhne runter und Arbeitszeiten wieder rauf! Getreu der Logik: Wenn etwas fast nichts kostet, finden sich auch genügend Abnehmer.

Diese Theorie ist gut 200 Jahre alt. Nun müssen durchaus nicht alle Erkenntnisse aus früheren Zeiten veraltet sein. Nehmen wir die Einsichten eines Leo Tolstoi, der sich vor 100 Jahren Gedanken über die Funktion des Geldes machte und erkannte, dass die Ökonomie mit falschen Annahmen rechnet und damit parteiisch handelt.[9] Zum einen stellte er fest, dass nicht nur die drei »Faktoren« aus den Lehrbüchern an der Hervorbringung eines Produkts beteiligt sind, nämlich Boden, Produktionsmittel (Kapital) und Arbeitskraft, sondern weit mehr Faktoren eine Rolle spielen. Zum Beispiel Sonne, Wasser, Luft, die gesellschaftliche Organisation, das Wissen der Ausführenden. Und zum anderen bezweifelte er die Gleichberechtigung der drei von der Wissenschaft anerkannten Faktoren: Der Arbeiter sei ohne Boden und Gerätschaft gar nicht denkbar. Da aber so getan würde, als hätten die Besitzer der beiden anderen Faktoren den gleichen Anspruch, erhält der Arbeiter nicht den vollen Ertrag seiner Arbeit. Damit hätte derjenige, der Geld besitze, denjenigen, der keines hat, »im Sacke«. Tolstois Antwort auf die Frage, was Geld sei, lautet: »Es ist geronnene Gewalt.« Aber er war ja Schriftsteller, kein Wirtschaftswissenschaftler.

---

[9] »Die große Sünde«, in: Philosophische und sozialkritische Schriften, Berlin 1974.

Vermögen und Unvermögen

Doch es gibt auch Politiker, die ihr »Wissen und Gewissen« offenbar nicht ganz zum Verstummen bringen. Leider lassen sie ihre Stimme aber meist erst dann hören, wenn der Lärm ihres Amtes abebbt – wie zum Beispiel Norbert Blüm. Erst Jahre nach seiner gut 16-jährigen Amtszeit als Arbeits- und Sozialminister bekennt er sich zu damaligen Fehlern und wettert gegen die »alte liberale Dreifaltigkeitslitanei: Wettbewerb, Privatisierung, Kostensenkung«, und die »selektive Missbrauchsbekämpfung«. »Die Kleinen hängen« (120 Millionen Euro Sozialhilfemissbrauch jährlich) »und die Großen laufen lassen« (70 bis 100 Milliarden Euro Steuerhinterziehung jährlich), darin sieht er die »Versteigerung des Sozialstaats«.[10]

Oder wie Johannes Rau, der am Ende seiner Präsidentschaft, während der öffentliche Fokus bereits auf seiner Nachfolge lag, etwas nebulös ein »neues Bindemittel« zwischen Kapital und Arbeit forderte und andeutungsweise auf den Hintergrund des allgemeinen Jammers hinwies: Die Geldvermögen seien zwar weiter gestiegen, »die Frage ist nur: bei wem?«[11].

Die »Zeit«[12] stellte dazu fest, dass nicht nur die Armut zunimmt (über drei Millionen Haushalte am unteren Ende der Vermögensskala waren im Jahr 2004 überschuldet), sondern auch die Zahl der Vermögenden (von 1997 bis 2004 stieg die Zahl der Euromillionäre von 510 000 auf 756 000). Nebenbei: Die Zahl der Milliardäre in diesem Land liegt mittlerweile bei 84. Dabei wiegen die beiden ALDI-Brüder jeweils 14 000 beziehungsweise 17 000 Millionäre auf.

Die »Zeit«[13] erkannte ganz richtig, dass man mit Arbeit kaum eine Chance hat, reich zu werden. »Der erste Schritt zum Reichtum (ist) geerbtes Grundkapital. Das kleine Vermögen wird dann schnell zum großen.« Hat das irgendetwas mit den hehren Be-

---

[10] »SZ« vom 5. Januar 2004.
[11] »taz« vom 7. November 2003.
[12] »Die Zeit«, Nr. 40/2004.
[13] »Wo stehen die Reichen?« von Wolfgang Uchatius, »Die Zeit« Nr. 40/2004.

griffen »Chancengleichheit« und »Gerechtigkeit« zu tun oder mit der oft erhobenen Forderung, »Leistung muss sich lohnen«?

Und da beim Vererben »diejenigen am meisten erhalten, die jetzt schon wohlhabend sind«, wird auch die erwartete Übertragung von geschätzten zwei Billionen Euro bis zum Jahr 2010 diesem Land wohl keine zwei Millionen neue Millionäre bescheren und auch nicht dazu beitragen, zwei Millionen überschuldete Haushalte zu retten.

So ist kein Staat zu machen

Vor allem wird der Staat, wenn er weiter so dumm bleibt, kaum davon profitieren. Aber warum sollte er auch bei der Erbschaftssteuer fest zupacken, wenn er bei den Abgaben auf Gewinn- und Vermögenseinkommen so zaghaft ist? So müssen Unternehmer, Selbstständige und Vermögende laut der »Zeit« heute im Schnitt nur noch knapp elf Prozent ihres Einkommens abführen, während es 1960 noch 23 Prozent waren. Das ist weniger als die Hälfte. Die Belastung der Arbeitnehmer hingegen hat sich von knapp 16 Prozent (1960) auf heute 35 Prozent mehr als verdoppelt. Gleichzeitig ist in den Jahren 1990 bis 2002 das durchschnittliche Nettoeinkommen der Arbeiter und Angestellten um 0,7 Prozent gesunken – während Bezieher von Gewinn- und Vermögenseinkommen sich über eine Steigerung von fast 50 Prozent freuen konnten!

Während Lohnempfänger von Haus aus nur ihr »Netto« in die Hand bekommen, zieht es deutsche Anleger in die Vereinigten Staaten, »lockt Osteuropa mit niedrigen Steuern«. In einem solchen Ambiente des leicht (und oft »unverdient«) erworbenen Reichtums schwindet nicht nur der Realitätssinn (wie sollen längerfristig und flächendeckend zweistellige Renditen möglich sein?), auch der Charakter wird offenbar besonders schnell verdorben. Vorstände entlassen Arbeiter und Angestellte, schütten hohe Gewinne an die Aktionäre aus und genehmigen sich für diese Großtaten teilweise die doppelten Bezüge. Investiert wird kaum noch, denn wer will schon Risiken eingehen? Andere Manager gehen noch weiter und fälschen Bilanzen – bis zum Zusammenbruch des Unternehmens. Steuerhinterzieher strecken dem Staat die Zunge heraus, während dieser überlegt, wie er durch ein Amnestieangebot wenigstens einen Teil des Schwarzgeldes aus dem Ausland zurücklocken kann und diesen gesetzlosen Zustand mit dem Arbeitstitel »Förderung der Steuerehrlichkeit« kaschiert.

Doch Egoismus, Rücksichtslosigkeit und Gier sind nur Symptome: Um zur Ursachenebene zu gelangen, muss nachgefragt werden, wodurch die Gier entsteht.

Arbeit macht weder frei noch reich

Tatsache ist, dass die Geldvermögen über die Jahre und Jahrzehnte seit der Währungsreform 1948 beständig gewachsen sind, und zwar stärker als die Wirtschaftsleistung, das Bruttoinlandsprodukt.[14] Dies stieg zwar real in etwa linear an, doch bedeutet dies für die in Prozentzahlen ausgedrückten jährlichen Wachstumsraten eine stufenweise Absenkung von 8,1 Prozent in den Fünfzigern, über 4,8 Prozent in den Sechzigern und 3,1 Prozent in den Siebzigern bis unter ein Prozent heute! Die Vermögen hingegen wuchsen nahezu exponentiell. Wie geht so etwas?

Natürlich kann man es als Unternehmer zu Vermögen bringen, das dann wiederum die nächste Generation erbt. Doch mit Fleiß und guten Geschäftsideen (»Leistung«) allein ist sicher nicht erklärt, wie es zur dramatischen Zunahme des Reichtums kommt – bei gleichzeitiger Zunahme der Armut. Diese Sche-

---

[14] Das »Bruttoinlandsprodukt« (BIP) ist eigentlich ein irreführender Begriff; er gibt angeblich den Wert aller in einer bestimmten Periode im Inland erzeugten Endprodukte an, was eine Zunahme an Wohlstand suggeriert. Dass zum Beispiel in den 1990er-Jahren fast 500 Milliarden Euro neue Staatsschulden gemacht wurden, denen dann gerade einmal eine Steigerung des BIP um 275 Milliarden Euro gegenüberstanden, würde jedoch kein Bürger als positiv verbuchen. Außerdem führen auch Schäden, zum Beispiel ein Lkw-Unfall mit Beschädigung der Autobahn, zu einer Steigerung des BIP.

renbildung deutet darauf hin, dass die unverhältnismäßige Reichtumsmehrung auch auf Kosten anderer geht. Deshalb ist es notwendig, nach dem Umverteilungsmechanismus zu suchen.

Der Zaubertrick

Damit die Wirtschaft nicht zum Stillstand kommt, *müssen* die sich ansammelnden Geldvermögen über Kredite in den Kreislauf zurückkommen. Die Höhe der Vermögen bedingt demnach die Höhe der Schulden. Verschulden können sich drei Sektoren: die Unternehmen, der Staat und die Privathaushalte. Nutznießer sind diejenigen, die Geld verleihen können. Dafür erwarten sie eine Belohnung, den Zins. Der Zinseszins hat die für den Kreditgeber angenehme Eigenschaft, dass er das Ausgangskapital in bestimmten Abständen verdoppelt. Bei sieben Prozent sind es etwa zehn Jahre (Faustregel: 72 geteilt durch den Zinssatz ergibt den Verdoppelungszeitraum in Jahren).

Sieben Prozent sind eine durchaus als realistisch einzuschätzende Rendite (der US-Aktienindex Standard & Poor's 500 weist für die Jahre von 1982 bis 2000 durchschnittliche jährliche Dividenden und Renditen von 20 Prozent aus!). Ironisch könnte man sagen: Wer sich lächerlich machen will, verlange vier Prozent. Wer vier Prozent im Lohnbüro fordert, wird ausgelacht, da niemand eine solch überzogene Forderung ernst nimmt. Wer vier Prozent Rendite von seinem Finanzberater erwartet, macht sich wegen seiner falschen Bescheidenheit zum Gespött.

»Aus 100 Dollar 110 Dollar zu machen ist Arbeit. Aus 100 Millionen Dollar 110 Millionen Dollar zu machen ist unvermeidlich«, stellte Edgar Bronfman, Milliardär und Seagram-Chef, lakonisch fest.

Fehler im System

Und genau hier liegt der Systemfehler unserer Geldordnung: Geld kann viel länger streiken, als es Arbeiter können! Geldzurückhaltung geht nicht an die Substanz. Ich verzichte lediglich auf momentan zu niedrige Zinsen, um demnächst umso höhere erpressen zu können.

Da durch die Verzinsung die Geldvermögen ständig anwachsen, muss aber auch eine ständig größer werdende Geldmenge verliehen und als Kredit aufgenommen werden. Durch die so zunehmende Verschuldung geraten immer mehr Haushalte und Unternehmen in immer größere Schwierigkeiten, die mit der Insolvenz ihren Höhepunkt finden. Dadurch verringert sich allerdings die Zahl möglicher Kreditnehmer, und das Risiko bei der Vergabe von Krediten steigt. So bleibt nur noch der Staat als Retter in der Not. Er *muss* höhere Schulden auf sich nehmen, um die stotternde Konjunktur am Laufen zu halten. Das fällt beiden beteiligten Seiten leicht: zum einen den Geldgebern, die davon ausgehen, dass der Staat als Letzter Pleite gehen wird, und zum anderen den unterzeichnenden Politikern, die zwar heute den Applaus für die mit den Krediten finanzierten Wohltaten einheimsen, nicht aber morgen die Buhrufe für die Rückzahlungen werden ertragen müssen.

Das Verteilungsproblem

Doch irgendwann ist auch beim Staat die Grenze der Verschuldung erreicht – wenn die zu zahlenden Zinsen so hoch sind, dass die Neuverschuldung nicht einmal mehr reicht, diese Zinsen zu bezahlen, geschweige denn wichtige zukunftssichernde Investitionen zu tätigen.[15] Diesen Punkt hatte der Bundeshaushalt Mitte der 80er-Jahre zum ersten Mal und seit dem Jahr

---

[15] Wann ist ein Staat pleite? Der deutsche Steuerzahlerbund hat ausgerechnet, dass zur Tilgung der Staatsschulden (1,32 Billionen Euro) eine Milliarde Euro monatlich zurückgezahlt werden müssten, und zwar 110 Jahre lang. Dabei hat er allerdings die Zinsen vergessen! Bei fünf Prozent Zinsen fielen neben den 1,32 Billionen Euro Schulden in 110 Jahren Zinszahlungen in Höhe von 3,63 Billionen Euro an, insgesamt also 4,95 Billionen Euro! Die Tilgung müsste demnach mit 81 Milliarden Euro im ersten Jahr beginnen und würde langsam auf zwölf Milliarden Euro im letzten (110.) Jahr sinken. (Berechnung: Helmut Creutz)

1994 dauerhaft erreicht. Während man in den 60er-Jahren noch öffentliche Einrichtungen wie Schulen, Bäder und Bibliotheken bauen konnte, fehlt heute selbst für die Sanierung das Geld. Es scheint jedoch niemand aufzufallen, wie widersinnig dieser Zustand ist, haben wir doch heute ein weitaus höheres Bruttoinlandsprodukt (BIP) als damals, auch wenn die Wachstums*rate* gesunken ist.

Das »Nullwachstums« wird allerdings im bestehenden System zu einem *Verteilungs*-Problem, und zwar dadurch, dass die Vermögen durch die Zinseinnahmen trotzdem wachsen: Damit wächst auch ihr Anspruch an den »Gesamtkuchen« mit der Folge, dass für die, die den Kuchen backen (also Arbeitnehmer *und* Arbeitgeber!), immer weniger bleibt. Das Zynische an der Sache: Die lachenden Dritten, die Kapitalbesitzer, bleiben im Hintergrund und lassen sich ihren Anteil durch die Banken sichern. Das Kapital hat immer den Erstzugriff. Um den Rest streiten dann die vermeintlichen Kontrahenten Gewerkschaften und Arbeitgeberverbände, obwohl sie eigentlich im gleichen Boot sitzen und sie es sind, die dieses gemeinsam voranbringen!

»Working poor«

Bei sinkenden Unternehmensgewinnen sehen sich die Firmen dann gezwungen, die Arbeitskosten zu senken. Dies geschieht entweder durch Auslagerung der Produktion in Länder mit Niedriglöhnen oder durch Erhöhung der Arbeitszeit bei gleich bleibenden Löhnen. In den USA stagnierte der gesetzliche Minimallohn von 1997 bis 2003 bei 5,15 Dollar. Die Folge: Die so genannten »working poor« kommen trotz zwei oder drei Jobs mit über zwölf Stunden pro Tag nicht über die Armutsschwelle hinaus!

Weitere Folge: Mit den schrumpfenden Unternehmensgewinnen und den sinkenden Löhnen sinken auch die Steuerzahlungen, während gleichzeitig die Verpflichtungen des Staates durch die höheren Arbeitslosenzahlen steigen. Trotz dieser Mehrbelastung des Bundeshaushalts wird der »Schuldendienst«

66

vom Staat vorrangig »bedient«. Er hat mit 41 Milliarden Euro
(2002) nach dem Ressort »Arbeit und Soziales« (2002: 92 Milliarden Euro) längst den zweiten Rang im Bundeshaushalt erreicht und liegt weit vor »Verkehr« (26 Milliarden Euro) und
»Verteidigung« (23 Milliarden Euro)! Machten 1991 die Zinslasten »erst« 9,7 Prozent des gesamten Bundeshaushalts aus, la-
gen sie 2001 bereits bei 14,3 Prozent. Für die nächsten Jahre
sehen die Haushaltsentwürfe weitere Steigerungen bis auf
17,2 Prozent (2007) voraus. Dann muss natürlich in den anderen Haushaltsbereichen »gespart«, man sollte besser sagen: *ge-
strichen* werden. Dabei betragen die Ausgaben für Familien-,
Sozial- und Jugendhilfe jetzt bereits nur ein Sechstel der Summe, die für Zinszahlungen aufgewendet werden muss!

Die große Missbrauchsdebatte

Da der Staat an das große Geld kaum herankommt, ist es im
Grunde zynisch, von »Umverteilung durch den Sozialstaat« zu
sprechen. Denn was den finanziell Schwachen gegeben wird,
wurde eben nicht den finanziellen Kraftprotzen genommen,
sondern mühsam bei denen zusammengekratzt, die zwar etwas
haben, aber so wenig, dass sie damit nicht weglaufen können.
So alimentiert sich das gesamte Steueraufkommen der BRD zu
30 Prozent aus Lohn- und Gehaltssteuern. Der Gießener Politologe Dieter Eißel hat für diese Entwicklung den treffenden
Ausdruck »Marsch in den Lohnsteuerstaat« geprägt.[16]

Das Gerede von der »sozialen Hängematte« geht an der Realität vorbei: Wenn sich für einen Sozialhilfeempfänger mit Familie Arbeit »nicht lohnt«, weil er damit keinen Euro mehr in
der Tasche hat, dann ist das nicht sein Verschulden, sondern
liegt an den zu niedrigen Nettolöhnen. Aus dem geringen Ab-
stand zu schließen, die Sozialhilfe sei zu hoch, setzt eine ziem-
liche Abgehobenheit vom Alltag der Familien auf Sozialhilfe-
niveau voraus.

---

[16] »Die Zeit«, 40/2004.

Peanuts

Sieht man sich dann die Dimensionen des »Sozialhilfemiss-
brauchs« an, so findet man wirklich die berühmten *Peanuts*: Auf
120 Millionen Euro lauten die Schätzungen. Natürlich sollte Missbrauch, also die Verwendung von Geldern zu Zwecken,
zu denen sie nicht gedacht sind, so weit wie möglich verhindert
werden. Schon allein aus erzieherischen Gründen, weil das
Beispiel der Eltern Schule macht, wie viele Familien zeigen, die
bereits in der dritten Generation von der »Stütze« leben und in
denen die Kinder keine andere Perspektive kennen. Solche »So-
zialhilfekarrieren« kommen natürlich nicht gut an bei denen,
die für ein etwas höheres Einkommen einer ungeliebten Tätigkeit nachgehen müssen und das Gefühl haben, mit ihren relativ hohen Steuern und Sozialabgaben diejenigen zu alimentieren,
die durchaus den Eindruck machen, sie könnten auch arbeiten.
Der Betrag, den sich der Staat dadurch spart, dass eine hohe
Anzahl an Anspruchsberechtigten keine Anträge stellt, wird auf
2,2 Milliarden Euro geschätzt; er beträgt demnach das Acht-
zehnfache des geschätzten Missbrauchs!
Vor allem aber sieht der Betrag bescheiden aus neben anderen Missbrauchstatbeständen oder sonstigen volkswirtschaftlichen Schäden. So wird der Schaden durch Steuerhinterziehung
auf bis zu 100 Milliarden Euro geschätzt[17]; die Höhe der staatlichen Subventionen auf 150 Milliarden[18]; der sich durch Staus
auf unseren Straßen jährlich summierende volkswirtschaftliche
Verlust auf 120 Milliarden Euro[19]; die Verluste bei der Arbeitsproduktivität durch demotivierte Mitarbeiter auf 250 Milliarden
Euro[20]; der Anteil des durch Schwarzarbeit erzeugten (und deshalb unversteuerten) Volkseinkommens auf 370 Milliarden Euro[21]. Zum Vergleich: Der Bundeshaushalt für 2004 liegt bei
257 Milliarden Euro.

---

[17] »Der Spiegel«, 47/2003.
[18] Kieler Wirtschaftsinstitut, 2001.
[19] BMW-Studie, 2003.
[20] Gallup-Studie, 2003.
[21] »Der Spiegel«, 47/2003.

Leistungsträger

Das Erstaunlichste in der Debatte darüber, dass der Sozialstaat angeblich durch die Empfänger von Transferleistungen überstrapaziert wird und man nicht noch mehr Lasten auf die »wirtschaftlichen Leistungsträger« wälzen kann, ist das Verschweigen einer Schlüsselzahl, die nicht geschätzt, sondern sehr genau definiert ist: die Ausweisung der Höhe der jährlichen *Bankzinserträge* durch die Bundesbank! Diese Ziffer gibt an, welche Summe die Banken im Auftrag der Kapitalgeber aus den Taschen der Kreditnehmer geholt haben. Im Jahr 2001 betrugen diese Bankzinserträge satte 391 Milliarden Euro, wovon an die Kapitalbesitzer nach Abzug der Bankmargen 311 Milliarden Euro Zinseinnahmen weitergereicht wurden! Was diese Größenordnung bedeutet, erkennt man am besten in der Grafik von Helmut Creutz, die diese Vergütung für die »Leistungsträger unserer Gesellschaft« in interessante Relationen setzt.

Unterschiedliche Einkommensentwicklungen - D 1991 bis 2001

Veränderungen in Prozent: Veränderungen in Mrd Euro:

		1991	2001
+ 23%	Nettolöhne und -gehälter:	481	590
+ 29%	Bruttolöhne und -gehälter:	697	901
+ 31%	Eink. Unternehmen u. Vermögen:	321	421
+ 32%	Steuereinkommen Staat:	338	446
+ 37%	**Bruttoinlandsprodukt:**	1502	2063
+ 101%	Zinseinkommen:	155	311
+ 108%	Geldvermögen zum Vergleich:	3083	6415

Quelle: Bundesbank / BMA   © Helmut Creutz / Nr. 137

© Helmut Creutz. (Die drei Grafiken in diesem Kapitel wurden dem Buch »Die 29 Irrtümer rund ums Geld« von Helmut Creutz entnommen. Signum Wirtschaftsverlag, München 2004)

69

Mit 391 Milliarden Euro Zinslasten wurde also unsere Volkswirtschaft im Jahr 2001 belastet, Kosten, die von den Unternehmen natürlich über die Preise an die Endverbraucher weitergegeben werden; im Schnitt zahlen wir so in jedem Euro 40 Cent Zinsanteil! Über diese »Kapitalzusatzkosten« wird aber nie geredet, sondern nur über die »Lohnzusatzkosten«, die 2002 mit 219 Milliarden Euro zu Buche schlugen.

Arbeit muss billiger werden, lautet die ständige Gesundbeterformel. Warum gilt diese Forderung nicht auch für das Kapital, vor allem, wenn es zu viel davon gibt?

Die Antwort haben wir bereits gegeben: weil Geld viel effektiver in Streik treten kann, als die Arbeiter es können.

Darüber wird aber nie direkt gesprochen. Man berichtet über »internationale Beweglichkeit« des Kapitals und nimmt das als Grund für schonende Behandlung. Als wenn der Dieb, der schneller laufen kann als die Polizei, ein milderes Urteil zu erwarten hätte.

Selbst das Bundesverfassungsgericht hat bei Kapitaleinkünften auf die »besondere Inflationsanfälligkeit« hingewiesen und damit die steuerlichen Samthandschuhe entschuldigt. Einkünfte, die einzig aus dem Besitz von Kapital herrühren, werden wie ein Naturgesetz nie infrage gestellt, geschweige denn ihre Dimensionen und deren Auswirkungen zur Kenntnis genommen!

Solange die Gesetzmäßigkeit der wahren Umverteilung, der von unten nach oben, nicht erkannt wird, wird man sich weiterhin über empirische Daten wundern, die belegen, dass die Anzahl der Armen und gleichzeitig die der Millionäre zunimmt. So gab es 1960 in der BRD ganze 14 000 D-Mark-Millionäre; 1978 waren es bereits 217 000, und im Jahr 1998 zählte man 1,5 Millionen Vermögensmillionäre.

Die Klassenlotterie

Nun stellt man sich gemeinhin vor, man müsse, um »reich« zu werden, über längere Zeit einen größeren Betrag bei einer Bank ansparen, wobei sich mithilfe der Zinsen eine ansehnliche Aufstockung ergibt. Irgendwann ist die Summe dann so hoch, dass man monatlich davon etwas wegnehmen kann, ohne dass die Substanz nennenswert schwindet. Das ist der Wunsch aller, die eine private Altersvorsorge betreiben.

Doch muss man mindestens eine Million Euro anlegen, um von den Zinsen im Wohlstand leben zu können. Um die ansparen zu können, sollte man zu den Spitzenmanagern gehören und mehrere hunderttausend Euro pro Jahr kassieren.

Am wahrscheinlichsten gelangt man jedoch zu Reichtum, indem man erbt, wie schon erwähnt. Meist gilt hier das Sprichwort: »Der Teufel scheißt auf den größten Haufen.« Und das in der Regel doppelt. Denn Kinder von Reichen erben nicht nur am meisten, sie heiraten meist auch unter ihresgleichen. So hängt fast alles von der Gnade der Geburt ab: der Bildungsweg, der Zugang zu einer bestimmten Gesellschaftsschicht, der Zugang zu gehobenen Jobs und obendrauf noch das Sahnehäubchen des Erbes. Sozialer Aufstieg – und auch sozialer Abstieg! – ist äußerst selten. In Deutschland wird dies noch durch das selektive Schulsystem verstärkt mit dem Ergebnis, dass nur acht Prozent der Kinder aus der Unterschicht eine Universität besuchen, während es bei den Kindern der Oberschicht ganze 83 Prozent sind. Wäre es in anderen Ländern nicht deutlich anders, könnte man zu der Annahme kommen, dass Arme einfach dümmer sind. Deshalb bringen sie es zu nichts, und sie bekommen halt auch wieder dumme Kinder. Wer reich ist, steht hingegen im Verdacht, den Reichtum schon irgendwie verdient zu haben, sei es durch Intelligenz, durch Fleiß, durch besonderes Auftreten oder einfach durch Glück.

Die Benutzung des Begriffs »Klassengesellschaft« war zwar längere Zeit nicht opportun, doch der Realität ist es egal, ob man sie verschämt beim Namen nennt oder nicht. Die Tatsache, dass es nicht verboten ist, sozial aufzusteigen (im Gegensatz zu den Zeiten, als die Zünfte und Stände dies nicht zuließen), hat lange die Illusion von einer durchlässigen Gesellschaft genährt. Leider hat niemand sich bemüßigt gefühlt, auch zur Schaffung von Strukturen beizutragen, die die theoretischen Optionen in die Praxis übersetzt hätten.

Er kam, er sah – und kassierte

Der Wirtschaftsanalytiker Helmut Creutz hat einmal am Beispiel des Kurzzeitchefs des Mannesmann-Konzerns vorgerechnet, welche Folgen die Anlage eines großen Vermögens für unsere Volkswirtschaft hat. Klaus Esser hat für seine kurze, aber folgenschwere Tätigkeit bei Mannesmann, die mit dem Verkauf des Konzerns an Vodaphone endete, eine Abfindung von rund 30 Millionen Euro erhalten. Unterstellt man eine restliche Lebenserwartung von 30 Jahren, könnte Herr Esser jedes Jahr eine Million Euro »auf den Kopf hauen«. Doch Esser wird sein Geld kaum im Tresor aufbewahren. Legt er seine Abfindung hingegen langfristig zu sechs Prozent an, winken ihm jährlich 1,8 Millionen Euro Zinsen, das sind pro Monat 150 000 Euro! Nehmen wir an, er lebt bescheiden und gibt nur 25 000 Euro monatlich aus, so vermehrt sich sein Vermögen im Monat um 125 000, das sind im Jahr 1,5 Millionen Euro. Da dieser Zuwachs ebenfalls verzinst wird, verdoppelt sich sein Vermögen innerhalb von rund 15 Jahren von 30 auf 60 Millionen Euro. Nach weiteren 15 Jahren würde er seinen Enkeln 120 Millionen Euro vererben. Die Esser-Dynastie könnte, wenn sie weiter so verfahren würde, nach weiteren 45 Jahren ihre erste Milliarde feiern, ohne jemals mehr getan zu haben, als ihre Ausgaben auf 25 000 Euro monatlich zu beschränken.[22]

Hier schließt sich die interessante Frage an, warum man dieses »Rentenmodell« nicht allen zugänglich macht, wenn auch auf gewöhnlichem Niveau. Diese Frage ist eher rhetorisch. Ohne große Berechnungen durchführen zu müssen, sagt einem schon der logische Verstand, dass diese Lösung eben nicht für alle funktionieren kann: Wenn jemandem gegeben wird, muss jemand anderem genommen werden.

---

[22] Wer bei diesem Rechenbeispiel über die volkswirtschaftlichen Auswirkungen sehr großer Vermögen den Steuerabzug vermisst, braucht sich nur die Realität anzusehen: Obwohl es auf dem Papier eine progressive Steuer gibt, entsprechen die *gezahlten* Steuern in etwa einem linearen Tarif. »Wenn Sie nicht wollen, zahlen die oberen Zehntausend nichts«, so ein Spitzenbeamter im Finanzministerium (»Die Zeit«, Nr. 33/2003).

Zinsen: Alle zahlen, wenige kassieren

Und genau das ist das volkswirtschaftlich Verheerende an großen, sich selbst alimentierenden Geldvermögen: Wenn auch die Ausgangssumme im Beispielfall Esser allein die Aktionäre belastet hat (nach dem derzeitigen Stand der Dinge sieht es allerdings so aus, als wolle Vodaphone letztlich den Steuerzahlern den schwarzen Peter zuschieben), die Zinsen müssen letztlich von allen Bürgern aufgebracht werden. Denn die Unternehmen rechnen die Zinsausgaben für ihre Verschuldung in die Preise ein, geben sie also an die Kunden weiter. Inzwischen macht der Anteil der Schuldzinsen etwa 40 Prozent der gesamten privaten Haushaltsausgaben aus, was bedeutet, dass wir bei jedem ausgegebenen Euro im Schnitt nur für 60 Cent einen Gegenwert erhalten.

Es gibt Ökonomen, die darin nichts Verwerfliches sehen, wandern doch die Zinserträge hauptsächlich an die Privathaushalte zurück. Wer allerdings den Blick vom statistischen Durchschnitt auf die Realität richtet, wird erkennen, dass maximal zwölf Prozent der Haushalte zu den Gewinnern zählen (grob gesagt: alle, deren Geldanlagen mehr als das Zehnfache ihrer Jahresausgaben betragen), während etwa 80 Prozent der Haushalte in unterschiedlicher Höhe verlieren. Bei knapp zehn Prozent der Haushalte halten sich Zinszahlungen und Zinsgewinne die Waage.

Dies hat Helmut Creutz für das Jahr 1990 in der Darstellung »Ausgaben, Zinslasten und Zinserträge der Haushalte« (siehe nächste Seite) festgehalten.

Wie dramatisch die Scherenentwicklung zwischen dem Anwachsen der Geldvermögen und dem der Verschuldung in den 50 Jahren nach 1950 verlief, gibt die Grafik »Geldvermögen und Schulden in Deutschland« auf der übernächsten Seite wieder.

73

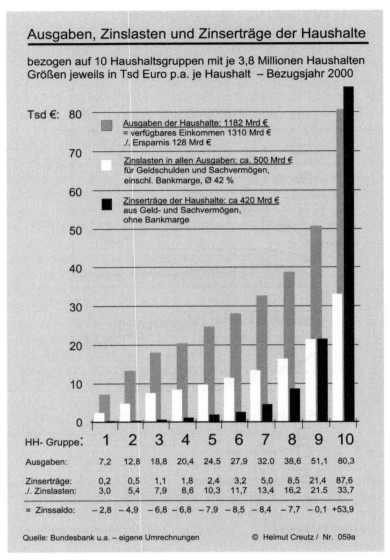

Ausgaben, Zinslasten und Zinserträge der Haushalte

bezogen auf 10 Haushaltsgruppen mit je 3,8 Millionen Haushalten
Größen jeweils in Tsd Euro p.a. je Haushalt – Bezugsjahr 2000

Tsd €: 80

Ausgaben der Haushalte: 1182 Mrd €
= verfügbares Einkommen 1310 Mrd €
./. Ersparnis 128 Mrd €

Zinslasten in allen Ausgaben: ca. 500 Mrd €
für Geldschulden und Sachvermögen,
einschl. Bankmarge, Ø 42 %

Zinserträge der Haushalte: ca 420 Mrd €
aus Geld- und Sachvermögen,
ohne Bankmarge

HH- Gruppe:	1	2	3	4	5	6	7	8	9	10
Ausgaben:	7,2	12,8	18,8	20,4	24,5	27,9	32.0	38,6	51,1	80,3
Zinserträge:	0,2	0,5	1,1	1,8	2,4	3,2	5,0	8,5	21,4	87,6
./. Zinslasten:	3,0	5,4	7,9	8,6	10,3	11,7	13,4	16,2	21.5	33,7
= Zinssaldo:	−2,8	−4,9	−6,8	−6,8	−7,9	−8,5	−8,4	−7,7	−0,1	+53,9

Quelle: Bundesbank u.a. – eigene Umrechnungen   © Helmut Creutz / Nr. 059a

© Helmut Creutz (s. Seite 69).

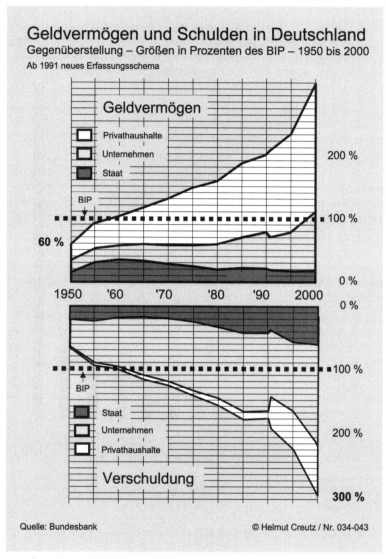

Geldvermögen und Schulden in Deutschland
Gegenüberstellung – Größen in Prozenten des BIP – 1950 bis 2000
Ab 1991 neues Erfassungsschema

Geldvermögen

Privathaushalte
Unternehmen
Staat

BIP

Verschuldung

Staat
Unternehmen
Privathaushalte

Quelle: Bundesbank

© Helmut Creutz / Nr. 034-043

© Helmut Creutz (s. Seite 69).

75

Anhand dieser letzten Darstellung sind folgende Schlüsse möglich: Der Staat konnte zu Beginn des »Wirtschaftswunders« Vermögen bilden und Schulden abbauen – eigentlich eine logische Entwicklung. Danach reduzierte sich das Vermögen, und die Schulden nahmen um das Mehrfache zu. Bei den Unternehmen fand zwar ein nahezu kontinuierlicher Vermögensaufbau statt, doch stiegen die Schulden unverhältnismäßig schneller mit dem Ergebnis, dass der Unternehmenssektor heute am stärksten verschuldet ist. Die Schulden der Privathaushalte nehmen in der Darstellung Anfang der 1990er-Jahre sprunghaft zu, weil in der Statistik seit 1991 alle Personenunternehmen den Haushalten zugeordnet werden. Insgesamt sind die privaten Vermögen seit der Währungsreform beständig angewachsen. Wie wir oben gesehen haben, sind diese Vermögens- und Schuldgrößen, die von einem Verhältnis von 60 Prozent des BIP innerhalb von 50 Jahren auf 300 Prozent des BIP anstiegen, sehr unterschiedlich auf die Bevölkerung verteilt. Es gibt viele Habenichtse und Verschuldete und wenige sehr Wohlhabende.

Wie lange kann diese Entwicklung noch fortschreiten, ohne dass der »soziale Friede« verloren geht? Die ersten Gewitterwolken zeichnen sich jedenfalls bereits am Horizont ab. Eine andere Frage ist, wie unsere Volkswirtschaft mit dieser seit den 1950er-Jahren auf fast das Fünffache gestiegenen Schuldenlast fertig werden soll. Wer mit dem Taschenrechner nach möglichen Wegen der Schuldentilgung sucht, kommt bald zu der Überzeugung: Da führt kein Weg mehr heraus!

Gegen die explosive Dynamik des Zinseszinses in unserem Geld- und Wirtschaftssystem (der Wirtschaftswissenschaftler Bernd Senf aus Berlin benutzt den prägnanten Ausdruck »monetäre Kernspaltung«) kommt man in der realen Sphäre nicht an, auch nicht mit einem realen Wirtschaftswachstum, wie wir es jahrzehntelang hatten.

Die Todesformel

Der exponentielle Ablauf bei der Kapitalvermehrung durch die Zinseszinsdynamik entspricht einer Todesformel. Er ist ver-

76

gleichbar mit den Abläufen bei Krebs oder mit denen der Kernspaltung beim Zünden einer Atombombe. In einem gleich bleibenden Raum expandiert etwas, indem es sich regelmäßig verdoppelt. Aus 1 wird 2 / werden 4, 8, 16, 32, 64, 128 Zellen, gespaltene Urankerne, oder Euro. Es gibt jedoch einen entscheidenden Unterschied zur Formel des Lebens (die ja ähnlich beginnt). Die Zellteilung verläuft nur eine kurze Zeit exponentiell, also mit Verdoppelungsraten in schneller Folge; sehr bald setzt dann ein Dämpfungseffekt ein (bei der Entstehung eines Menschen bereits als Fötus), und die Kurven der Gewichtszunahme sowie des Größenwachstums flachen immer mehr ab. »Erwachsen« ist man, wenn Zellen nur noch zur Erneuerung und zur Reparatur gebildet werden.

Ein weiterer entscheidender Unterschied zwischen der Entwicklung von Leben und der Kapital- oder Krebszellenvermehrung: Bereits in einem sehr frühen Stadium begnügen sich die Zellen eines Embryos nicht mehr mit einem rein zahlenmäßigen Wachstum, sie bemühen sich um Differenzierung. Jede Zelle übernimmt eine wichtige Funktion, die nicht von einer anderen Zelle wahrgenommen wird. Das Wachstum verlagert seinen Schwerpunkt also vom Quantitativen zum Qualitativen. Im rein logarithmischen System hingegen bleibt es bei der stumpfsinnigen, rein quantitativen Anhäufung von immer dem Gleichen, ohne Rückkoppelung an Sinn und Zweck, an ein übergeordnetes Ganzes. Gerade diese fehlende Rückbindung führt ja auch dazu, dass der Krebs letztlich an seinem eigenen (mathematischen) Erfolg scheitert, weil ihn nicht interessiert, wie es seinem Wirtsorganismus geht.

Benchmark: Mafia

Ist es im Kapitalismus nicht frappierend ähnlich? Es gibt nur Kapital für solche Projekte, die eine Vermehrung des eingesetzten Kapitals zur Folge haben. Selbst wenn Aktivitäten eine deutliche Verbesserung der Lebensqualität zur Folge hätten – wenn sie sich »nicht rechnen«, unterbleiben sie. Dabei heißt »sich rechnen« nicht, dass finanzielle Verluste entstehen. Es bedeutet, dass kein Profit erwirtschaftet wird. Umgekehrt besteht allerdings kein Problem – im Gegenteil: Lassen sich Profite erzielen, wird nach Sinn und Notwendigkeit einer wirtschaftlichen Tätigkeit gar nicht gefragt. Jean Ziegler[23] hat deshalb einmal gesagt, dass die konsequenteste und erfolgreichste Form kapitalistischen Wirtschaftens die Mafia sei. In Reinkultur wird diese Ausrichtung auf die Kapitalrendite dort betrieben, wo nur noch spekuliert, nur noch mit Zahlen jongliert wird. Diese Tätigkeiten nützen niemandem konkret, sie machen niemanden satt, aber sie vergrößern die großen Haufen, indem sie von vielen kleinen Beträgen kleine Summen absaugen.

Kapital hat also den Zweck, sich zu vermehren. Gelegentlich wird es auch auf Nebenschauplätzen eingesetzt, um Macht zu erkaufen oder sich ein positives Image zuzulegen. Der Hauptzweck aber bleibt das eigene Wachstum. Was aber tun, wenn der Wirtsorganismus, die heimische Volkswirtschaft, kein ausreichendes Wachstum mehr zulässt? Was beim Krebs nicht möglich ist, die Wirtschaft schafft es: Expansion auf einen weiteren Organismus!

»Globalisierung« ist die Antwort auf das Problem der real gesetzten Grenzen. Hier haben wir eine Parallele zu Hans Grimms »Volk ohne Raum«, dem Hitlers territoriale Übergriffe folgten. »Kapital ohne Raum« greift nach immer neuen »Märkten«, sowohl im Zugriff auf fremde Volkswirtschaften als auch bei der Ausbreitung in neue, bisher noch ungenutzte Investitionsfelder. Die Privatisierung bisher öffentlich verwalteter Güter, wie Wasserversorgung, Straßen und Schienen, Müllbeseitigung, Gesundheitsversorgung, Kommunikation, Bildung, Information und vieles andere (Stichwort: multilaterales Investitionsabkommen MAI), hat den gleichen Hintergrund wie das Vordringen der Kapitalmärkte in immer neue Länder: Der Krebs muss seinen Wirtsorganismus erweitern, um noch eine Weile expandieren zu können.

---

[23] UN-Beauftragter für das Menschenrecht auf Nahrung.

Diktat des Profits

Ein ideales Entwicklungspotenzial bietet sich abseits des dem Wettbewerb ausgesetzten und von der Verbrauchernachfrage abhängenden Marktes: bei den staatlich finanzierten Aufträgen, und hier ganz besonders im Rüstungssektor. Die dort produzierten Güter werden nicht marktrelevant, sie streben keiner Sättigung zu und unterliegen nur einer geringen Preiskonkurrenz. Dementsprechend hoch fallen die Gewinne aus.

Noch besser läuft es an der Börse, wo reale Faktoren nur noch eine untergeordnete Rolle spielen. Es müssen nur möglichst viele mitzocken, dann kann die Party umso länger dauern. Um »aus der relativ kleinen Zahl der Großspekulanten eine große Zahl von Kleinspekulanten zu machen …, ist es folgerichtig, durch Fernsehen und Funk jeden Tag die Kurse … bekannt zu geben, damit möglichst das ganze Volk in die Spekulation hineingezogen wird«.[24] Diese kluge Voraussicht stammt aus dem Jahr 1976: Inzwischen haben die Börsenkurse die Wettervorhersage und den Verkehrsfunk eingeholt und laufen bei einigen Fernsehkanälen sogar als optische Dauerberieselung während der Sendungen mit. Carl Amery hat dafür den treffenden Ausdruck »Thorarollen der Börse« geprägt.

Das Diktat des Profits erzwingt, ist der Blick erst einmal darauf fixiert, immer grausamere und perversere Methoden und Geschäftsfelder. Moral und Ethik haben kaum eine Chance. Alles wird mit dem Argument »Arbeitsplätze!« abgeschmettert. Um Geschäftstätigkeiten zu unterbinden, von denen Arbeitsplätze abhängen, muss man schon massive Gesetzesverstöße aufzeigen können. Dazu gehören Kinderpornografie, illegale Spiel- und Wettbüros, Computerkriminalität. Doch ein Arbeitsplatz, dessen Sinn das Selektieren von weiblichen und männlichen frisch geschlüpften Küken ist (mit anschließender Vergasung

---

[24] Hans-Georg Amsel: Kehrseite des Geldes. Ein Beitrag zum institutionellen Denken. VAP Verlag für Angewandte Philosophie GmbH, Wiesbaden 1976.

oder Häckselung der männlichen), wird sowohl von einem Arbeitgeber angeboten als auch von einem Arbeitnehmer angenommen, weil damit Geld zu verdienen ist.

Mobilfunk breitet sich aus und offeriert immer neue Anwendungen, auch wenn noch keine ausreichenden Untersuchungen über die Gesundheitsgefahren vorliegen. Nicht weil die Menschen danach schreien, sondern weil damit Gewinne gemacht werden. Die Forschung der Pharmaindustrie dient in erster Linie dem Ziel, einen neuen vermarktbaren »Renner« zu finden, nicht der Heilung Kranker. Der Aufwand, der für zum Teil aggressives Marketing betrieben wird, beweist, dass das Angebot in vielen Bereichen gar nicht auf eine vorhandene Nachfrage reagiert, sondern dass diese erst »stimuliert« werden muss.

Freiheit, die wir meinen

Wer unter »Globalisierung« immer noch bessere Lebensbedingungen auch für die so genannte Dritte Welt durch »freien Welthandel« versteht, übersieht geflissentlich die Realität. Die reichen Länder schützen weiterhin ihre heimischen Produzenten durch Schutzzölle und helfen ihnen mit Exportsubventionen. Das geht so weit, dass es zum Beispiel in Mexiko billiger ist, Mais aus den USA zu kaufen als den einheimischen.

Die Globalisierung gilt nur für das Finanzkapital. Das ist immer willkommen, da wird nicht lange nach der Herkunft gefragt. Menschen dürfen nicht reisen, wie sie wollen. »Wir brauchen nur Einwanderer, die uns nützen, nicht solche, die uns ausnützen«, hat der bayerische Innenminister Beckstein einmal sinngemäß verkündet. Er hätte noch ehrlicher formulieren sollen: »Wir brauchen nur Menschen, die *wir* ausnützen können!« Das sieht in der Praxis so aus, dass entweder hoch qualifizierte Spezialisten eine *green card* bekommen (was dem Land, in dem sie ausgebildet wurden, diese »Human Resources« entzieht, der so genannte *brain drain*), oder dass Fach- und Hilfsarbeiter aus Ländern mit hoher Arbeitslosigkeit bei uns am Bau schuften. Oft schwarz, mies bezahlt und gehalten wie Sklaven. Am lukrativsten aber ist es, wenn man die Leute in ihrer Heimat lässt, wo ihr Lebensstandard und damit ihre Lohnansprüche niedrig sind, während man die von ihnen erzeugten Produkte (oder auch Dienstleistungen wie EDV oder Callcenter) in Hochlohnländern verkauft.

Outsourcing

Der Ökonom kann dann feststellen, dass der durchschnittliche Wohlstand in Deutschland durch »Outsourcing« steigt (entsprechend dem »Lehrsatz von den komparativen Kostenvorteilen« von David Ricardo). Doch der Arbeiter oder Angestellte, dessen Job jetzt in Polen oder Indien erledigt wird, spürt davon leider nichts. Daraus folgt eine Erkenntnis, die die »Zeit«[25] so formulierte: »Demnach kann die Globalisierung in den Industrieländern nicht nur größeren Wohlstand generieren, sondern auch größere Ungleichheit.«

Doch auch in den jeweiligen Dritte-Welt-Ländern geschieht Ähnliches: Vom indischen oder chinesischen Wirtschaftswachstum profitieren Mittel- und Oberschicht, nicht aber die Armen. Im Gegenteil: Ihnen wird, damit Profit erzeugt werden kann, oft sogar das Wasser abgegraben – und das nicht nur sprichwörtlich. So verbraucht die Niederlassung von Coca-Cola in Kerala/Indien so viel Wasser (das zu brauner Brühe verarbeitet ins Ausland verkauft wird), dass nicht genügend Trinkwasser für die einheimische Bevölkerung und zu wenig Wasser für die Landwirtschaft bleibt.

Da sich nun auch das Riesenreich China der Wachstumsdoktrin des Kapitalismus verschrieben hat, könnten die Folgen dieses Systems nun im Zeitraffer zu besichtigen sein: Wegen der gewaltigen Nachfrage nach Erdöl, Stahl und Rohstoffen steigen die Weltmarktpreise, die Versorgungslage wird kritisch. Steigende Preise treiben die Inflation und machen mittelständische Betriebe auch in Deutschland kaputt. Dass durch die zunehmende Motorisierung Chinas (allein in Peking erwerben mo-

---

[25] »Die Zeit«, Nr. 11/2004.

natlich fast 50 000 Menschen den Führerschein!), die von Audi und BMW als »positive Marktentwicklung« gefeiert wird, auch die Umweltprobleme dramatisch ansteigen, interessiert offenbar nur die, welche nicht daran verdienen.

Go east – immer weiter!

Und es beginnt sich eine andere Gesetzmäßigkeit abzuzeichnen: Mit den Arbeitsplätzen, die wegen niedriger Löhne zum Beispiel nach Spanien oder Ungarn verlagert wurden, sank dort die Arbeitslosigkeit, und es stiegen die Löhne. Schneller als die Produktivität. Die Folge: Die Arbeitsplätze wandern weiter. Go east! Noch findet sich immer ein Land, das noch billigere Arbeitskräfte anbieten kann. »Arbeitskräfte sind in Indien so gut wie kostenlos zu haben«, sagt ein deutscher Unternehmer, der dort seit 1965 produziert. Das Problem ist allerdings das niedrige Bildungsniveau. »Mit den Leuten hier kann man nichts anfangen, es fehlen ihnen die einfachsten Kenntnisse.«[26]

Doch wenn die Menschen mangels Qualifikation nicht in der Lage sind, Güter für uns billig herzustellen, so taugen sie immer noch als Müllschlucker. Ob Schiffsladungen mit Plastikmüll oder Computerschrott (der, da er auch nach US-amerikanischem Gesetz nicht exportiert werden darf, kurzerhand als »Spende« deklariert wird) – irgendwie lässt sich auch an den Ärmsten noch etwas verdienen! Deshalb: Grenzen auf, damit die reichen Länder sich noch leichter an den Ressourcen der armen bedienen und noch ungehinderter ihre »Umweltsorgen« bei ihnen loswerden können.

Das arme Kollektiv

Zurück nach Deutschland. Die Börse erholt sich immer wieder – bisher. Der Export läuft stark wie nie. Staat, Unternehmen und

---

[26] »SZ« vom 21. Februar 2004.

viele Privathaushalte sind hoch verschuldet und zahlen brav ihre Zinsen – noch. Teilweise müssen dafür vom Staat (das sind Bund, Länder und Kommunen) und von Privatleuten neue Kredite aufgenommen werden. Bei den Unternehmen gehen manche Pleite, auch viele Bürger müssen Insolvenz anmelden. Dem Staat brechen die Einnahmen weg, da die Konzerne, die gute Geschäfte machen, kaum Steuern zahlen. Genauso wie die Reichen, die sich mit Steuertricks arm rechnen.

Die Folgen: Alles, was Geld oder Zeit (und damit auch wieder Geld) kostet, können wir uns als Kollektiv »nicht mehr leisten«. Dazu gehört der gesamte Bereich von Betreuung, Pflege und Erziehung, dazu gehört die Beratung, dazu gehören die Jugendarbeit, Natur- und Tierschutz, kulturelle Angebote, Vereinstätigkeiten, präventive Gesundheitsprogramme, Rettungs- und Notdienste. Also alle orts- oder personengebundenen, nicht exportierbaren Dienstleistungen. In einigen Bereichen werden zur Abmilderung billige Arbeitskräfte importiert, zum Beispiel Pflegekräfte aus Osteuropa oder Asien.

Auch bei anderen öffentlichen Aufgaben, wie dem Unterhalt der Verkehrswege (Straßen, Brücken, Tunnel, Schienen) oder dem Denkmalschutz, wird »abgespeckt«, wie es euphemistisch formuliert wird. Nur das, was man sich privat kaufen kann, bekommt man noch. Jedenfalls diejenigen, die es bezahlen können. Am deutlichsten spürbar ist dies bereits in den Bereichen Gesundheit und Bildung.

Die große Selektion

Unsere Schulen bilden immer stärker »für die Wirtschaft« aus, was mit einer Einschränkung des Horizonts dessen einhergeht, was einst unter »Bildung« verstanden wurde. Und sie werden immer stärker zu Selektionsanstalten. Die Guten, Belastbaren ins Töpfchen, sprich auf die Eliteschmieden, die Schlechten, Langsamen und Schwachen ins Kröpfchen. Was bedeutet, sie als Billiglöhner mit den Niedriglohnländern konkurrieren zu lassen. Dabei wird vergessen, dass dort auch die Lebenshaltungskosten, besonders die Mieten, niedriger sind, und es wird unterschlagen, dass zum Beispiel die Produktivität in Polen erst knapp 50 Prozent vom Durchschnitt der westlichen EU-Länder beträgt.

Die Arbeiter und Angestellten, also die eigentlich Wertschaffenden, werden immer deutlicher mit dem Hinweis auf niedrigere Arbeitslöhne im Ausland unter Druck gesetzt. Sie sollen mehr arbeiten, möglichst auch noch für weniger Geld. Und sie müssen flexibler sein, sollen quasi mit der Mobilität des Kapitals konkurrieren. Das sieht dann so aus, dass ein Familienvater, der noch ein Haus abzuzahlen hat, so weit von der Familie entfernt arbeitet, dass er zehn Tage en bloc jobbt und zu diesem Zweck ein möbliertes Zimmer anmietet. Das bedeutet doppelte Haushaltsführung und geteiltes Leben. Wie es der Partnerschaft und den Kindern dabei geht, diese Spalte fehlt in den betriebswirtschaftlichen Rechnungen.

Damit die Kinder im zunehmend härter werdenden Wettbewerb um gut bezahlte Arbeitsplätze einmal mithalten können, wird den besorgten Eltern eine breite Palette an »Frühförderung« angeboten. Was Hänschen im Mutterleib nicht schon zu lernen beginnt, damit tut sich Hans einmal sehr schwer! Und wer noch einen Job hat, muss Profis mit dem Training seiner Kinder beauftragen, denn er/sie hat dafür ja keine Zeit.

Gleichzeitig wird der Staat mit den niedrigeren Steuern, Umwelt- und Sozialstandards in anderen Ländern erpresst. Und die Reichen drohen ihm immer unverhohlener mit Kapitalflucht ins Ausland. Konzernchefs wie Heinrich von Pierer haben offenbar keine Probleme damit, einerseits als Auftrag seines Unternehmens zu definieren, »Beiträge für eine bessere Welt (zu) leisten«, andererseits es als selbstverständlich anzusehen, dem Vorstand »wettbewerbsfähige Gehälter« zahlen zu müssen, weil sie offenbar außer Geld nichts mit dem Konzern verbindet: »Warum sollten sie uns die Treue halten, wenn sie woanders mehr Geld verdienen können?«[27] Ja, warum wohl?

---

[27] »DB mobil«, 04/2004.

Unser kulturelles Leben befindet sich auf einer Rückkehr zur Abhängigkeit vom Adel, und zwar vom Geldadel. Stiftungen, Mäzene, Spender, Sponsoren sollen für die leere »öffentliche Hand« einspringen, was zur Folge hat, dass in Zukunft die Abhängigkeit vom Wertesystem der Geberseite noch stärker spürbar werden wird. Was erwarten Auto- oder Computerfirmen von der Zusammenarbeit mit einem Opernhaus, die sie sich sechsstellige Eurobeträge kosten lassen? Nur wer oder was genehm (oder im Falle sozialer Engagements »würdig«) ist, bekommt einen Platz an der Futterkrippe. Keine Anträge werden mehr gestellt, sondern Bittgesuche eingereicht. Wer sich die Zukunft ausmalen möchte, schaut wohl am besten in die Vergangenheit zurück.

Demokratie = Herrschaft über das Volk?

Schließlich die Frage: Wer lenkt unseren Staat? Auch wenn in Deutschland ein Mann aus einfachen Verhältnissen Kanzler werden konnte, bei seinen Entscheidungen kann er nicht dem Volk aufs Maul schauen, sondern er hängt an vielen Fäden, die zur Wirtschaft laufen. Damit die nicht so sichtbar sind, laufen sie oft über Stiftungen und Institute. So ist die Bertelsmann-Stiftung eine der ersten Adressen in Deutschland, an denen Studien zum Zustand des Landes betrieben und Konzepte für die Zukunft entwickelt werden. Alles natürlich zur Entlastung der Politik und zum Wohle der Allgemeinheit.

In den USA ist es ohne großzügige (und damit Abhängigkeiten schaffende) Unterstützung der »Geldaristokratie« (Kevin Phillips) erst gar nicht möglich, als Bewerber um den Präsidentenstuhl anzutreten.

Wen wundert es dann noch, wenn die von einer so zustande gekommenen Regierung verfolgten Ziele so offensichtlich den Zwecken derjenigen dienen, die diese Regierung mit ihren Geldern ermöglicht haben? Die Lügenmärchen, die solche Entscheidungen wie den Krieg der Wirtschaftsinteressen zum »Krieg gegen den Terror« umdeuten, sind dementsprechend auch an Dreistigkeit kaum zu überbieten.

Die Frage ist: Warum lassen wir, die Durchschnittsbürger, diese Entwicklungen zu? Sind wir so dumm, für wie uns unsere »Eliten« halten, oder ist es einfach nur unsere Lethargie, die uns so lange mitmachen lässt?

Ausblick

Vorerst also läuft das »Unternehmen Globalisierung« weiter. Mit einem ehemaligen IWF-Präsidenten als Bundespräsident wird eine Abkehr von der Durchkommerzialisierung der Politik noch unwahrscheinlicher. Die nächste Stufe wäre dann die »Planetarisierung«: Sollten irgendwann einmal Lebewesen auf einem anderen Planeten entdeckt werden, wäre der erste Schritt sicherlich, ihnen Kredite anzubieten. Dann gehörten sie über kurz oder lang uns, ohne dass wir sie mit militärischen Mitteln besiegen müssten.

Welche Alternativen zu diesem zerstörerischen System, das letztlich auch den derzeitigen Gewinnern zum Verhängnis werden wird, gibt es überhaupt? Alle so genannten »Reformen« nehmen sich in Kenntnis der Dynamik der kapitalistischen Kernspaltung aus, wie der Versuch, sich vor einem Kernkraftwerks-Gau mit dem Anlegen von Wassergräben und Hecken zu schützen.

In den folgenden Kapiteln sollen Vorschläge skizziert werden, die im Mainstream der ökonomischen Zunft keine Resonanz finden. Doch es wird wohl erst noch schlimmer kommen müssen, und wir Bürger werden zu zeigen haben, dass wir uns eigene Standpunkte zutrauen, auch ohne Ökonomie studiert zu haben.

Topfschlagen

Es bleibt nur die Hoffnung, dass die Zusammenhänge und Ursachen der verheerenden Entwicklung von Vermögen und

86

Schulden noch rechtzeitig von möglichst vielen Menschen ein-gesehen werden. Dabei sind einige schon so nahe dran, dass es direkt schmerzt, ihnen aus der Ferne zuhören zu müssen und nicht wie beim Topfschlagen »Heiß!!!« zurufen zu können. So äußerte 2003 die damalige Deutschland-Chefin der Citybank, Christine Licci, in einem Interview[28] ihre Kritik an den Globali-sierungsgegnern mit folgenden Worten: »An den Leuten von *attac* kritisiere ich, dass sie nicht den Mut haben, die Ursachen von Globalisierungsproblemen zu benennen. Sie prangern *Symptome* an *wie Steueroasen oder Kapitalflucht* ins Ausland. Doch das *sind nur die Konsequenzen aus Gesetzen und Re-geln*[29], die als ungerecht und verzerrend empfunden werden.« Eine bewundernswert tiefe Erkenntnis, die mit den letzten bei-den Wörtern leider wieder im Nebel verschwindet! Die »Ge-setze und Regeln«, denen unser Kapitalmarkt folgt, werden nicht von irgendjemand als »ungerecht und verzerrend *emp-funden*« – sie *sind* ungerecht und verzerrend!

Aber wer eine wichtige Funktion in diesem Kapitalmarkt inne-hat, darf wohl solche Einsichten nicht zu nah an sich heranlas-sen.

Auch unter den Politikern gibt es einige, die mehr Durchblick haben, als sie (bisher?) durchscheinen ließen. Dazu gehören zum Beispiel Rau, Lafontaine, Biedenkopf, Geißler und Gysi. Doch sie alle warten, bis eine kritische Masse der Bevölkerung so aufgeklärt ist, dass man nicht mehr gleich verlacht wird, wenn man neue Sichtweisen äußert. Nur: Wer übernimmt dann die Aufgabe, diese Themen öffentlich zu machen, damit »das Volk« bei den nötigen Reformen mitgehen kann? Das war bis-her den wenigen überlassen, die in den bürgerlichen Medien, aber auch bei manchen NGOs für ihre unorthodoxen Stand-punkte warben, mit geringem Erfolg. Doch das beginnt sich of-fenbar zu ändern.

---

[28] »DB mobil«, 08/2003.
[29] Hervorhebung durch den Autor.

Schluss mit lustig!

Eine starke Wandlung scheint das deutsche Kabarett, das sich ja immer auch als politischer Seismograf versteht, zu durchleben. Machte man sich bisher hauptsächlich über die Unfähigkeit der Politiker lustig (mit zum Teil zu viel Gewicht auf äußeren Erscheinungen), so wird jetzt immer häufiger zum Ross auch der Reiter genannt. Und es ist Schluss mit lustig! Was lange Zeit Georg Schramm und seiner Figur Oberst Dombrowski zum Ausklang des »Scheibenwischer« vorbehalten war – die Beschimpfung eines abwesenden Publikums –, wird jetzt von immer mehr Kollegen praktiziert.

Was ist daran noch witzig, wenn zum Beispiel Volker Pispers bei einem Auftritt, der auch im Fernsehen übertragen wird, den Deutsche-Bank-Chef Ackermann und die gesamte Riege der »Analysten« als »Schmarotzer« und »Parasiten« bezeichnet? Nichts. Es sind unschöne Ausdrücke für eine noch unschönere Realität. Aus dem politischen Spaßkabarett ist eine Stellvertretererregung auf offener Bühne geworden, der sich immer mehr Kabarettisten angesichts der nun offenbar nicht mehr zu übersehenden schrecklichen Gewissheiten anzuschließen scheinen. »Der Kaiser ist nackt!«, beginnt es langsam zu erklingen. Noch auf einzelne Räume begrenzt, aber schon sind auch die ersten Stimmen »aus dem Volk« zu hören. Nicht auf den »Montagsdemonstrationen«, die außer dem Aufschrei »Weg mit Hartz, Hartz tut weh!« keine differenzierten Erkenntnisse zu bieten haben. Doch es gibt sie. So wirft ein Leserbrief in der »Süddeutschen Zeitung« im Sommer 2004 dem »Berserker« Huber (gemeint ist der bayerische Staatsminister) vor, eine »Totalamputation« vornehmen zu wollen an unserem »Staat in seiner Eigenschaft als demokratisch organisiertes soziales Gemeinwesen, das seinen Bürgern nicht als Ordnungs-, Überwachungs- und Disziplinierungsstaat gegenübertritt, sondern für seine Bürger grundlegende Leistungen der kulturellen und sozialen Daseinsfürsorge nicht nur auf einem Minimalniveau, sondern von hoher Qualität erbringt«. Und an gleicher Stelle fragt sich eine Leserin, was nach immer mehr Privatisierung »in zehn Jahren von unserer Infrastruktur, unserer sozialen und kulturellen Versorgung, von unserer Kaufkraft – und damit von unserer Wirtschaftskraft noch übrig bleiben soll. Wollen wir das wirklich?«.

Perpetuum mobile?

Ansätze zeigen sich heute sogar in den großen Medien, die bisher auf diesem Auge blind zu sein schienen. So zitiert der »Spiegel« im März 2004 Albert Einstein, der ironisch den Zinseszins als »die größte Entdeckung der Mathematik« bezeichnete, und die Bundesbank mit dem Satz »Die Verschuldung nährt sich aus sich selbst heraus«. Hermann Josef Abs[30] sagte bereits Ende der 1970er-Jahre, die Grenze des Schuldenmachens liege nach seiner Meinung da, wo die neu aufgenommenen Schulden nicht mehr ausreichen, die Zinsen für die alten zu zahlen. Da die Staatsschulden nicht mehr getilgt, sondern nur noch »bedient« werden, ist praktisch ein Perpetuum mobile installiert: Die eine Seite kann bis in alle Ewigkeit Zinsen zahlen und die andere Seite Zinsen kassieren.

Dabei ist sogar noch eine Steigerung möglich: Wer einen Teil seiner Zinszahlungen nur durch Neuverschuldung erbringen kann, erhöht trotz Zahlungen seinen Schuldenstand, wodurch jedes Jahr höhere Zahlungen fällig werden. Viele Privathaushalte kennen diese Spirale, aber auch die meisten Länder der Dritten Welt haben in den letzten Jahrzehnten bereits das Mehrfache dessen bezahlt, was sie als Kredite bekommen haben. Und ihre Schulden bestehen weiter! Dabei kommt, bei privaten Schuldnern wie bei Ländern, erschwerend hinzu, dass derjenige, der einen Kredit am dringendsten benötigt, aufgrund seiner schlechten »Bonität« die miesesten Konditionen bekommt, sprich: die höchsten Zinsen zahlen muss.

Noch ist Zeit, ein neues Geldsystem einzuführen, bevor die zunehmenden Probleme zu großen ökonomischen Crashs, ver-

---

[30] Langjähriger Aufsichtsratsvorsitzender der Deutschen Bank (* 1901, † 1994).

schärften ökologischen Katastrophen, Not und Kriegen führen. Denn auch wenn man nicht alle Fehlentwicklungen in Wirtschaft und Gesellschaft auf unser Geldsystem zurückführen kann, so dürfte es wenige Bereiche geben, in denen das nekrophile Geldsystem nicht verstärkend oder katalysierend hineinwirkt. »Ökonomie ist nicht alles, aber ohne Ökonomie ist alles nichts«, lautet ja ein beliebter Spruch der heutigen ökonomistischen Denkschule. Abgewandelt könnte man sagen: »Ökonomie ist nicht an allem schuld, aber ohne Schuld dürfte die Ökonomie nirgendwo sein.«

III.

ALTERNATIVEN:

1. Energie aus Pflanzen

Energie wird weder erzeugt noch vernichtet,
sondern lediglich aus einer Energieform
in eine andere umgewandelt.
Erster Hauptsatz der Thermodynamik

Die Energiefrage

Als Versorger der Menschheit wird immer wieder »die Wirtschaft«, womit Industrie und Dienstleistung gemeint sind, an erster Stelle gesehen. Schließlich produziert und verteilt diese die meisten der von uns genutzten Güter. Dass unsere wichtigsten Lebensgrundlagen von der Landwirtschaft kommen, fällt in den Industrieländern nicht ins Gewicht, da kaum noch drei Prozent der Beschäftigten in diesem Sektor arbeiten.

Dementsprechend stehen auch die Bedürfnisse »der Wirtschaft« im Vordergrund. Und da spielt der Energiebedarf eine äußerst wichtige Rolle. Energie ist der Lebenssaft aller Wirtschaftätigkeiten: Rohstoffgewinnung, Produktion, Mobilität, Kommunikation, Heizen und Kühlen – alles erfordert Energie. Unsere Lebenshaltungskosten bestehen zu zirka 80 Prozent aus Energiekosten! Dem entspricht, dass etwa 80 Prozent der an der Wall Street gehandelten Werte mit der Energieerzeugung und -distribution zu tun haben.

Während trotz verlangsamten oder stagnierenden Wirtschaftswachstums in den EU-Ländern, den USA und Japan der Energieverbrauch auch dort nicht sinkt, geben bisher wirtschaftlich zurückliegende Staaten, wie Indien und vor allem China, jetzt so richtig Gas. Ihr Hunger nach Rohstoffen und Energieressourcen ist gewaltig. Das hat zwei dramatische Auswirkungen: Zum einen kommen wir dem Ende der Reserven fossiler Energieträger wie Erdöl, Erdgas und Kohle sowie dem von Rohstoffen wie Eisen immer schneller näher, zum anderen erhöht sich die Umweltbelastung durch Rückstände und Emissionen.

Doch wenn sich die Verantwortlichen in Politik und Wirtschaft zum Thema Energie äußern, kennen sie als beinahe einzige Sorge die steigenden Preise, weil diese die Wirtschaft übermäßig belasten und damit das Wachstum bremsen. So gab es für diesen Kreis auch 1973 keine »Ölkrise«, sondern eine »Ölpreiskrise« (so der damalige Wirtschaftsminister Matthöfer). Kein Wort zur Belastung der Natur (zu der auch wir gehören!), ja nicht einmal ein Wort zu den künftigen Problemen einer Wirtschaft, die sich in einer immer enger werdenden Sackgasse bewegt, denn allein die ständig aufwändiger werdende Beschaffung der fossilen Reserven wird die Energie verteuern.

Pferdefüße des Erdöls

Erdöl weist neben seiner auf nur noch wenige Jahrzehnte beschränkten Vorräte, deren Förderung ihren Zenit wahrscheinlich bereits überschritten hat, noch andere gravierende Nachteile auf:

- ✓ Erdöl (wie auch Erdgas) findet man hauptsächlich in politisch labilen und undemokratischen Staaten. Allein in der Golfregion liegen 70 Prozent aller Reserven. Deren Vorhandensein führt immer wieder zu Kriegen von außen und zu Unterdrückung im Innern.
- ✓ Erdöl ist ein Gefahrengut, das in großen Mengen über weite Entfernungen transportiert werden muss. Dabei hat es bereits durch Unfälle und Schlamperei, neuerdings auch zunehmend durch Sabotage- und Terrorakte, verheerende Meeres-, Boden- und Luftverschmutzungen gegeben.[1]
- ✓ Innerhalb weniger Jahre kann der Preis für Erdöl um das Mehrfache steigen oder fallen (1980: 80 Dollar; 1998: 10 Dollar; 2004: 55 Dollar pro Barrel[2]), und das auch unabhängig

---

[1] Am 2. November 2004 wirbt BP, die ihren Namen inzwischen von »British Petroleum« in »beyond petroleum« umgedeutet hat, in einer ganzseitigen Anzeige in der SZ für seine doppelwandigen Tanker mit dem Satz »Am sichersten wäre es, gar kein Öl zu transportieren«. Jedenfalls kein Erdöl!

[2] 1 Barrel sind zirka 159 Liter.

von tatsächlichen Engpässen. Wie bei Aktien reicht die »Erwartung der Marktteilnehmer«. Der Trittbrettfahrereffekt treibt dann auch die Preise für Erdgas oder für Strom nach oben.

✓ Treibstoffe aus Erdöl sind leicht entzündbar und deshalb gefährlich, sowohl bei Lagerung, Transport und Einsatz. (Die Tanklasterexplosion bei Köln im Oktober 2004, bei der eine Brücke beschädigt wurde und die Einwohner der darunter liegenden Ortschaft knapp einer Katastrophe entgingen, wäre mit Pflanzenöl nicht möglich gewesen. Die Tanks wären ausgelaufen, ohne in Flammen aufzugehen.)

✓ Bei der Verbrennung von Erdöl entstehen überschüssiges CO_2 und eine Reihe von weiteren Schadstoffen.

✓ Erdöl ist eine erschöpfliche Ressource.

Ursachen und Folgen des Kohlendioxids in der Atmosphäre

Dabei ist nicht die *Produktion* von Kohlendioxid (CO_2) das eigentliche Problem, denn CO_2 entsteht auch bei der Verbrennung von pflanzlichen Energieträgern wie Pflanzenöl und Holz, sondern die fehlende *Resorption*, also der nicht geschlossene Kreislauf. Das beim Verbrennen von Pflanzenmaterial entstehende CO_2 wurde vorher von diesen Pflanzen aufgenommen und kann wieder von nachwachsenden Pflanzen gebunden werden, während das CO_2 aus fossilen Energieträgern wegen fehlender Landflora von der Meeresflora aufgenommen werden muss und auf diesem Wege zum großen Teil unwiederbringlich sedimentiert wird. Dies bedeutet einerseits einen Verlust an CO_2, andererseits eine Belastung der Meere, die der größte Sauerstofflieferant für das Leben auf der Erde und der wichtigste Klimaregulator sind.

Die dramatische Zunahme von CO_2 in der Atmosphäre hat verschiedene, sich gegenseitig verstärkende Ursachen: zum einen die ständig gesteigerte Freisetzung durch die Verbrennung fossiler Ressourcen, deren CO_2-Gehalt vor Jahrmillionen gespeichert wurde, zum anderen die durch den Raubbau an

94

den Waldgebieten sowie durch die Zerstörung der Korallenriffe ebenso ständig abnehmenden Speicherkapazitäten. Der bereits zu beobachtende Treibhauseffekt wiederum bewirkt unter anderem das Auftauen großer Permafrostgebiete, das Trockenfallen von Mooren sowie das Erwärmen der Meere. Alles Vorgänge, die eine Freisetzung von Methangas zur Folge haben, das noch klimarelevanter ist als CO_2.

Doch wenn man, was durchaus möglich und wegen der immer noch anwachsenden Bevölkerungszahl auch dringend nötig wäre, zum Beispiel die Sahara und andere meeresnahe Wüsten mit dem Wüstenstrauch Purgiernuss begrünen würde, um die Wüste zurückzudrängen und für genügend CO_2-Aufnahmekapazität zu sorgen, so wäre es sicher auch sinnvoll, gleich die damit verfügbar werdenden Pflanzenöle anstelle von Erdöl zu nutzen. (Zu den Möglichkeiten, wie die Zurückdrängung von Wüsten funktionieren könnte, werden wir später noch kommen.) Hier begegnen wir bereits einem wichtigen Prinzip: Bei der Suche nach Lösungen sollte immer systemisch gedacht werden.

Und die Folgegenerationen?

Eines wissen alle: Irgendwann, und zwar in recht absehbarer Zeit, ist Schluss mit den fossilen Ressourcen. Wie weit allerdings der Zeithorizont der Entscheidungsverschlepper in den Großverbraucherländern reicht, zeigt die gegenwärtig wieder hochkochende Spekulation über das voraussichtliche Ende beziehungsweise den Gipfelpunkt der Förderung von Erdöl, dem derzeit wichtigsten Rohstoff. Wer darüber streitet, ob die Reserven nur noch für wenige Jahrzehnte oder noch bis ins nächste Jahrhundert reichen könnten (das Bundesamt für Geowissenschaften und Rohstoffe sieht eine problemlose Versorgung nur noch »über einen Zeitraum von zehn bis 20 Jahren« gewährleistet), zeigt überdeutlich, dass er sich seiner Verantwortung nicht bewusst ist. Denn wer bei seinen Entscheidungen nur an die finanziellen Interessen von wenigen heute Lebenden denkt, während ihm die Folgegenerationen gleichgültig sind, die auf vielfältige Art davon betroffen sein werden, handelt sträflich. Doch noch gibt es keine Kläger, weil es keine gesetzlichen Grundlagen und keine Richter gibt. Was aber, wenn einmal die Haftung auf *alle* Folgen wirtschaftlicher Betätigung ausgedehnt würde, also auch auf Umwelt-, Gesundheits- und soziale Schäden? Auf was müssten sich dann zum Beispiel Auto- und Chemieindustrie, Mobilfunk- und Kernkraftwerksbetreiber einstellen?

Doch auch wenn man nur auf die Vorräte der fossilen Energien und nicht auf ihre Auswirkungen auf die Umwelt schaut, müssen wir uns heute schon fragen: Was sollte danach kommen? Wir können die Lösung dieser Frage doch nicht allein den kommenden Generationen überlassen. Oder soll die Menschheit dann in die Höhlen zurückkehren, in die sie die vergilbenden Fotos des einstigen materiellen Überflusses hängt? Unsere allerwichtigste Ressource nutzend, unser Denkvermögen, sollte uns doch eine bessere Lösung einfallen!

Kerne ohne Ende?

Für viele Wirtschaftsführer und Machbarkeitsapostel lautete die Lösung bislang eindeutig »Kernenergie«. So hieß es 1975 in einer Schrift von Siemens (»Energie von morgen«): »Die Befürchtung, das Wirtschaftswachstum könne aus Mangel an Energie zu Ende gehen, ist also unbegründet.«

Parallel kämpften aber Fachleute und Bürger, die sich in die Materie einarbeiteten, gegen die Atomenergie. Ihre Hauptargumente waren zum einen die kurzfristige Gefährdung durch die Untrennbarkeit von ziviler und militärischer Nutzung sowie durch Reaktorunfälle, zum anderen die langfristige Gefährdung durch die auf Tausende von Jahren strahlenden Abfallprodukte. Inzwischen hat sogar ein Gericht in den USA den Bau eines so genannten »Endlagers« für radioaktiven Abfall verboten, da es nicht mit der garantierten Laufzeit von 10 000 Jahren zufrieden war. Damit wäre selbst das ein Treppenwitz: Wer kann heute eine Garantie von auch nur 100 Jahren abgeben, und wer sollte diese akzeptieren?

In 100 Jahren sind alle heute Lebenden unter der Erde, und

Konzerne sowie Regierungen haben eine noch niedrigere Lebensspanne. Doch auch heute sind die Probleme bereits so groß, dass wir sie nicht mehr im Griff haben. Nach Angaben der Internationalen Atomenergiebehörde (IAEA) ist es durchaus möglich, dass Terrorgruppen bereits im Besitz von kernwaffenfähigem Plutonium sind. Immer wieder passieren »Störfälle«, über die verzögert und abwiegelnd informiert wird (»nach Angaben der Betreibergesellschaft bestand zu keiner Zeit eine Gefahr für die Bevölkerung«), oder es werden gar (wie in Japan) über Jahre hinweg Sicherheitsvorschriften missachtet und Inspektionsberichte gefälscht.

Man schafft sich ebenfalls seit Jahren Teile des Strahlenmülls vom Hals, indem man es in Kriegsgebieten verschießt (wie im Balkankrieg, in Afghanistan und im Irak). Abgereichertes Uran (DU = Depleted Uranium) verstärkt nicht nur die direkte Wirkung der Geschosse, sondern verteilt sich als feinste Stäube, die so in die pflanzliche und tierische Nahrungskette gelangen und zu Krankheiten oder Missbildungen bei Neugeborenen führen.

Atomarer Roll-back?

Vor allem aber hat Kernenergie auch deshalb keine Zukunft, weil die Uranvorkommen ebenfalls begrenzt sind. Diese wären bei einer Erhöhung des Anteils der Kernenergie an der Welt-Primärenergieerzeugung, die heute fünf Prozent beträgt, innerhalb der Laufzeit eines Kernkraftwerks (KKW) verbraucht. Das würde bedeuten, dass unsere Nachkommen im nächsten Jahrhundert schon keine Atomtechnologie mehr bräuchten, weil es kein Uran mehr gibt, dass aber Tausende von Generationen das Wissen benötigten, wie man die strahlenden Abfälle aus der Zeit um das Jahr 2000 unter Kontrolle halten könnte.

Zusätzlich ist die Rentabilität der Kernenergie anzuzweifeln. Während einerseits der Energieerzeugung aus Wind-, Solar- und auch aus Wasserkraft der Vorwurf der Unzuverlässigkeit gemacht wird, erzeugt ein Kernkraftwerk dauernd eine etwa gleich bleibende Energiemenge, ob sie benötigt wird oder nicht! Damit wird also nur eine minderwertige Grundlast erzeugt, während Windkraft und vor allem Solaranlagen gerade zur Zeit des maximalen Bedarfs um die Mittagszeit ihre Höchstleistung erbringen. Ausfallzeiten können durch Pflanzenöl und Biogas überbrückt werden. Außerdem dient die Kernenergie bisher ausschließlich der Erzeugung von Strom und nicht von Treibstoffen. Allerdings wird derzeit auch über die Herstellung von Wasserstoff durch Elektrolyse von Wasser mittels atomaren Überschussstroms nachgedacht.

Trotzdem findet die Kernenergie immer wieder ihre Befürworter. Die einen, darunter sogar James Lovelock, dessen »Gaia-Theorie« von der Erde als Lebewesen viele »Grüne« geprägt hat, sind so besorgt über die durch den Ausstoß von Treibhausgasen drohenden Klimaveränderungen, dass sie der unter diesem Aspekt »sauberen« Kernkraft den Vorzug gegenüber Kohle und Erdöl geben und die Gefahren durch Strahlung herunterspielen. Zum anderen die Lobbyisten, die mit dem Blick auf die Unvernunft anderer Länder (»in China soll sich die Kapazität des AKW-Parks binnen 15 Jahren verfünffachen«; »auch Südkorea, Indien, Kanada, Brasilien und die USA bauen aus«) dem deutschen Atomausstieg ein »Waterloo« prophezeien: den »Ausstieg aus dem Ausstieg«.[3] Und im Hintergrund machen auch die Kernfusionsverfechter weiter, die anstelle von Uran Tritium und Deuterium verwenden, deren Fusionsabfälle »nur einige hundert Jahre« strahlen.

Fürsprecher der regenerativen Energien wie Franz Alt hingegen sehen in Deutschland keine Chance für diesen atomaren Roll-back (»Viel Spaß bei der Suche nach einem Standort für ein neues AKW!«). Andere verweisen auf die Möglichkeiten, für rohstoffarme Länder wie Deutschland mithilfe erneuerbarer Energien eine größere Ressourceneigenständigkeit zu erzielen, und verweisen auf die Chance, einen technologischen Vorsprung und damit einen wirtschaftlichen Vorteil zu erreichen, während die auf Atom- und fossilen Strom setzende Welt noch bittere Tränen der späten Erkenntnis weinen wird.

---

[3] »Die Zeit«, Nr. 31/2004.

Zukünftige Aufgabenstellungen

Doch eigentlich geht es bei der Frage, welche Energieträger zur Gewinnung von mechanischer und elektrischer Energie eingesetzt werden sollten, nicht vordringlich um die Fragen nach Verfügbarkeit und wirtschaftlicher Rentabilität. Es geht in erster Linie darum, welche Energiequellen es uns erlauben, die Erde für die nächsten Jahrhunderte bewohnbar zu erhalten. Woher aber soll die Energie in Zukunft kommen, wenn wir uns von den bisherigen Hauptquellen verabschieden wollen?

Wenn wir zum Ziel haben, allen Menschen ausreichende Lebensgrundlagen zu sichern, so haben wir gleich mehrere große Aufgaben zu lösen:

✓ Die Zunahme der Weltbevölkerung muss verlangsamt und in eine Abnahme umgewandelt werden – und zwar innerhalb dieses Jahrhunderts.

✓ Wir sollten sparsamer mit Energie umgehen und erkennen, dass manchem »Verzicht« ein viel größerer Gewinn gegenübersteht.

✓ Wir müssen lernen, Energie effektiver zu nutzen.

✓ Wir dürfen Ressourcen nicht mehr *ver*brauchen, sondern wir müssen sie so *ge*brauchen, dass sie im Kreislauf bleiben.

✓ Wir dürfen keine Ressourcen, die Jahrmillionen in der Erde lagerten, innerhalb weniger Jahrzehnte dem Boden entnehmen, verbrennen und fossiles CO_2 in die Atmosphäre gelangen lassen.

✓ Weiter müssen wir lernen, möglichst wenig in die Lebensräume der Tiere und Pflanzen einzugreifen, um die natürliche Vielfalt, die grundlegend für das bestehende und zukünftige Leben (Evolution) auf der Erde ist, zu erhalten.

Um die zur Erreichung dieser Ziele nötige Balance zwischen Erschaffen (von materiellen Gütern) und Erhalten (von natürlichen Lebensgrundlagen) herzustellen, müssen Ökonomie *und* Ökologie zu ihrem Recht kommen.

Politiker und Ökonomen müssen einsehen, dass es eine freie Entscheidung zwischen dem Primat der Ökonomie oder der

Ökologie gar nicht gibt, wenn man über die derzeit lebenden Generationen hinausdenkt. Der Weg zu einer Versöhnung von Ökonomie und Ökologie besteht nur in der Einsicht, dass die richtig verstandene Ökologie »als das Gebot, haushälterisch mit dem umzugehen, was wir haben, und dafür zu sorgen, dass wir es nicht verlieren, sondern sogar mehren« (Hermann Scheer) bereits Ökonomie *ist*.

Ist es intelligent, uns von Rohstoffen abhängig zu machen, die nur begrenzt vorhanden sind und um die wir uns deshalb streiten müssen? Ist es wirklich ratsam, unsere Versorgung schwerpunktmäßig auf Ressourcen aufzubauen, deren Verwendung durch Freisetzung schädlicher Stoffe unsere Welt verseucht? Und obendrein noch ein Wirtschaftssystem zu wählen, das uns mit seinem Wachstumszwang zu einem ständigen Steigern dieses Unsinns zwingt?

Sollten wir unser Augenmerk nicht besser auf das richten, was es der Natur seit Urzeiten ermöglicht, ihre riesige Vielfalt zu erhalten und immer weiterzuentwickeln? Leben in welcher Form auch immer ist seit je auf Energiezufuhr angewiesen. Und diese ist im Übermaß vorhanden!

Erneuerbare Energien

Was wir heute unter »erneuerbaren Energien« verstehen, ist laut Definition der Arbeitsgemeinschaft Energiebilanzen »ein Sammelbegriff für die natürlichen Energievorkommen, die entweder auf permanent vorhandene oder auf sich in überschaubaren Zeiträumen von wenigen Generationen regenerierende beziehungsweise nachbildende Energieströme zurückzuführen sind. Dazu gehören: Solarenergie, Umgebungswärme, Windenergie, Wasserkraft, Energie aus Biomasse und geothermische Energie«.

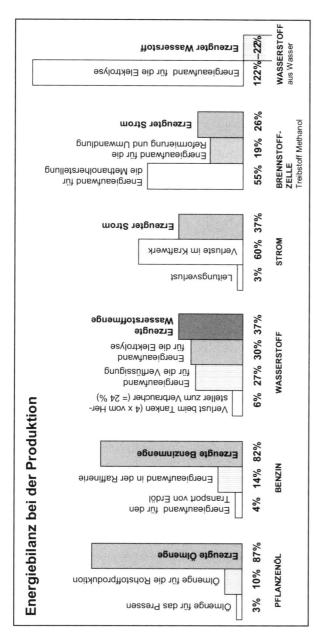

Energiebilanz bei der Produktion

Die Daten zeigen, über welche Umwege Treibstoffe für Motoren erzeugt werden. Anstatt Pflanzenöl direkt einzusetzen, wird zum Beispiel mit hohem technischen Aufwand Biodiesel (RME) produziert. Die Energieverluste betragen über 50 Prozent. Diese Verluste ergeben sich aus der Herstellung und dem Betrieb der Fabriken. Darüber hinaus werden Methan (CH₄) und weitere Schadstoffe sowie Wärme freigesetzt. Anmerkung: In der Pflanzenöl-Energiebilanz ist als Einziger die Energie zur Erzeugung des Rohstofis (Ölsaaten) eingeschlossen.

© Ludwig Elsbett

Die größte Bedeutung kommt hierbei der Sonnenenergie zu, die auch als treibende Kraft hinter Wind und Wasserkreislauf steckt und die für geschätzte weitere fünf Milliarden Jahre ihre Strahlung kostenfrei bis vor unsere Haustür liefern wird. Das Potenzial ist gewaltig: Die auf der Erde auftreffende Energie ist mindestens 10 000-mal höher als der derzeitige weltweite Bedarf. Allein in der Sahara kommt das zweihundertfache dessen an, was die Weltbevölkerung heute benötigt. Das würde andererseits bedeuten, dass man bei Nutzung von weniger als einem Prozent der Fläche der Sahara den Weltbedarf an Energie decken könnte. Dies praktisch durchzuführen wäre allerdings wegen der weiten Verteilungswege unsinnig, weil die Sonne, wenn auch unterschiedlich häufig und intensiv, überall auf der Welt scheint. Bayern zum Beispiel empfängt im Jahr 200-mal mehr Sonnenenergie auf dem Boden, als derzeit an Energie benötigt wird.

Alles Leben baut auf der Sonne auf, am deutlichsten erkennbar an den Pflanzen. Mit der Photosynthese, bei der mithilfe der Sonnenstrahlung energiereiche organische Verbindungen für den Zellaufbau gebildet werden, wird der Grundstein für alles Leben gelegt. Pflanzen bestehen zu 99 Prozent aus nur vier Elementen mit niedrigen Atomzahlen: Wasserstoff (1), Kohlenstoff (6), Stickstoff (7) und Sauerstoff (8). Das hat große Vorteile, denn es gilt: Je höher das Atomgewicht, desto schwieriger die Umwandlung dieses Elements; Plutonium hat die Atomzahl 94! Pflanzen eignen sich also hervorragend als Energieträger wie auch als Rohstoffbasis.

Doch vielleicht haben wir gerade an dieser Stelle gleich zwei Probleme, die an unserem Selbstverständnis nagen und die wir deshalb gerne verdrängen möchten: zum einen die »Abhängigkeit« von der Sonne und zum anderen die Begeisterung über Techniklösungen von unseren Gnaden. Die Lösungen, die die Natur gefunden hat, kupfern wir nur dort in Details ab, wo uns noch nichts Besseres eingefallen ist. Ansonsten meinen wir, es uns als Ebenbilder Gottes schuldig zu sein, eigene Wege zu gehen. Beim immer detaillierteren Vordringen in Einzelbereiche verlieren wir aber den Blick für die Zusammenhänge, die die Natur gerade auszeichnen. Wird Forschung für einen gewerblichen Auftraggeber betrieben mit der Erwartung ökonomisch verwertbarer Ergebnisse, wird die Weltsicht oft durch selektives Wahrnehmen zusätzlich eingeengt.

Raps ist nicht das letzte Wort

Wenn man über die Vorzüge von Pflanzenöl gegenüber Erdöl spricht, hört man häufig das Argument der Skeptiker, wir hätten in Europa gar nicht die Flächen, um genügend Energiepflanzen anbauen zu können. Das trifft sicherlich zu – wollten wir den kompletten Dieselverbrauch durch Rapsöl ersetzen, würde die gesamte derzeitige landwirtschaftliche Anbaufläche nicht reichen. Doch haben wir genügend eigene Erdölquellen, um uns zu versorgen? In Deutschland stammt gerade einmal ein Prozent des Erdölbedarfs aus Eigenproduktion. Der Import von Pflanzenölen anstelle von Erdöl würde jedoch dazu führen, dass sich weit mehr Länder als heute mit der ganzen Vielfalt ihrer jeweils ergiebigsten Ölpflanzen an der Energieversorgung beteiligen könnten, dass gerade Dritte-Welt-Länder mit ihrem Reichtum an Sonnenenergie einen steigenden Lebensstandard erhielten und dass ganz gezielt auch heutigen »Drogenländern« eine Perspektive geboten werden könnte.

Es gibt eine Vielzahl sehr ertragreicher Ölpflanzen, darunter solche, bei denen die Ölgewinnung im Vordergrund steht (Raps, Olive, Leindotter, Saflor, Rübsen, Sonnenblume etc.), und andere, die einen mehrfachen Nutzen aufweisen (Hanf, Soja, Lein, Mais, Walnuss, Haselnuss, Mandelbaum, Kokospalme etc.). Es muss also auch in Deutschland nicht immer nur Raps sein, über den in erster Linie berichtet wird. Dieser hat sogar einen sehr niedrigen Hektarertrag von maximal 1 500 Litern Pflanzenöl; zum Vergleich: Ölpalmen in den Tropen kommen auf 10 000 Liter.

Professor Ernst Schrimpff von der Fachhochschule Weihenstephan hat ausgerechnet, dass man in Deutschland allein mit

Raps 15 Prozent des derzeitigen Dieselverbrauchs ersetzen könnte. Und er kommt auf über 15 Ölpflanzen, die auch bei uns wachsen; europaweit sind es 50 und weltweit gibt es über 2 000 Arten.

Außerdem müssen wir davon wegkommen, immer nur an Monokulturen zu denken, die uns vor die Wahl stellen, Nahrungs- *oder* Energiepflanzen anzubauen. Weizen, Gerste und Erbsen lassen sich sehr erfolgreich in Mischkulturen mit Leindotter, einem ursprünglichen Unkraut des Leinanbaus, zusammenbringen. Während man bei der zu erzielenden Getreidemenge keine Einbußen hat, ist die Backqualität (und damit der zu erzielende Preis) durch einen höheren Kleberanteil sogar besser. Bei den Erbsen ergeben gegenseitige Synergieeffekte sogar eine Steigerung bei beiden Pflanzen: Die Erbsen ranken am Leindotter in die Höhe und können so mehr Schoten ausbilden; der Leindotter profitiert durch die Stickstoff bindenden Erbsen und dankt mit hohem Ertrag. Nach der Ernte werden die unterschiedlich großen Samen mittels Siebsätzen getrennt.

Doch auch auf diesem an und für sich richtigen Weg droht die Gefahr, dass wir in die falsche Richtung gehen – dann nämlich, wenn »Bio«-Energie unter Zuhilfenahme unnatürlicher Methoden erzeugt wird. Das wäre gegeben, wenn gigantische Sorten nur mit Blick auf die Masse gezüchtet werden (wie beim Mais bereits praktiziert), wobei mittels Gentechnik eventuell nachgehofen werden muss. Oder wenn solche Pflanzen in riesigen Monokulturen unter Einsatz von Chemie mit der Folge von Erosion angebaut werden. Würden dazu Flächen verwendet, die der Nahrungsproduktion dienen könnten, würde man ebenfalls den falschen Weg gehen.

Riesiges Potenzial

Allerdings gibt es zur Vermeidung von Überproduktionen heute auch in Deutschland und anderen EU-Ländern viele von Brüssel subventionierte Stilllegungsflächen, die durch Energiepflanzenanbau eine sinnvolle Nutzung finden könnten.

Nach einer Studie der University of London von 1998 kämen

selbst im dicht besiedelten Europa gut 50 Millionen Hektar, was der Fläche Spaniens entspricht, dafür infrage. Damit ließen sich zwischen 30 und 40 Prozent des gesamten Energiebedarfs in Europa decken.

Weltweit wird nur etwa ein Drittel des vorhandenen Feldanbaulandes landwirtschaftlich genutzt. So blieben bereits heute, ohne Rückgewinnung der Wüsten, zwei Drittel für die Erzeugung von Energiepflanzen.

Pflanzen stellen außer der Ölgewinnung auch mit ihrer Biomasse eine große Energiequelle dar. Während gerade in den ärmsten Gebieten Raubbau an dem dürftigen Baumbestand betrieben und in den Regenwäldern mutwillig Waldbestand vernichtet wird, ließe sich, allein unter Verwendung des natürlichen Waldnachwuchses, der jährliche Erdölverbrauch durch eine Schnittfläche von 1,5 bis zwei Millionen Quadratkilometer Wald ersetzen.[4] Die Zeitschrift »Scientific American« schätzte 1989 das Aufforstungspotenzial auf der Erde auf 8,5 Millionen Quadratkilometer. In Deutschland, Österreich und Schweden zum Beispiel wird dafür gesorgt, dass mehr Holz nachwächst, als geerntet wird. Besonders in Österreich ist der Anteil der aus heimischen Wäldern gewonnenen Holzpellets bei der Hauswärmeerzeugung heute schon sehr hoch. Hergestellt aus sonst wertlosem Ast- und Restholz oder Sägemehl, haben die Pellets eine hohe Energiedichte, lassen sich gut umfüllen und sind für den automatisierten Einsatz in Heizanlagen geeignet. Allerdings werden, vor allem in Schweden, auch verheerende Fehler gemacht, wenn ganze Waldgebiete »abgeerntet« und dann durch Neupflanzungen ersetzt werden. Das sind dann Baumplantagen, aber keine Wälder. Das zunächst schnell wachsende Holz erreicht nie die Höhe eines »richtigen« Waldes mit unterschiedlichen Baumgenerationen und ist relativ minderwertig. Auch hier zeigt sich, dass es sich lohnt, das systemische Vorgehen der Natur zu ergründen und zu kopieren.

---

[4] Hermann Scheer, »Ökologie ist Ökonomie«:
www.eurosolar.org/download/FES_Yearbook.PDF

Die Pflanzenölscheichs

In allen Ländern ließe sich durch den erhöhten Einsatz pflanzlicher Energieträger eine Regionalisierung und Dezentralisierung der Produktion und damit auch eine breitere Verteilung der Einnahmen erzielen, die verstärkt an der Basis bleiben würden. Heute bekommen die Ölförderländer den geringsten Anteil dessen, was der Verbraucher zahlt. Und auch davon geht der Hauptteil an nur wenige »Ölscheichs«. In den Verbraucherländern verdienen – vom Finanzminister abgesehen – die großen Raffinerien mit ihren Tankstellennetzen den Löwenanteil.

Ein Beispiel für die positiven Folgen des Einsatzes von heimischem Pflanzenöl anstelle von importiertem Diesel ist derzeit in dem 83 Inseln umfassenden Staat Vanuatu im Südpazifik zu beobachten. Ein Australier baut dort Dieselmotoren so um, dass sie mit Kokosnussöl laufen. Das ist nicht nur gut für die Umwelt, sondern auch für die heimische Wirtschaft – und letztlich für das soziale Leben. Denn wenn das Kokosnussöl durch seine Verwendbarkeit als Kraftstoff einen Basispreis erhält, sind die heimischen Erzeuger nicht mehr allein vom Weltmarktpreis für Kopra (das getrocknete Kokosfleisch) abhängig. Das schafft attraktive Arbeitsplätze und verhindert die weitere Landflucht. Zusätzlich kann das Geld, das nicht zum Import von Dieselkraftstoff verwendet werden muss, in die heimische Infrastruktur investiert werden.

Pflanzenöl kann und wird zum Teil auch hier in Deutschland quasi beim Bauern getankt werden: hinter der Scheune das Anbaufeld, in der Scheune die Ölpresse mit der Filteranlage und vor der Scheune die Zapfsäule. Und alles ohne giftige Dämpfe, Brandgefahr und Gefährdung für den Boden durch Verschütten. Der Landwirt als neuer Ölscheich!

Pflanzenöl müsste wegen der sehr kurzen Transportwege, des reduzierten Aufwands bei der Verarbeitung und des Wegfalls der Gefährdungen letztlich auch billiger sein.

Doch genau darin liegt das Hauptproblem: Dies mag sicher schön für die Abnehmer sein. Alle großen und kapitalintensiven

106

Konzerne jedoch, die heute ihr Geschäft mit dem Erdöl machen, haben gerade deswegen kein Interesse an solchen »basisdemokratischen« Energien, die den Gewinn sozusagen unters Volk streuen!

Hier sei an E. F. Schumacher erinnert und an seine Forderung nach einer »mittleren Technologie«, die zwischen primitivem Werkzeug und Hightech angesiedelt ist und die Arbeitskraft des Menschen noch einbezieht. Kaltgepresstes Pflanzenöl ist dafür die optimale Lösung.

Viele Davids statt eines Goliath!

Pflanzenöle, Biogas und Holz ermöglichen auch, statt vieler Großkraftwerke, die meist nur ihren Strom, aber nicht ihre Abwärme vermarkten, Tausende kleiner Blockheizkraftwerke zu betreiben, die effizient Strom und Wärme liefern und zudem die mit hohen Verlusten verbundene Weiterleitung über große Strecken vermeiden. Das Potenzial ist groß. Genutzt wird davon erst sehr wenig: In Deutschland beträgt der Anteil erneuerbarer Energieträger am Endenergieverbrauch heute gerade einmal fünf Prozent.

Doch wenn nach Alternativen geforscht wird, dann nur nach solchen, die aufwändige Technologien erfordern und damit sicherstellen, dass die Energieerzeugung sowie die Netzdurchleitung und damit die erzielten Gewinne weiterhin in Händen von Großkonzernen bleiben. Paradebeispiele sind der so genannte Biodiesel und die Wasserstofftechnologie. Die Bezeichnung »Biodiesel« ist eine plumpe Irreführung. Zwar ist das Ausgangsprodukt reines kaltgepresstes Rapsöl, doch, anstatt dieses direkt als Treibstoff zu verwenden, wird es durch einen aufwändigen chemischen Schritt (Veresterung) zu Rapsöl-Methyl-Ester (RME), der nach Reinigen und Destillieren (Entfernen des Katalysators und des Methanolüberschusses) sowie Konditionieren (Fließverbesserer für den Winterbetrieb) als Biodiesel in herkömmlichen Dieselmotoren verwendet werden kann. 2003 wurden in Deutschland 680 000 Tonnen Rapsöl dieser energieintensiven Prozedur unterzogen, die aus dem harmlosen Pflanzensaft

107

einen chemisch aggressiven und hygroskopischen, das heißt Wasser anziehenden Treibstoff macht, weshalb häufigere Ölwechselintervalle erforderlich sind. Außerdem ist RME mit einem Flammpunkt von 125 Grad Celsius weit feuergefährlicher als Rapsöl mit 325 Grad Celsius.

Ein weiterer Grund für die Umwandlung von reinem Rapsöl in RME: Damit die Hersteller konventioneller Motoren nicht umdenken müssen, muss das Pflanzenöl bis zur Unkenntlichkeit aller seiner Vorteile beraubt, das Naturprodukt der fossil orientierten Technik angepasst werden – statt umgekehrt die Motoren an das intelligentere Angebot der Natur anzupassen. Natürlich müssen Kraftstoffe vorgegebene Normen erfüllen, um einen problemlosen Einsatz zu gewährleisten. Doch warum geht man davon aus, dass dies von kaltgepresstem Pflanzenöl nicht zu erwarten ist? Oft werden Schwachstellen, die am Beginn der Entwicklung einer neuen Technologie auftreten können (beim Pflanzenöl: schlechte Kaltstarteigenschaften in Motoren) von Skeptikern als unabänderbar gesehen und von Gegnern auch dann noch als Grundlage ihrer Gegenargumente missbraucht, wenn diese Schwierigkeiten dank neuer Erkenntnisse und Verfahren längst ausgeräumt sind.

Derzeit haben wir die verwirrende Situation, dass Biodiesel vom Bundesfinanzministerium durch Steuerbefreiung gefördert wird, während das Umweltbundesamt keine Vorteile für die Umwelt sieht und die tatsächlichen Kosten mit 1,23 Euro pro Liter beziffert. Der Energieeinsatz für Erzeugung, Verarbeitung und Transport wird mit 60 Prozent der im Biodiesel enthaltenen Energie angesetzt. Von kaltgepreßtem Pflanzenöl, bei dem der energieintensive industrielle Umwandlungsprozess und ein Großteil der Transportwege entfallen, ist jedoch keine Rede.

Der Pflanzenölmotorenbauer

Einer, der den Weg des Pflanzenöls als Treibstoff seit 1982 als Pionier beharrlich beschritt, war Ludwig Elsbett. Er hatte vor dem Zweiten Weltkrieg bei Junkers in der Entwicklung von

Flugzeugtriebwerken begonnen und nach dem Krieg bei MAN neue Brennverfahren für Lkw-Motoren entwickelt. Später gründete er seine eigene Ideenschmiede, aus der Hunderte von Patentanmeldungen hervorgingen. Weltbekannt wurde er in den 70er-Jahren durch seinen ersten serienmäßigen direkt einspritzenden Dieselmotor mit Turboaufladung für Pkw – was zuvor von nahezu allen Entwicklern für ausgeschlossen erklärt worden war. Einerseits erfand er immer neue Motorentechnologien mit immer höheren Wirkungsgraden (sein Pflanzenölmotor kam auf 40 Prozent; ein Diesel-Direkteinspritzer kommt auf 36 Prozent, ein Benzin-Ottomotor auf 27 Prozent), andererseits gelangen ihm auch immer wieder Einsparungen an zum Teil anfälliger Technik: Der von ihm entwickelte Gegenkolbenmotor sollte die Wärmeverluste des Arbeitsgases vermeiden. Dabei verzichtete Elsbett, im Vergleich zu einem Sechszylinder, auf sechs Zylinderköpfe, fünf Zylinder und vier Kolben! Er beklagte »die heutige Motorenmode«, die mit ihren »unnötig vielen Zylindern, Zylinderköpfen und Ventilen, also den teuersten Bauteilen des Automotors, die Wärme vergeuden«.[5] Für Elsbett selbst und den Erfolg seiner Entwicklung wurde aber gerade diese Reduktion auf das Wesentliche zum Verhängnis: Wenn so viele Zylinderköpfe und Ventile, wenn in der Folge die Wasserkühlung und gar noch die Zündanlage, »eine besonders heikle Technik des modernen Automotors«, wegfallen, was sollen dann die Hersteller ebendieser Bauteile dazu sagen?

Ludwig Elsbett erhielt zwar vielfache Auszeichnungen und die Ehrendoktorwürde, doch die einzige für ihn wichtige Anerkennung blieb ihm versagt. Obwohl er trotz schwerer Krankheit bis zu seinem Tod im Jahr 2003 weiterforschte, wurden seine Ideen nicht im großen Stil umgesetzt. Dabei hatte er Motoren für beinahe sämtliche Einsatzbereiche entwickelt: von fünf bis 500 KW für Pkw, Lkw, Schiffe, landwirtschaftliche Schlepper, Blockheizkraftwerke, Wasserpumpen und Stromerzeuger.

---

[5] »Der Pflanzenöl-Motor für die Naturwirtschaft« hrsg. vom Förderkreis Elsbett-Umwelt-Technik, Roth 1998.

Bauer im weitläufigen Sinn

Doch nicht nur Motoren, die mit Pflanzenöl betrieben werden können, galt sein Interesse. Auch den Ölpflanzen selbst widmete er sich intensiv. Er bezeichnete sich selbst als »Bauer im weitläufigen Sinn«: zum einen als jemand, der Motoren baute, zum anderen aber als in einem landwirtschaftlichen Betrieb Aufgewachsener. Ihn interessierten die unterschiedlichen Eigenschaften von Ölpflanzen, er studierte ihre Lebensbedingungen – nicht nur auf seinen eigenen Feldern, sondern auch in vielen Weltgegenden. Zum Thema Vielfalt von Ölpflanzen fand er unter anderem heraus, dass Rosenkohl, den man austreiben lässt, einen sehr hohen Ölertrag hat. Zudem beschäftigte er sich mit der Verarbeitung, dem Pressen und Filtern von Ölsaaten.

Elsbett war aus eigener praktischer Anschauung überzeugt, dass hier die Zukunft liegt – sowohl ökologisch als auch ökonomisch. Denn Pflanzenöl ist weder giftig noch explosiv, es enthält keine kanzerogenen Benzole, keinen »sauren Regen« verursachenden Schwefel. Aber es enthält mehr Energie pro Liter als Benzin, und sein Wasserstoffanteil pro Volumeneinheit ist 1,5-mal höher als der von flüssigem Wasserstoff bei minus 253 Grad Celsius. Klimatisch ist die Verbrennung von Pflanzenöl neutral, da die Pflanze zum Wachstum so viel Kohlendioxid benötigt, wie später bei der Verbrennung freigesetzt wird – der Kreislauf ist geschlossen!

Natürlich fällt auch beim Pressen von Pflanzenöl etwas ab, was aber durchaus kein »Abfall« ist, sondern, wie im Falle von Raps der Rapsschrot oder Rapskuchen, als hochwertiges, eiweißreiches Zusatzfutter anstelle von importiertem (und gentechnisch behandeltem!) Sojaschrot Verwendung findet.

Wüste Zeiten

Doch nun zu der bereits oben erwähnten Zurückdrängung der Wüsten. Beginnen wir mit einem kurzen Exkurs: Wie der Amerikaner James DeMeo durch Auswertung einer Vielzahl von Stu-

110

dien nachweisen konnte, sind die großen Wüstengebiete, von der afrikanischen Sahara über die Arabische bis hin zur Asiatischen Wüste, vor ungefähr 6 000 Jahren entstanden. Bis dahin waren diese Gebiete sehr fruchtbar. Welches dramatische Ereignis diese Dürre ausgelöst hatte, ist noch unklar. Deutlich und bis heute spürbar sind für DeMeo allerdings die Folgen: Für die in diesen Gegenden (die DeMeo zu dem Begriff »Saharasia« zusammenfasst) lebenden Menschen muss es die Vertreibung aus dem Paradies gewesen sein – sie wurden zu Umweltflüchtlingen. Nicht nur unter den immer extremer werdenden Bedingungen mussten sie um ihr Überleben kämpfen, sondern bei der Suche nach neuen Territorien auch gegen dort bereits ansässige Stämme. Für DeMeo ist in dieser Zeit die Gewalt in einem zuvor nicht gekannten Ausmaß in die Welt gekommen. Um des Überlebens willen waren die Menschen gezwungen, hart und rücksichtslos gegen andere, aber auch gegen sich selbst und die eigenen Angehörigen zu sein. Wer konnte zum Beispiel auf die Bedürfnisse von Kleinkindern eingehen, wenn es nur noch darum ging, so bald wie möglich eine rettende Wasserstelle zu finden?

Doch DeMeo hat sich nicht nur mit der Ausbreitung dieser Wüstengebiete beschäftigt, sondern sich Gedanken über ihre Rückgewinnung als kultivierbares Land gemacht, ausgehend von der Überlegung: Wenn dort einmal fruchtbares Land war, dann gab es auch Niederschlag. Er griff die Theorie und die Versuche Wilhelm Reichs auf, dass der Zyklus der Wolkenbildung und des Abregnens durch Energieblockaden gestört worden sei und dass dieser Kreislauf – ähnlich den Energiemeridianen des menschlichen Körpers – durch eine Art »Himmels-Akupunktur« wieder in Gang gesetzt werden könnte.

Cloudbusters

Während Reich Mitte der 1950er-Jahre mit einer Methode, die er »Cloudbusting« nannte, in Arizona ein erfolgreiches Experiment durchführte (das er wegen seiner Verurteilung und dem Verbot seiner Forschungen in den USA nicht weiter auswerten konnte), hat James DeMeo in 20 Jahren sowohl Beobachtungen als auch Experimente in den USA, Afrika, Griechenland, Zypern, Israel, Namibia und Eritrea durchgeführt. Er kam dabei zu der Erkenntnis, dass die heute beobachtbaren Ausdehnungen der Wüstenzonen immer dann verstärkt auftraten, wenn ober- oder unterirdische Atombombenversuche stattgefunden hatten, so wie nach dem GAU in Tschernobyl. Für DeMeo und den ihn seit vielen Jahren bei seinen Expeditionen begleitenden Reich-Kenner Bernd Senf, sind die Verschärfungen der Klimakatastrophen auch Ausdruck bioenergetischer Erkrankungen der Erde, ausgelöst durch Atomstrahlung und Elektrosmog, auf die das Lebensenergiefeld der Erde mit chronischer energetischer Kontraktion beziehungsweise Expansion reagiert.

Zur Vertiefung dieses Themas sei das Buch »Die Wiederentdeckung des Lebendigen« von Bernd Senf empfohlen.

Eine harte Nuss könnte die Wüste knacken

Den Energie- und damit den Wolkenfluss wieder zu beleben und so für Niederschläge zu sorgen ist eine Grundvoraussetzung für die Verhinderung einer weiteren Ausbreitung der Wüsten und die Rekultivierung der Wüstenrandzonen. Im nächsten Schritt geht es darum, so genannte Pionierpflanzen einzusetzen, die Ödland neu besiedeln. Dazu eignet sich eine Pflanze, die als Strauch oder Baum wächst, besonders gut: die Purgiernuss (Jatropha curcas L.). Mit ihr hatte auch Ludwig Elsbett schon in der Sahelzone im Tschad experimentiert. Ihre Vorfahren waren bereits vor 70 Millionen Jahren in den Tropen und Subtropen verbreitet – sie hat also schon einiges miterlebt. Und da es zirka 170 Unterarten mit verschiedensten Eigenschaften gibt, bestehen für Kreuzungen schier unerschöpfliche Möglichkeiten. Die Deutsche Gesellschaft für Technische Zusammenarbeit (GTZ) hat in den 80er-Jahren unter dem Schock steigender Ölpreise und zunehmender Verknappungsängste eine Untersuchung angestellt: »Die Purgiernuss – Mehrzweckpflanze als Kraftstoffquelle der Zukunft?« Jatropha ist äußerst anspruchslos und hält auch längere Trockenperioden aus. Eingesetzt wird sie vorrangig zur Bodenbefestigung und als Erosionsschutz. Purgiernusshecken halten aber nicht nur den Wind ab, sie eignen sich auch als Einfriedung für Felder, die vor Tieren geschützt werden sollen, da sie wegen ihrer Bitter- und Giftstoffe nicht von Ziegen gefressen werden.

Die Purgiernuss wurde auch als Heilpflanze verwendet, unter anderem als Kontrazeptivum, Wunddesinfektion, Abführmittel und zur Behandlung rheumatischer Schmerzen. Extrakte eignen sich auch als biologisches Pestizid gegen zahlreiche Schädlinge. Wegen ihres Gifts ist ihr Samen allerdings nicht für die Ernährung geeignet, und auch der Presskuchen, der bei der Ölgewinnung anfällt, kann nur als Dünger Verwendung finden.

Das Öl lässt sich in Lampen und Kochern einsetzen und wird auch zur Seifenherstellung genutzt.

Energieversorgung: aus dem Busch, für den »Busch«

Ludwig Elsbett hat bezüglich seines stationären Motors zur Stromerzeugung gute Erfahrungen mit Purgiernussöl gemacht, und auch einige Typen von Dieselmotoren können mit diesem Öl betrieben werden. Aus einem Kilometer Hecke lassen sich zirka 300 Liter Öl gewinnen und die Energieversorgung gerade in entlegenen Gebieten, in die in der Regenzeit oft kein Tankwagen durchkommt, sicherstellen.

Mithilfe der Purgiernuss können so in vielen Gegenden die Erosion bekämpft und die Qualität des Bodens verbessert werden. Gleichzeitig wird den Bewohnern eine Einkommensquelle verschafft (wobei besonders die Frauen davon profitieren können) und die lokale Energieversorgung sichergestellt.

Mit deutscher Unterstützung sind bereits Projekte in Mali, Tansania, Sambia und Ghana angelaufen. Andere Organisationen unterstützen Jatropha-Initiativen in Mittelamerika, der Karibik und Sri Lanka.

In Indien ist geplant, auf einer Länge von 25 000 Kilometern beidseitig der Eisenbahnschienen Jatropha-Sträucher zu pflanzen und fünf bis zehn Prozent des Petrodiesels der Züge durch

Pflanzenöl zu ersetzen. Da auf die Eisenbahn in Indien ein Zehntel des landesweiten Dieselverbrauchs entfällt, würde hier für die heimischen Bauern eine willkommene Einnahmequelle entstehen und die Umweltbelastung um einiges gemildert werden.

Doch in Verbindung mit dem Cloudbusting ließe sich an ganz andere Ziele denken: schrittweise Rückgewinnung der Wüstengebiete und Gewinnung von Pflanzenöl im großen Stil.

Bisher sind aber alle Aktivitäten DeMeos nur mit privater Unterstützung durch Personen zustande gekommen, die offen waren für Reichs Arbeiten über die Lebensenergie. Offizielle Stellen nahmen trotz der geringen Kosten niemals ein Angebot an. So wird es wohl noch eine Weile dauern, bis solche Großprojekte umgesetzt werden können.

Leben bei minus 253 Grad Celsius?

Nachdem oben bereits gezeigt wurde, wie unsinnig Biodiesel sowohl unter ökologischen als auch ökonomischen Kriterien ist, wollen wir uns in einem weiteren kleinen Exkurs noch dem nicht aus der Diskussion zu kriegenden Wasserstoff zuwenden.

Wasserstoff (H_2) wird immer noch als einzigartiger, umweltfreundlicher Energieträger betrachtet, verbindet er sich doch im Motor mit Luftsauerstoff zu reinem Wasser. Klingt im ersten Moment genial. Aber wo soll der Wasserstoff herkommen? Aus fossilem Erdgas ja wohl nicht. Also bleibt die elektrolytische Umwandlung aus Wasser mittels Solarstrom (»Solar-Wasserstoff«). Bei diesem Vorgang wird allerdings zur Erzeugung und Verflüssigung eines Liters Wasserstoff rund dreimal mehr Energie verbraucht als bei der Gewinnung eines Liters Pflanzenöl (E. Schrimpff). Da flüssiger Wasserstoff zudem eine sehr geringe Energiedichte hat (nur zirka ein Viertel derjenigen von Pflanzenöl) und der Herstellungspreis eines Liters Wasserstoff mindestens fünfmal teurer ist als bei Pflanzenöl, beträgt der Leistungspreis pro Liter (kW/l) das Zwanzigfache des Marktpreises von Pflanzenöl (E. Schrimpff).

Hinzu kommt, dass Wasserstoff als kleinstes Element extrem

flüchtig ist: Es diffundiert sogar durch die Stahlwände einer Druckflasche!

Ernst Schrimpff hat einen 10-Parameter-Vergleich zwischen Solar-Wasserstoff und Pflanzenöl vorgenommen und dabei festgestellt, dass Wasserstoff nur in einem einzigen Punkt besser abschneidet: bei der Verbrennung. Denn es entsteht nur Wasser und kein zusätzliches CO_2. Bei allen anderen Faktoren (Gewinnung, Transport, Lagerung, Energiedichte, Kosten etc.) schneidet immer das Pflanzenöl besser ab. Schrimpffs lakonisches Resümee lautet daher: »Wenn der Mensch und die Biosphäre sich bei minus 253 Grad Celsius wohl fühlen würden – dann wäre Wasserstoff der absolut ideale Energieträger!«

Und Ludwig Elsbett schrieb 1996 besorgt an seinen ehemaligen Arbeitgeber MAN: »Pflanzenöl ist nun einmal der einzige Kraftstoff, der nicht gast, nicht giftig ist und niemanden im Auto verbrennt. Wasserstoff hingegen gast schon ab minus 252 Grad Celsius, auch wenn das Fahrzeug in der Garage steht. Wenn dabei die ersten Menschen umkommen, ist wieder einmal ein großer Aufwand sinnlos vertan. Die einzige Alternative bleibt nun einmal die Sonne, aber nur in der Photosynthese ist ihre Energieerzeugung so effektiv, um die notwendige Mobilität für die Menschen des kommenden Jahrhunderts zu sichern.«[6]

Das Sonnenenergiekonzentrat

Wir haben gesehen: Pflanzenöl ist eine der besten Möglichkeiten, gespeicherte Sonnenenergie in konzentrierter Form zu nutzen. Es ist ungefährlich, hat eine hohe Energieausbeute, schafft neue Einnahmequellen für die Landwirtschaft, spart Transportwege (durch die Regionalisierung der Energieerzeugung) und stärkt die lokale Wirtschaft.

Dass man Pflanzen zur Energiegewinnung nutzen kann, beruht auf der Fähigkeit der Pflanzen, mithilfe der Sonnenstrahlung Kohlenstoff und Wasserstoff zu speichern.

---

[6] »Der Pflanzenöl-Motor für die Naturwirtschaft« hrsg. vom Förderkreis Elsbett-Umwelt-Technik, Roth 1998.

Deshalb ist letztlich egal, was auf einem Feld wächst. Es muss auch nicht abgewartet werden, bis die Pflanzen ausgereift sind. Silage von grün geernteten Pflanzen hat sogar den Vorteil der besseren Lagerfähigkeit, und das Feld wird bereits früh für die nächste Pflanzengeneration geräumt. Mithilfe von Bakterien wird die Biomasse unter Luftabschluss in einem Fermenter vergoren. Das dabei entstehende Methan kann als Brenngas genutzt werden, was bedeutet, dass es sowohl zur Erzeugung von Strom und Wärme in Blockheizkraftwerken als auch von Biokraftstoffen (Umwandlung von Methan in Methanol) dienen kann. Die anfallenden flüssigen und festen Bestandteile ergeben einen hervorragenden, fast geruchsfreien Biodünger (Biogasgülle), der weit besser von den Pflanzen aufgenommen wird als die stinkende Rohgülle. Viele Landwirte könnten so auf die Tierhaltung verzichten, wenn diese hauptsächlich der Erzeugung des organischen Düngers dient, und damit zur Vermeidung unnötiger »Berge«, sprich Überproduktion (von Milch und Fleisch), beitragen.

Sonnige Zeiten

Doch natürlich kann man Sonnenenergie auch noch anders nutzen. Zum Beispiel ganz direkt über Sonnenkollektoren (Solarthermie) und Sonnengeneratoren (Photovoltaik).

Solarthermische Anlagen werden hauptsächlich für die Warmwasserbereitung verwendet. Photovoltaikanlagen zur Stromerzeugung haben den Vorteil, dass überschüssiger Strom ins Netz eingespeist werden kann und vergütet wird. Noch benötigen diese Technologien Fördermittel zur breiteren Markteinführung. Im Gegensatz zu den Subventionen für fossile Energien wie Kohle wird hierbei aber an der Zukunft gebaut. Denn so wahr und so schön auch der Satz ist (den Franz Alt sogar als Buchtitel verwendet hat): »Die Sonne schickt uns keine Rechnung«, so entstehen doch Kosten durch das »Einfangen«, Speichern und Weiterleiten der Sonnenenergie. Mit zunehmenden Entwicklungsfortschritten und höheren Stückzahlen wird Photovoltaik jedoch billiger und in der Energieausbeute effektiver werden. In den letzten Jahren haben sich immer mehr Firmen an der Entwicklung beteiligt und damit den Fortschritt beschleunigt. Natürlich hinkt auch hier die Massenfertigung den Laborwerten hinterher. So liegt der Wirkungsgrad der lieferbaren Solarzellen bei zirka 15 Prozent, während sich die Laborwerte bereits beim doppelten Wirkungsgrad bewegen und die dreifache Ausbeute ansteuern. Alle Technologien, seien es Transistoren, PC-Speicherchips oder LED-Monitore, haben einmal bei Preisstufen begonnen, über die wir heute nur noch staunen können. Die heutigen Preise sind dagegen lächerlich, und dabei ist das »Gestern« oft erst ein Dutzend Jahre her!

Ein weiterer Fortschritt: Heutige Solarzellen sind fast vollständig wieder verwertbar.

Große Sprünge im kleinen Maßstab

Auch bei der Entwicklung von Solarpanelen zur Stromerzeugung sind die Kosten von 100 Dollar pro Watt im Jahr 1976 bereits auf unter drei Dollar gesunken. Trotzdem ist Solartechnologie – solange man bei der konventionellen Rechnungslegung unter Auslassung der Schäden an Umwelt und Gesundheit bleibt – heute noch zirka zehnmal teurer als die fossile Technologie. Doch sollte man bedenken, dass Solarzellen in Deutschland erst seit wenigen Jahren eine Rolle spielen. Da aber auch ohne technische Entwicklungssprünge Solartechnik allein durch die Erhöhung der Produktion jährlich um fünf Prozent billiger werden wird, ist schon allein unter finanziellen Aspekten eine Zunahme der Solarenergie zu erwarten. Gleichzeitig werden bei Erdöl und Erdgas die Verknappung der Reserven und die Unsicherheiten bei Förderung und Transport zu weiteren unkalkulierbaren Preissteigerungen führen.

Eine wesentliche Bedeutung kommt in Zukunft dem Hausbau zu, denn der überwiegende Anteil des Energieverbrauchs in deutschen Häusern geht auf das Konto von Heizung und Warmwasserbereitung, und hierfür müsste weder Erdöl noch Kernkraft aufgewendet werden! »Nullenergiehäuser« oder »Passivhäuser« sind inzwischen ausgereift und eignen sich nicht nur zum Wohnen, sondern auch als Gewerbegebäude. Für den Verbraucher entscheidend ist letztlich meist der Preis. Hier könnte viel gewonnen werden, wenn – wie in Japan bereits üblich – Architekten photovoltaische Anwendungen in die Planung von Neubauten einbeziehen. Vor allem aber muss sich die Branche der Erzeuger erneuerbarer Energien zusammentun, um der Lobbyarbeit der »Fossilen« Paroli bieten zu können. Denn die Politik kann sich nicht für das Vernünftige entscheiden, wenn die Unvernünftigen mehr Macht besitzen.

Die derzeitige Situation gibt weltweit noch keinen Anlass zu Optimismus: Laut einer Analyse der Internationalen Energie Agentur (IEA) sind die Forschungsbudgets für erneuerbare Energien in den IEA-Ländern seit Anfang der 80er-Jahre um 40 Prozent gesunken. Zu den IEA-Mitgliedsstaaten zählen unter anderem die USA, die meisten westeuropäischen Länder, Korea, Japan und Australien. Insgesamt gaben sie zwischen 1974 und 2002 rund 290 Milliarden Dollar für Energieforschung aus.

Knapp die Hälfte der Forschungsgelder entfiel dabei auf die Kernenergie, 13 Prozent auf fossile Energieträger und zehn Prozent auf die Kernfusion. Die erneuerbaren Energien mussten sich mit acht Prozent der Gelder begnügen. Waren es in den zwölf Jahren zwischen 1974 und 1986 noch 13 Milliarden Dollar, die die IEA-Staaten für die Solarforschung ausgaben, sank das Budget in den 15 Jahren danach auf zehn Milliarden Dollar.

Dezentrale Energie

Ein ganz wesentlicher Aspekt, den wir sonst so globalisierungsorientierten Industriestaatler gerne vergessen, ist die Bedeutung der Solartechnologie für die Dritte Welt. Bei uns kommt der Strom aus der Steckdose. Wie er da hineinkommt, interessiert die meisten nicht. Wo es aber weit und breit keine Steckdosen gibt, kann mit Solarzellen Strom erzeugt werden – zum Aufladen von Batterien, zum Beleuchten von Häusern, zur Versorgung von Kühlschränken, Radios und Fernsehern und vor allem zum Kochen! Gerade für diesen Zweck werden weltweit oft die letzten Reste von Vegetation verbraucht, mit dem dramatischen Nebeneffekt schleichender Rauchvergiftung durch offene Feuerstellen in Hütten und Zelten, wie sie immer noch von einem Drittel der Menschheit verwendet werden.

Und selbst im wachstumsstarken China, wo der Verbrauch an Kohle zur Stromerzeugung stark zugenommen hat, sind immer noch die drei Viertel der Bevölkerung, die vor allem im Westen des Riesenreichs auf dem Land leben, auf lokale Stromerzeugung angewiesen.[7] Da hat sich die Kombination aus Solartechnik und Windrädern bereits in vielen Gegenden bewährt und zu bescheidenem Wohlstand geführt. In Geschäften und Haushalten stehen Kühlschränke, in Werkstätten laufen elektrische Maschinen, in Schulen brennt Licht und wird Computerunterricht erteilt. Die Abhängigkeit von weit entfernten Kraftwerken wäre nicht nur deshalb fatal, weil die Stromerzeugung nicht Schritt hält mit der Nachfrage, sondern weil die Überlandleitungen aufgrund von oft extremen Witterungsverhältnissen versagen. Außerdem bedeuten sie Energieverluste und Zeitverzögerungen bei Störungen und Schäden. Die lokale Energiegewinnung hingegen funktioniert meist zuverlässig rund um die Uhr, kleine Störungen können selbst abgestellt werden.

---

[7] Um noch ein Beispiel für die Auswirkungen des Wachstums in China zu geben: Wenn pro Bewohner eine 40-Watt-Glühbirne eingeschaltet wird, müssen 40 bis 50 Atomkraftwerke dafür den Strom liefern!

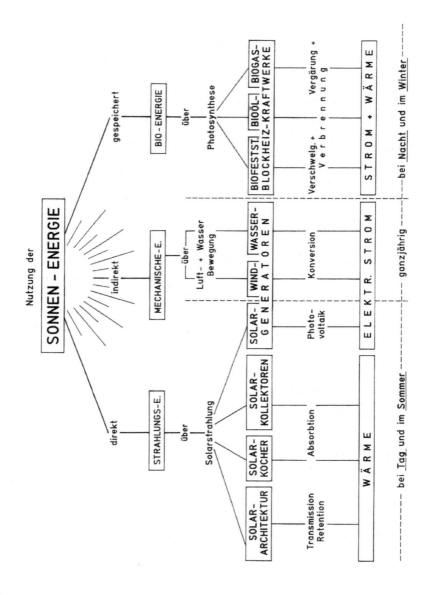

© E. Schrimpff

Wind- und Wasserkraft gehen ebenfalls auf Sonnenenergie zurück. Ohne die Sonnenstrahlung gäbe es keine Hoch- und Tiefdruckgebiete und somit auch keine druckausgleichenden Luftbewegungen. Ohne Sonnenstrahlung gäbe es aber auch keine Wasserverdunstung und dementsprechend keinen Wasserkreislauf, folglich auch keine fließenden Gewässer.

Alle von der Sonne angetriebenen Bewegungsabläufe der Luft und des Wassers (auch die Kombination aus beiden: die Wellen) stellen Kräfte dar, die zur Energieerzeugung genutzt werden können. Zusätzliche nutzbare Effekte bieten die vom Mond verursachten Gezeitenströmungen. So hat das britische Seaflow-Gezeitenkraftwerk in seiner Probephase alle Erwartungen übertroffen. Es arbeitet mit einer Art Unterwasser-Windrädern und nutzt die Kraft von Ebbe und Flut. Allein in Europa gibt es bis zu 100 mögliche Standorte.[8]

Das Problem bei der Nutzung der Sonnenenergie besteht darin, dass die Sonnenstrahlung nicht überall und zu jeder Zeit ausreichend verfügbar ist und auch der Wind weht, wann er will. Dies wird gerne als Argument gegen Wind- und Solarenergie verwendet. Zur Überbrückung der Versorgungslücken (bei Nacht, bei Regen, bei Windstille oder Sturm) sind jedoch Pflanzenöle oder aus Biomasse gewonnener Bioethanol beziehungsweise Biogas (Methan) als Energieträger bestens geeignet. Wie Funde in ägyptischen Pyramiden belegt haben, besitzt Pflanzenöl unter günstigen Bedingungen eine fast unbegrenzte Lagerfähigkeit.

Antriebsenergie

Für den Bereich der Mobilität kommt hinzu, dass die Energie selbst transportiert werden muss. Auch hier eignet sich Pflanzenöl wegen seiner schon erwähnten hohen Energiedichte und Ungefährlichkeit in umgerüsteten Dieselmotoren hervorragend. In Ottomotoren könnte Bioethanol zum Einsatz kommen, wie

---

[8] www.marineturbines.com

es seit Jahren schon in Brasilien geschieht. Für Großstädte wären – solange noch keine effizienten Verkehrssysteme eingerichtet sind – Elektro- und Druckluftautos geeignet. Der Vorteil: In den bisher so belasteten Ballungsräumen wird während der Fahrt überhaupt kein CO_2 freigesetzt. Dies geschieht nur dort, wo die Energie erzeugt wird. Aufgrund des Gewichts und der geringen Speicherkapazität von Batterien eignen sich Elektrofahrzeuge allerdings nur für Kurzstrecken. Druckluftgetriebene Fahrzeuge sind durch die mitführbare Menge an Pressluft ebenfalls in ihrem Radius eingeschränkt, können aber recht schnell wieder befüllt werden. Beiden gemeinsam ist die niedrige Höchstgeschwindigkeit, was aber auch die Sicherheitsanforderungen und damit das Gewicht, den Verbrauch und insgesamt den Anschaffungspreis sowie die Betriebskosten senkt.

Für den Schienenverkehr kommt, wie bisher, entweder der Einzelbetrieb einer Lok (allerdings in Zukunft mit einem Pflanzenölmotor) oder die ebenfalls bekannte Versorgung des Netzes mit Strom (der dann aber aus einem Mix regenerativer Energien stammt) infrage. Sollte die zukünftige Entwicklung des Schienenverkehrs in die richtige Richtung hin zu kleinen Shuttles gehen, so wäre eine Versorgung des Schienennetzes durch viele kleine, unterschiedliche regenerative Quellen nutzende regionale Einspeiser denkbar.

Zukunftsfähige Mobilität

Die Universität Paderborn arbeitet seit einigen Jahren an einer neuen Bahntechnologie mit, dem so genannten Railcab (ausführliche Informationen unter www.railcab.de), der das bestehende Schienennetz nutzt, aber mit kleinen, computergesteuerten und individuell programmierbaren Shuttles größere zeitliche Flexibilität und kürzere »Von-Tür-zu-Tür-Zeiten« erzielt. Denn wenn ich von Paris nach München mit 200 Kilometer pro Stunde ohne Halt durchfahren kann, brauche ich keine Spitzengeschwindigkeiten von über 300 Kilometer pro Stunde. Durch Beschleunigung, Abbremsen und Zwischenstopps gehen sehr viel Energie und Zeit verloren. Höhere Geschwindigkeiten bedeuten auch höheren Windwiderstand, somit überproportional erhöhten Verbrauch und mehr Lärm. Wenn ich dann mit dem Railcab auch noch über mehr Start- und Endpunktalternativen verfügen könnte, also nicht nur auf große Bahnhöfe angewiesen wäre, sondern zum Beispiel auch vom Allgäu aus ohne Umsteigen nach Rügen durchfahren könnte, würde auch der Kontinentalflugverkehr unattraktiv werden. Denn wenn ich erst mit dem Auto oder der Bahn zum Flughafen fahren muss, nach der Landung die gleiche Prozedur vor mir habe und dabei vielleicht auch noch umsteigen muss, wird der Zeitgewinn des Fliegens durch das umständliche und zeitraubende Drumherum wieder verspielt.

Kleine Shuttles hätten auch den Vorteil der individuellen Nutzung, das heißt, ein Modul, das von einer Familie zur Reise an ihren Urlaubsort genutzt wird (mit Fahrrädern, Schlauchboot und Liegestühlen als Gepäck), wäre anders eingerichtet als ein anderes Modul, das Mitarbeiter einer Werbeagentur zu ihrer Präsentation beim Kunden befördert (mit Laptop und Powerpoint ausgestattet). In den Nächten könnten Module zur Personenbeförderung mit geringem Aufwand gegen Container zum Gütertransport ausgetauscht werden. Per Computersteuerung werden die in eine Strecke einfahrenden Shuttles mit dort bereits rollenden zu Konvois gereiht, was den Windwiderstand und damit noch einmal den Verbrauch senkt.

Gegenüber dem Flugzeug hätte das Railcab den Vorteil, dass der Weg von der Haustür zum Transportmittel kürzer ist. Gegenüber der jetzigen Bahn hätte es den Vorzug, dass durch den Wegfall der Zwischenstopps Zeit und Energie gespart würden. Gegenüber dem Auto bestünde der Vorteil darin, dass man sicherer, staufrei und damit planbarer an sein Ziel gelangt und während der Fahrt das tun kann, wozu man sonst anhalten müsste (essen, schlafen, auf die Toilette gehen, sich bewegen etc).

Dies nur zur Demonstration, dass es Lösungsmöglichkeiten unserer Probleme gibt, die uns nicht nur unserem Ziel der Umweltschonung näher bringen, sondern auch noch zusätzlichen Komfort verschaffen. Außerdem hätten wir mit einer neuen

Technologie »made in Germany« wieder den so heiß ersehnten technologischen Vorsprung, der leider immer nur mit dem Transrapid in Verbindung gebracht wird. Doch welcher Politiker hat in den letzten Jahren ein einziges Mal vom Railcab gesprochen? Auch in den Medien war darüber bisher nur wenig zu lesen. Der Begriff »Innovation« wird zwar ständig angeführt, aber wehe es kommt einmal jemand mit völlig neuen Ideen, die das bisherige Gesamtkonzept infrage stellen! Das Beispiel Elsbett hatten wir ja bereits weiter oben.

Die richtige Dimension finden

Mit Wasserkraft und Windkraft wurden früher Mühlen betrieben, um stationär mechanische Energie zu erzeugen. Heute dienen sie hauptsächlich der Stromerzeugung. Wasserkraft ist zwar vom Niederschlag abhängig, allzu großen Schwankungen kann aber durch Staubecken begegnet werden. An den erneuerbaren Energien hat Wasserkraft heute weltweit einen Anteil von zirka 90 Prozent. Insgesamt werden mit Wasserkraft etwa 20 Prozent der elektrischen Energie in der Welt erzeugt. In vielen Ländern ist sie der Hauptenergielieferant. Allerdings sind die negativen Auswirkungen zu groß dimensionierter Projekte (wie in Indien und China) geeignet, die Segnungen der Wasserkraft zu diskreditieren: Überflutung ganzer Regionen mit Vertreibung der dort ansässigen Bevölkerung, Vernichtung der Tier- und Pflanzenwelt sowie nicht absehbare klimatische Folgen. In einigen Gegenden kommt noch hinzu, dass durch die gigantischen Staudämme die Wasserversorgung von weiter flussabwärts lebenden (und oftmals zu anderen Staaten gehörenden) Menschen gekappt wird, was zu bedrohlichen Konflikten führen kann.

Auch hier zeigt sich wieder, dass bei Großprojekten die Interessen der Investoren (die zum größten Teil auch noch weit weg sitzen) und nicht die der ansässigen Bevölkerung im Vordergrund stehen – zum Beispiel die der Aktionäre von Siemens, die an vielen Staudämmen in der Welt mitbauen.
Windkraft unterliegt den Schwankungen der Windstärke. Außerdem erfreuen sich die riesigen »Spargel« mit den Schatten wer-

fenden Rotoren keiner großen Beliebtheit. Dabei gäbe es Möglichkeiten, die Windkraft dezentraler und unauffälliger zu nutzen, zum Beispiel mit kleinen Windrädern, die sich in einem Zylinder wie ein Hamsterrad drehen. Im Zylinder, der den Wind durch einen oder mehrere Schlitze einfängt und sich der Windrichtung anpasst, stört die Drehbewegung des Rades nicht, und auftretende Geräusche können gedämmt werden. Oder beim Windwandler, einem anderen Windgenerator, der die Größe einer Satellitenschüssel hat und wie diese auf Hausdächer montiert werden kann. In ihm dreht sich ein dreidimensionaler Spiralflügel, dessen Form an das mathematische Zeichen für »unendlich« erinnert. Der Windwandler wirft keine Schatten, macht keinen Lärm und richtet sich ebenfalls nach dem Wind aus, sodass er selbst kleine Luftbewegungen ausnutzen kann. Natürlich ließe er sich auch größer dimensionieren, und damit ließe sich auch die Energieausbeute steigern. Doch Windkraft wird wegen ihrer Unregelmäßigkeit immer eine additive Energiequelle bleiben.

Rückstand an Wissen

Eines dürfte langsam klar werden: Es gibt keinen Königsweg der Energiegewinnung, vor allem, wenn man den noch zu erwartenden weltweiten Bedarfszuwachs einkalkuliert. Es gibt aber mit den fünf erneuerbaren Energien Wind, Wasser, Sonne, Biomasse und Geothermie ausreichend nachhaltige Möglichkeiten, die, zusammengenommen, uns von fossilen und atomaren Energien unabhängig machen können. So hat eine vom Freistaat Bayern im Jahr 2000 eingesetzte parlamentarische Enquetekommission einen Bericht über die Potenziale erneuerbarer Energien vorgelegt, die derzeit gerade einmal einen siebenprozentigen Anteil am Energiemix in Bayern hält. In diesem Report werden folgende Perspektiven entwickelt: Der Windkraft wird zugetraut, sieben Prozent des Strombedarfs decken zu können, aus der Biomasse glaubt man 15 Prozent des Primärenergieverbrauchs gewinnen zu können; und von der Solarthermie erwartet man eine fast 40-prozentige Deckung des Heizenergiebedarfs für Wohnungen. Für die Photovoltaik liegen leider keine

Daten vor, und die Wasserkaft trägt heute bereits fast drei Prozent bei. Wegen seiner Lage »auf einer riesigen geothermischen Wärmflasche« *(Süddeutsche Zeitung)* besteht für Bayern bei der Geothermie ein noch gar nicht abschätzbares Potenzial. Doch erst die Unsicherheit am Ölmarkt hat diesen Bericht wieder aus der Schublade befördert. Wir brauchen offenbar noch einen Golfkrieg und zwei weitere Katastrophen à la Tschernobyl, um unseren Erkenntnissen Taten folgen zu lassen.

Wie schnell wir die Umstellung von den »Fossilen« zu den »Erneuerbaren« schaffen, hängt einerseits von politischen Entscheidungen ab, aber auch davon, wie schnell es gelingt, den Rückstand an Wissen aufzuholen, den wir bei regenerativen Energieträgern gegenüber den bisher hauptsächlich genutzten Energien haben: über den Energiegehalt, die Verfügbarkeit, die beste Art der Konversion (Verbrennung, Kompostierung oder Vergärung) und über die Verwertung der anfallenden Reststoffe. Dieser Mangel an Wissen führt auch dazu, dass von den Profiteuren der alten Energien immer wieder völlig unsachliche Argumente gegen regenerative Energiegewinnung vorgebracht werden, die dann von Medien und Politikern unkritisch nachgeplappert werden.

So werden Windräder für den Tod von Vögeln verantwortlich gemacht, während ein großer Autoverleiher für ein Cabrio wirbt: »Schmetterlinge im Bauch und auf der Windschutzscheibe«.

Ebenfalls die Windräder betrifft (nicht ganz unberechtigt) der Vorwurf der »Verspargelung der Landschaft«, doch an bundesweit 280 000 Überlandmasten mit den dazwischen gespannten Leitungen hat man sich offenbar gewöhnt – von der völligen Zerstörung der Landschaft durch den Braunkohletagebau ganz zu schweigen.

Wenn das Thema Arbeitsplätze auftaucht, kann sich die regenerative Energiewirtschaft das Verdienst anrechnen, mehr Arbeitsplätze zu schaffen, als beim Abbau der alten Energieerzeugung frei werden. Dass Arbeitsplätze auch Geld kosten, dürfte langfristig dadurch wettgemacht werden, dass dieses Geld durch seine breitere Streuung und den hauptsächlichen Verbleib im Lande über die Kaufkraftstärkung positive Impulse auslöst, während es dies derzeit in Form von Shareholdergewinnen kaum tut.

126

Und wenn es zum Thema Preise kommt, bräuchte man sich auf den Hickhack darüber, wer die meisten Subventionen bekommt und wie viel eine Kilowattstunde oder ein Liter Treibstoff kostet, eigentlich gar nicht einzulassen. Damit wird nur die Kernfrage überdeckt, wie viel Umwelt wir noch für kurzfristig niedrige Energiepreise zu opfern bereit sind. Trotzdem hat sich Ernst Schrimpff einmal die Mühe gemacht auszurechnen, wie teuer den einzelnen Bürger die staatlichen Förderungen der einzelnen Energien kommen. Während die Beiträge zur Markteinführung der erneuerbaren Energien jeden Bürger im Jahr 2003 ganze drei Euro kosteten, betrug die indirekte Unterstützung der Atomenergie (über die steuerfreie Verzinsung der Rückstellungskosten) jährlich 5,50 Euro und die Staatssubvention für die Kohleverstromung sogar 43,60 Euro pro Bürger und Jahr.

Lokale Prioritäten

Die Entscheidung für den richtigen Mix der Energien hängt auch von saisonalen und lokalen Bedingungen ab: Im Sommer sind andere Prioritäten zu setzen als im Winter, in der Stadt andere als in einer dörflichen Struktur. Gegenden wie Island könnten das natürliche heiße Wasser und die Wasserkraft nutzen, um 100 Prozent ihres Wärme- *und* ihres Strombedarfs zu erzeugen. Aber auch in Gebieten, in denen die Erdwärme nicht von selbst an die Oberfläche kommt, lässt sich durch Bohrungen nachhelfen: In vier bis fünf Kilometern Tiefe wird hinuntergepumptes Wasser bereits so heiß, dass rentabel Strom und Heizwärme erzeugt werden können. Versuche dazu laufen unter anderem im Elsass und in Schwaben. Die Erde eignet sich aber auch als Speicher für Wärmeüberschüsse, die von Sonnenkollektoren im Sommer erzeugt werden. Diese Überschüsse lassen sich in unterirdischen Speichern, für die sich Sonden, Beton, Wasser oder Kies eignen, »lagern«, um sie im Winter wieder abzurufen.

Auf jeden Fall gilt: Die Vielfalt bringt die Lösung! Gerade für stark unterversorgte Gegenden, allen voran Afrika, spielt die Ausschöpfung *sämtlicher* erneuerbarer Ressourcen eine enorme Rolle. Statt wie heute drei Viertel seiner Erdölförderung zu exportieren, sollten in Afrika die vorhandenen vielfältigen natürlichen Möglichkeiten genutzt werden: Solarenergie, Wasserkraft, Geothermie, Pflanzenöle und Biogas könnten sowohl direkt die heimische Wirtschaft antreiben als auch durch ihren Export Devisen auf den potenziell reichen Kontinent bringen – im Gegensatz zum Erdöl jedoch mit breiter Streuung.

Effizienz kontra Verschwendung

Und bevor wir es vergessen: Neben immer besseren Methoden zur Erzeugung von Energie sollten auch die zur effektiveren Nutzung weiterentwickelt werden. Hierbei kommt den Käufern von Elektrogeräten eine wichtige Rolle zu, denen allerdings auch durch klare Informationen die Kaufentscheidung erleichtert werden muss. So hat zum Beispiel die Einteilung von Kühlschränken nach Effizienzklassen dazu geführt, dass der Umsatz der sparsamen A-Klasse-Geräte innerhalb weniger Jahre signifikant gestiegen ist und diese Geräte am stärksten gefragt sind. Auch kann durch gesetzliche Vorschriften Verschwendung durch Stand-by-Betrieb oder die übertriebene Verwendung von Klimaanlagen abgestellt werden (in Hongkong kann man in Büros und Restaurants nur im dicken Pullover sitzen – bei 40 Grad Außentemperatur).

Doch muss man sich auch immer die Relationen zwischen den einzelnen Ländern vor Augen halten: Die USA haben nur einen Anteil von fünf Prozent an der Weltbevölkerung und verbrauchen ein Viertel der weltweiten Energie. Chinas Pro-Kopf-Verbrauch beträgt zwar nur ein Zehntel des US-Verbrauchs – trotzdem ist China mit seinem Anteil von 20 Prozent an der Weltbevölkerung bereits der zweitgrößte Energiekonsument, und täglich wächst der Bedarf.

In China, das derzeit mit seinem fast zweistelligen Wirtschaftswachstum den Neid vieler westlicher Ökonomen erregt, zeichnen sich die Umweltfolgen im Zeitraffer ab: Alles stößt bereits an »die Grenzen des Wachstums« – Wasser-, Luft-, Boden- und Energieverbrauch. Als weitere Folge nimmt auch die Lebensqualität der Bevölkerung ab, die sich zwar an immer mehr Segnungen der Technik erfreuen kann (vor allem der Kommunikationstechnologien), aber auch unter dem Verlust an essenziellen Gütern wie sauberer Luft und sauberem Wasser leidet.

Was in diesem Land in den nächsten Jahren geschieht, wird wegen seiner gigantischen Dimensionen von großer Bedeutung für die gesamte Welt sein. Vor 17 Jahren gelangte das erste Handy nach China – jetzt ist China Weltrekordhalter, obwohl nicht einmal jeder vierte Chinese ein Handy besitzt. Ob die Einsicht in die ökologischen Notwendigkeiten und ihre Umsetzung mit der rasanten wirtschaftlichen Entwicklung Chinas Schritt hält, wird auch für uns von Tragweite sein. Derweil können wir nichts anderes tun, als mit gutem Beispiel voranzugehen und zu hoffen, dass wir auch auf diesem Gebiet von den Chinesen kopiert werden.

Vom Verbraucher zum Nutzer

Trotz aller Effizienzsteigerung und Umorientierung hin zu erneuerbaren Ressourcen: Wir werden auch ein wenig über den Sinn unseres täglichen »Verbrauchens«, unserer Mobilitäts- und sonstigen Zwänge nachdenken und uns über unsere eigentlichen Bedürfnisse klar werden müssen, die nicht nur mit ständigem Wirtschaftswachstum zu befriedigen sind. Eine Grundvoraussetzung für den Wegfall des Wachstumszwangs ist allerdings der Umbau unseres Wirtschaftssystems. Wenn Angebote nur noch dort entstehen, wo Nachfrage besteht, statt dass durch so genannte Innovationen Kaufanreize künstlich wachgekitzelt werden, können wir eine völlig neue Form von Lebensqualität erfahren. Dann dürfte es auch nicht schwer fallen, die noch benötigte Energie ohne Raubbau an der Zukunft des Planeten bereitzustellen.

Literatur

Alt, Franz: Die Sonne schickt uns keine Rechnung. Die Energiewende ist möglich. Piper, München 1994

Alt, Franz: Krieg um Öl oder Frieden durch die Sonne. Riemann-Verlag, München 2002

Borsch, Peter; Wagner, Hermann-Josef: Energie und Umweltbelastung. Springer-Verlag, Berlin/Heidelberg 1992

Löw, Harald: Pflanzenöle. Leopold-Stocker-Verlag, Graz 2003

Roth, Lutz; Kormann, Kurt: Ölpflanzen, Pflanzenöle. Economed Verlag, Landsberg 2000

Schuster, Walter: Ölpflanzen in Europa. DLG-Verlag, Frankfurt/M. 1992

Internet

www.bagani.de
www.bsi-solar.de
www.dgs.de
www.dlr.de/system
www.E-F-Schumacher-Gesellschaft.de
www.equilibrismus.de
www.eurosolar.org
www.ewea.org
www.greenpeace.de/windstaerke12
www.intersolar.de
www.ise.fhg.de
www.iwr.de
www.jatropha.de
www.railcab.de
www.solarpraxis.de
www.solid.de/solarspeicher
www.sonnenseite.com
www.volker-quaschning.de
www.sunmachine.de
www.wind-energie.de
www.windwandler.de

III.

ALTERNATIVEN:

2. Rohstoffe aus Pflanzen

Die Landwirtschaft ist die erste aller Künste:
Ohne sie gäbe es keine Kaufleute,
Dichter und Philosophen;
nur das ist wahrer Reichtum,
was die Erde hervorbringt.
Friedrich der Große

Das vorige Kapitel handelte von Pflanzen hauptsächlich unter dem Aspekt der Energiegewinnung. Doch man kann Pflanzensamen nicht nur auspressen, um Öl zu erhalten, die ganze Pflanzenmasse vergären, um Biogas zu gewinnen, oder sie direkt zur Energieerzeugung verbrennen. Pflanzen sind neben ihrer wichtigsten Verwendung als Nahrungsmittel auch ideale Rohstofflieferanten.

Vom Acker zum Acker

Nachwachsende Rohstoffe (NWR) haben prinzipiell den Vorteil, dass sie kompostierbar sind. Sie kommen also nicht nur vom Acker, sondern können dort auch wieder enden und damit den natürlichen Stoffkreislauf schließen, der mit unserer Industrieproduktion in der Regel missachtet wird. Unter ökonomischen Gesichtspunkten fällt positiv ins Gewicht, dass Pflanzenrohstoffe verstärkt für Einkommen in der Landwirtschaft sorgen und damit die Kaufkraft breiter gestreut und regional gestärkt werden kann.

Statt zwischen Nahrungsmittelüberproduktion oder Flächenstilllegung zu wählen, erzeugt der Landwirt Industriewerkstoffe. In Deutschland hat sich die Anbaufläche für NWR, zu denen hauptsächlich Raps, Leinöl, Faserpflanzen (Hanf, Flachs, Kenaf), Sonnenblumen und Stärkepflanzen (Kartoffel, Mais, Weizen) zählen, von 1994 auf 2003 mehr als verdoppelt. Davon entfallen 55 Prozent, also ungefähr der gesamte Zuwachs, auf Stilllegungsflächen. Ebenfalls von Bedeutung ist, dass durch die für viele Produkte stärker regional orientierten Absatzmärkte die Verbraucher mehr Einfluss und Kontrolle ausüben können. Letztlich ist auch die Sicherung von Arbeitsplätzen in der Region damit verbunden. Außerdem wird in den Bereichen, in denen man nach wie vor auf fossile Rohstoffe angewiesen ist, der Zeitrahmen für deren Verfügbarkeit erweitert, was den Kostendruck auf den Weltmärkten senkt und Konfliktpotenzial abbaut.

Wie geschmiert

Unter Umweltaspekten kommt Pflanzenölen gegenüber Produkten auf Erdölbasis vor allem bei den Verlustschmierstoffen eine Bedeutung zu. So bei der Verwendung als Kettensägenschmieröl, als Schal- und Trennmittelöle, als Hydrauliköle, aber auch als Holzschutzmittel und nach Modifikation sogar als flammhemmendes Mittel.

Eine weitere Entlastung der Umwelt kann im Bereich Waschmittel durch den Einsatz von Tensiden aus Pflanzenölen erfolgen. Die Vielzahl von pflanzlichen Faserstoffen kann dazu genutzt werden, Glasfasern und Fasern auf petrochemischer Basis zu ersetzen.

Dazu bieten sich neben der bereits bekannten Baumwolle als weitere, teils erst wieder zu entdeckende Faserpflanzen Flachs, Jute, Schilf, Brennnessel und vor allem Hanf an.

Hanf – die vielseitigste Pflanze

Wenn das Wort Hanf fällt, assoziieren viele Menschen damit sofort einen »Joint« und das »Kiffen«. Inzwischen spricht sich allerdings immer weiter herum, dass Hanf nicht nur wegen seines Gehalts an Tetrahydrocannabinol (THC) zum Rauchen geeignet ist, auch wenn er deswegen verboten ist. Wie vielseitig aber die Verwendungsmöglichkeiten waren und in Zukunft sein könnten, wissen gerade wegen der Ächtung von *Cannabis* die wenigsten.

Hanf hat eine lange Tradition und hatte eine weite Verbrei-

133

tung. Der Anbau der anspruchslosen Pflanze ist unkompliziert und sehr ergiebig. Sie kommt ohne Dünger und Pestizide aus und unterdrückt Unkräuter. Die Bedeutung von Hanf für die Entwicklung unserer Kultur war enorm: Ohne Hanf hätte es keine Seefahrt gegeben, denn nicht nur Segel und Tauwerk, sondern auch das Dichtmaterial zwischen den Planken war aus Hanf. Daraus wurden auch bis zu Beginn des 20. Jahrhunderts die meisten Textilien gemacht. Erst die industrielle Verarbeitung von Baumwolle brachte dieser einen Preisvorteil und glich damit die besseren Eigenschaften von Hanffasern (zum Beispiel bei der Feuchtigkeitsaufnahme) aus.

Ein großer Vorzug der Hanfpflanze ist, dass sie von der Wurzel bis zu den Blattspitzen komplett genutzt werden kann und dass nur wenige und nicht sehr aufwändige Verarbeitungsschritte benötigt werden, was auch positiv für seine Energiebilanz ist.

Hanffasern waren über Jahrhunderte der hauptsächlich verwendete Grundstoff für die Papierherstellung. Hanfpapier hat nicht nur langlebigere Eigenschaften, der Flächenertrag von Hanf ist auch viermal ergiebiger, verglichen mir der gleichen Fläche Wald.

Hanfsamen können wie Hafer oder Weizen zu Mehl gemahlen werden. Sie ergeben mit ihrem hohen Proteingehalt eine gute Nahrungsgrundlage, vor allem in Notzeiten oder in Hungergebieten. Das aus ihnen gewonnene Pflanzenöl ist wegen seiner essentiellen Fettsäuren sehr hochwertig. Es eignet sich auch bestens als Basis für Farben, Firnis und Pflegemittel. Der dabei als Nebenprodukt anfallende Ölkuchen ist eine hervorragende Nahrungsergänzung im Tierfutter.

Bei der Fasergewinnung fällt als Nebenprodukt eine stark zellulosehaltige Masse an, die als Grundlage für die Herstellung von Chemikalien, Kunststoffen und Kunstfasern verwendet werden kann.

Im Bereich Naturkosmetik eignet sich Hanföl zur Herstellung von Reinigungs- und Pflegecremes, Duschbädern, Shampoos, Haarkuren, Seifen und Sonnencremes. Und natürlich kann Hanföl auch pur eingesetzt werden.

134

Beim Hausbau findet Hanf vor allem als Dämmmaterial Verwendung. Es ist einfach zu verarbeiten, setzt keine lungengängigen Mikrofasern frei, ist antibakteriell, eiweiß- und milbenfrei. Es wirkt feuchtigkeits- und klimaregulierend und fungiert als guter Brandschutz (die Zersetzungstemperatur liegt bei 335 Grad Celsius). Die Entsorgung ist unproblematisch: verbrennen oder kompostieren.

In der Wohnung erweisen sich Textilien aus Hanf als besonders hilfreich bei Allergieproblemen und Hautkrankheiten wie Neurodermitis.

Heilende Wirkung

Auch in der Medizin hat Cannabis mittlerweile den Ruf, positive Wirkung zu haben. Dazu verhelfen ihm seine vielfältigen Inhaltsstoffe: Von allen bisher untersuchten Pflanzen besitzt Hanf den höchsten Gehalt an essentiellen Fettsäuren, und er enthält sämtliche essentiellen Aminosäuren. Dementsprechend vielseitig sind die Anwendungsgebiete: So berichten MS-Patienten, Aidskranke und Tumorpatienten von Erfolgen bei Muskelkrämpfen, Appetitlosigkeit und Übelkeit sowie depressiven Stimmungen. Asthmatiker könnten mit einem Stoß THC aus dem Aerosol die gleiche Wirkung erzielen wie mit gebräuchlichen Asthmasprays auf Kortisonbasis, allerdings preiswerter und mit weniger Belastung für den Organismus. Auch bei anderen Atemwegserkrankungen wie Bronchitis, Keuchhusten und Tuberkulose hat Hanf wohltuenden Einfluss, da THC die Bronchien erweitert und abschwellen lässt. In vielen Fällen kann Hanf zwar nicht heilen, aber die Symptome lindern; so bei Rheuma und Gicht, Hepatitis, dem Glaukom, Herpes, Magen-Darm-Beschwerden und Hauterkrankungen. Allerdings gibt es dazu noch keine ausreichenden Studien. Dass Cannabis schmerzlindernde Wirkungen hat, war schon vor mehreren tausend Jahren in China und Indien bekannt. In den USA waren Cannabisprodukte zwischen 1850 und 1900 die am meisten verkauften Schmerzmittel, bis sie von Aspirin verdrängt wurden.

Eigentlich werden die heilsamen Wirkungen von niemandem angezweifelt, denn Cannabinol ist eine dem Körper sehr vertraute Substanz: Der Mensch verfügt über körpereigene Cannabinoide. THC benutzt also nur das vorhandene System und erhöht dessen Stimulation. Es geht im Grunde um die Angst vor den psychogenen Effekten und dem Suchtpotenzial. Da man auch schlecht ein Medikament verordnen kann, das geraucht werden muss und damit die Atemwege schädigt, wird seit einigen Jahren versucht, das THC zu isolieren, um es in Kapselform zu verabreichen. Dies wiederum hat zur Folge, dass die Dosierung schwer fällt, weil die Resorption des THC individuell abläuft. Außerdem fehlt dem Extrakt die Unterstützung durch weitere der insgesamt 400 Pflanzeninhaltsstoffe, deren Zusammenspiel noch weitgehend unerforscht ist. Es bleibt abzuwarten, wie die vielen noch offenen Fragen in den nächsten Jahren beantwortet werden. Dann erst wird sich zeigen, ob Cannabis eine Chance hat, als Heilmittel anerkannt zu werden. Zwei unbestrittene Vorteile hat es jedenfalls: Es ist als Medizin sehr billig und hat wenig Nebenwirkungen, tödliche Folgen hat es noch nie gegeben.

Inzwischen wurde in den Niederlanden im Auftrag des Staates 134 Sorten Hanf mit unterschiedlichen Zielsetzungen für die Therapie gezüchtet.

Zukunft mit Hanf

Doch Hanf findet nicht nur Verwendung in Form seiner Pflanzenbestandteile, sondern auch als Biomasse zur Herstellung chemischer Grundstoffe. Mittels Pyrolyse (Zersetzung chemischer Verbindungen unter Luftabschluss bei hohen Temperaturen) erhält man Methanol, Öle, BTU-Gas und Holzkohle. Durch Fermentation (Gärungsprozesse) entstehen Alkohole und methanhaltiges Biogas, aus dem Wärme und Strom erzeugt werden kann. Man könnte also völlig auf Erdöl verzichten.

---

[1] J. Herer & M. Bröckers: Die Wiederentdeckung der Nutzpflanze Hanf. München 1996.

Würde Hanf auf nur sechs Prozent der Fläche der USA angebaut, wäre mit der darauf zu gewinnenden Biomasse der Gesamtbedarf der USA an Benzin und Öl zu decken.[1] Im Durchschnitt lassen sich aus einem Hektar Hanf 9500 Liter Methanol gewinnen. In günstigen Gebieten ließen sich sogar zwei Hanfernten pro Jahr erzielen. Hanf könnte wegen seines schnellen Wachstums auch als Zweitfrucht nach dem Getreide gepflanzt werden. Zudem gibt es allein in den USA 35 Millionen Hektar subventioniertes Brachland. Insgesamt gibt es bereits 40.000 Produkte, die aus Hanf hergestellt werden können!

Wenn ein Land sich nicht darum bemüht, seine Energie- und Rohstoffversorgung mit eigenen, noch dazu umweltschonenden Ressourcen sicher zu stellen, so kann das nur damit erklärt werden, dass die Entscheidungsträger in persönlichem Interesse oder dem von bestimmten Industrien handeln, welches sie über das nationale Wohlergehen stellen.

Hanf macht mobil

Wie das Ergebnis aussehen könnte, wenn man die vielfältigen Einsatzmöglichkeiten der Hanfpflanze kombiniert, zeigte im Jahr 1941 der meist nur als Erfinder des Fließbands oder durch seine antisemitischen Äußerungen bekannte Autobauer Henry Ford. Er präsentierte ein Automobil, »das auf dem Acker wuchs« – es war gebaut aus Holzfasern, Hanf, Sisal und Weizenstroh. Seine Karosserie war leichter als Stahl und trotzdem zehnfach belastbarer. Ein Film zeigte damals, wie mit dem Vorschlaghammer darauf eingeschlagen wurde, ohne dass die Karosserie Schäden davontrug.

Angetrieben wurde das Auto zudem mit Hanföl.

Dabei war damals die Mobilisierung der Bevölkerung und damit das Entsorgungsproblem gebrauchter Autos noch weit von heutigen Dimensionen entfernt – allein in Deutschland werden jährlich rund drei Millionen Fahrzeuge stillgelegt, wovon zwei Drittel im Ausland und ein Drittel beim Autoverwerter landen.

Doch Hanf machte nicht nur »automobil«, es diente auch wiederholt der Mobilmachung. Während beider Weltkriege – und bereits in Vorbereitung des Zweiten Weltkriegs – diente Hanf sowohl den USA als auch Deutschland dazu, ihre Rohstoffbasis autarker zu gestalten. In der Not wurden plötzlich alle Warnungen vor der »Droge Hanf« über Bord geworfen und in massiven Kampagnen (»Hemp for Victory!«, »Die lustige Hanffibel«) bei den Landwirten beiderseits des Atlantik der Anbau des vorher und nachher Verbotenen forciert.

Trotz aller, in den letzten Jahren wieder entdeckten Vorzüge der Pflanze Hanf, die bis zu solch euphorischen Erwartungen geführt haben, Hanf könne »die Welt retten«, ist es noch ein weiter und mühsamer Weg dorthin.

Denn die Ächtung des Hanfs – angeblich wegen seiner Suchtmitteleigenschaften, in Wahrheit aber wohl eher wegen seiner enorm vielseitigen Eigenschaften, die vielen Konkurrenzprodukten, vor allem der Nylonfaser und dem synthetischen Öl der Firma Du Pont, im Weg standen – hat seine Nutzung in weiten Teilen der Welt fast völlig in Vergessenheit geraten lassen. Erst mit Beginn der 90er-Jahre wurden in Europa und den USA die ersten zaghaften Versuche einer Wiederentdeckung dieser alten Kulturpflanze gestartet, verbunden mit der Auflage, THC-arme Hanfsorten zu züchten, die als Rauschmittel nicht geeignet sind.

Und da kein Produkt allein wegen seiner positiven ökologischen Eigenschaften eine Marktchance hat, bedarf es noch großer Anstrengungen, um dem Hanf die ihm gebührende Stellung zu sichern.

Denn es gilt erst die Voraussetzungen für eine auch ökonomisch interessante Alternative zu schaffen. Das beginnt bei der Wahl der Sorte passend zur Bodenbeschaffenheit und zum Klima, geht über die Entwicklung geeigneter Ernte- und Verarbeitungsmaschinen bis hin zur Entwicklung einer Logistik der Verwendung der einzelnen Bestandteile der Pflanze. Dazu bedarf es intensiver Forschung und Vernetzung. Die kleinen und mittleren Firmen, die Interesse an der Forschung und Entwicklung in diesem Bereich haben, benötigen dafür zunächst sowohl Un-

terstützung durch Fördermittel als auch durch Forschungsein-
richtungen.

Es gibt viele »Wunderpflanzen«

Ist bei der Neubelebung des Hanfanbaus der Atem zu kurz,
könnten ähnliche Rückschläge drohen, wie bei Flachs, der zu
den alteingesessenen und durch Baumwolle und Chemiefasern
verdrängten heimischen Faserpflanzen gehört, wie übrigens
auch die Brennnessel. Der Anbau lohnt sich nur, wenn Abnehmer da sind, die kostendeckende Preise zahlen, und Abnehmer
finden sich nur, wenn benötigte Menge und Qualität garantiert
sind und der Preis stimmt.

Bei einer anderen »Wunderpflanze«, dem Elefantengras *Miscanthus*, waren es andere Gründe, die die anfängliche Eupho-
rie zu Beginn der 90er-Jahre schnell zum Abklingen brachte:
Von den ersten aus Asien eingeführten Pflanzen überlebten die
meisten den deutschen Winter nicht, weil sie nicht tief genug
eingepflanzt wurden. Nur wer hartnäckig mit der auch Chinaschilf genannten, drei bis vier Meter hoch und schnell wachsenden Pflanze weiter experimentierte, konnte ihre hervorragenden Eigenschaften ausschöpfen: Miscanthus besitzt etwa
den Heizwert von Holz, lässt sich zu Pellets pressen und eignet
sich auch als geruchsbindende Einstreu im Pferdestall. Wie andere Energiepflanzen (so genannte C4-Pflanzen) kann Miscanthus auch einfach als Biomasse genutzt werden. C4-Pflanzen
haben ihren Namen daher, dass das erste Molekül nach der
Photosynthese nicht aus drei, sondern aus vier Atomen besteht.
Im Unterschied zu den heimischen C3-Pflanzen können C4-
Pflanzen auch nachts Kohlendioxid (CO_2) aufnehmen, weshalb
sie enorm schnell wachsen. Ohne Nachhilfe durch Dünger und
Pestizide erbringen sie jährliche Erträge von 20 bis 30 Tonnen
Trockenbiomasse pro Hektar.

Wird Miscanthus gehäckselt und anstelle von Sand unter Ze-
ment gemischt, eignet sich das Ergebnis hervorragend beim
Hausbau: Unter anderem verringert es gegenüber dem Estrich
Trittschall und Wärmeverlust. Ein deutscher Fertighaushersteller

plant sogar die Produktion ganzer Miscanthus-Ökohäuser. In einigen asiatischen Ländern besteht großes Interesse an diesem Projekt, da dort C4-Schilfgras wie Unkraut wächst. Auch für die Zellstoffindustrie ist Chinaschilf interessant; es kann zu Pappe und Verpackungsmaterial verarbeitet werden. Im Gartenbaubereich eignet es sich als Torfersatz und zur Fertigung von Blumentöpfen. Ebenfalls Verwendung findet Miscanthus beim Bau von Lärmschutzwänden an Autobahnen.

Da die Autoindustrie als einer der wichtigsten Industriezweige gilt, sollen hier in Kürze die verschiedenen Einsatzgebiete aufgezählt werden, bei denen heute schon Pflanzenfasern zur Herstellung verwendet werden: Kotflügel, Kupplung, Lenkräder, Lärmschutzplatten, Tür-Innenverkleidungen, Himmel, Hutablage, Verstärkung tragender Teile, Unterbodenschutz, Sitze, Dichtungen, Bremsen. Wie Henry Ford gezeigt hat, ließe sich die gesamte Karosserie aus Hanf und anderen Pflanzenfasern fertigen. Beim Thema Auto sollte auch erwähnt werden, dass ein Hektar Miscanthus rund 30 Tonnen Kohlendioxid im Jahr bindet.

Schädling oder Nützling? Keine leichte Frage!

Natürlich muss man mit dem Ausbringen von Pflanzen aus fremden Kontinenten vorsichtig sein, denn nicht nur bei Tieren kann es – wie beim berühmten Beispiel des nach Australien exportierten Kaninchens – zu unkontrollierter Vermehrung kommen. Auch im Pflanzenbereich gibt es solche Fälle, wo die vorgefundenen Bedingungen (Nährstoffe im Überfluss, kaum Schädlinge) zu einer bedrohlichen Verbreitung geführt haben. Ein Beispiel: Die Wasserhyazinthe kam vor etwa 125 Jahren als Zierpflanze aus Mittelamerika nach Java. Von dort gelangte sie vor 100 Jahren nach Siam, wo sie sich innerhalb eines Jahrzehnts so ausbreitete, dass sie zur Plage wurde. Andere Länder wie Australien, Japan, die Südstaaten der USA und die afrikanischen Anrainer des Viktoriasees mussten die gleichen Erfahrungen machen. Mit ihrer exponentiellen Vermehrung (sie bildet pro Tag drei bis vier Ableger im Wurzelbereich und verdoppelt ihren Bestand innerhalb von zwei Wochen) macht die Wasserhyanzinthe die Wasserwege für Boote unpassierbar und raubt den Fischen Licht und Sauerstoff.

Doch genau diese Wasserhyanzinthe ist auch geeignet, um zu demonstrieren, wie wichtig genaue Kenntnisse über eine Pflanze sind. Als man resigniert den Versuch aufgab, sie auszurotten, was höchstens mit massivem Einsatz der »chemischen Keule« gelungen wäre, oder mithilfe des Rüsselkäfers, was den weiteren riskanten Import einer fremden Art bedeutet hätte, begann man nach einer Nutzungsmöglichkeit zu suchen. Dabei stellte sich heraus, dass sie viel Protein enthält, weshalb sie sich als Kraftfutter in Vieh- und Fischzucht eignet. Hinzu kam ihre Verwendbarkeit als Dünger und für die Papierherstellung. Inzwischen fand man heraus, dass sie ein ideales Flechtmaterial und damit als Werkstoff für Sitzmöbel gut geeignet ist. Jetzt muss die Wasserhyanzinthe nicht entfernt werden, um sie zu vernichten (was nur Kosten verursacht), sondern sie kann geerntet werden, um sie zu nutzen (was Arbeitsplätze und Einkommen schafft). Vor allem aber entdeckte man, dass die Wasserhyanzinthe ein regelrechter »Schadstofffresser« ist, der metallische Schadstoffe und sogar Öl aus dem Wasser absorbiert. Sie eignet sich also bestens als Pflanzenkläranlage, mit der man Abwässer oder auch Jauche, nachdem man ihre festen Bestandteile abgetrennt hat, in Brauchwasser umwandeln kann. Die Festbestandteile lassen sich zusammen mit Küchenabfällen in einem Fermenter vergären. Innerhalb von drei Wochen töten spezielle Bakterien die pathogenen Keime ab, und der Energieanteil wird als Biogas ausgeschieden. Die in der Pflanzenkläranlage sich vermehrende Pflanzenmenge kann ebenfalls als Biomasse in den Fermenter von Biogasanlagen gegeben werden.

So kann man Abfallstoffe, solange es sich um organischen Abfall handelt, loswerden, indem man ihre Bestandteile in den Naturkreislauf zurückführt, und gleichzeitig die gespeicherte Sonnenenergie nutzbar machen. Es sollte aber auch hier die Vermeidung, in diesem Falle die Vermeidung der Verschmutzung des Wassers, im Vordergrund stehen. Denn Brauchwasser ist zwar besser als Jauche, aber es ist noch lange kein Trinkwasser. Trotzdem ist dies ein Beispiel für die Möglichkeiten, durch intelligent vernetzte Technologien einen hohen Lebensstandard

141

zu erreichen und gleichzeitig dessen Nachhaltigkeit für viele Generationen zu garantieren.

Ein Ozean aus Müll

Die Notwendigkeit der Nutzung biologisch abbaubarer Werkstoffe (BAW) wird sofort deutlich, wenn man sich einmal die Vielzahl und die Menge petrochemischer Produkte (»Plastik«) vor Augen hält, die inzwischen im Umlauf sind. Die Chemieindustrie hat uns mittlerweile weit über 100 000 Stoffe beschert, von denen in Europa weniger als fünf Prozent einer systematischen Prüfung unterzogen wurden. Und auch diese wenigen Untersuchungen beurteilen immer nur die Wirkungen einzelner Chemikalien, nicht die in Kombination mehrerer Stoffe auftretenden.

Die weltweite Produktion von Plastik beträgt etwa 125 Millionen Tonnen jährlich. Gewöhnlicher Kunststoff zersetzt sich über Hunderte von Jahren. Er zerfällt unter UV-Strahlung in immer kleinere Partikel und gerät so in die Nahrungskette. Im Stillen Ozean hat sich in den windarmen Zonen eine schwimmende Müllkippe von der Größe Westeuropas angesammelt, die Seevögeln, Säugetieren, Fischen und Wasserschildkröten zum Verhängnis wird.

Allein die Menge des jährlich anfallenden privaten Elektronikschrotts beläuft sich auf eine Million Tonnen. Wenn davon wesentliche Teile durch BAW ersetzt werden könnten, wie einige PC- und Handyhersteller planen, wäre viel gewonnen.

In Westeuropa werden jährlich 16 Millionen Fahrzeuge produziert. Auch hier besteht die Möglichkeit, den heute zwischen zehn und 25 Kilogramm liegenden Anteil an Naturfasern pro Pkw noch erheblich zu steigern.

Und dann die Vielzahl von Folien und Verkaufs-, Um-, Transport- und Getränkeverpackungen! Allein in Deutschland werden jährlich 3,5 Millionen Tonnen Kunststoffpackmittel hergestellt. Man schätzt, dass in diesem Sektor bis zum Jahr 2010 weltweit ein jährliches Marktvolumen von einer Million Tonnen BAW erreicht werden kann.

Die Stärke des Mais

Doch welche Pflanzen beziehungsweise Pflanzenbestandteile kommen hier infrage? Sehr weit ist man heute bereits mit der Verarbeitung von Polymilchsäure (PLA). Dieser thermoplastische Kunststoff wird aus Maisstärke hergestellt und ist innerhalb weniger Wochen biologisch abgebaut. Dabei entsteht lediglich Wasser und Kohlendioxid, das vorher von den Pflanzen aufgenommen wurde und nun erneut dem Naturkreislauf zurückgeführt wird. Inzwischen haben sich namhafte Firmen dieses Rohstoffs angenommen und sind dabei, den noch deutlich über dem für herkömmliche Verpackungsfolie liegenden Verkaufspreis durch Effizienzverbesserungen, größere Produktionsmengen und Ausweitung der Marktdurchdringung zu senken. Wichtig ist auch, dass durch eine neue Bio-Abfallverordnung die Entsorgung über die Biotonne sichergestellt ist. Dann würden die Gebühren für den Grünen Punkt entfallen.

Die Fachhochschule Rosenheim hat bereits ein Öko-Label entwickelt, sodass über eine Kennzeichnung eine problemlose Trennung der biologisch abbaubaren Kunststoffe möglich wird. Ein Pilotprojekt in Kassel hat ergeben, dass die neuen Verpackungen bei 90 Prozent der Verbraucher sehr gut ankommen und ein Drittel sogar bereit wäre, bis zu 50 Prozent mehr dafür zu bezahlen. Auch die Entsorgung spielte sich erstaunlich schnell ein.

Einsatz finden zum Beispiel Becher aus PLA bei Veranstaltungen aus Gründen der Sicherheit oder wegen fehlender Spülanlagen. Auch als Agrarfolien und Bioabfallsäcke sind PLA-Folien bereits sehr verbreitet.

Die Ökobilanz der PLA-Folie (wie überhaupt der meisten biologisch abbaubaren Kunststoffe) wird neben den geringeren Entsorgungskosten zusätzlich durch den um 30 bis 50 Prozent gegenüber herkömmlichen petrochemischen Materialien niedrigeren Energieverbrauch beim Herstellungsprozess gebessert.

Starke Fasern

Naturfasern aus den bereits erwähnten Pflanzen Hanf, Flachs und Schilf, aber auch aus Jute, Brennnessel, Kenaf, Kokos und Sisal sind heute bereits über das Stadium hinaus, als sie als Werkstoffe für Low-Tech-Produkte der Industrie vor allem dazu dienten, sich ein grünes Mäntelchen zu schneidern. Auch hier kommt dem Gesetzgeber eine entscheidende Rolle zu: So konnte erst nach der Lockerung des Hanfverbots 1996 der Anbau hierzulande wieder anlaufen. Die Verordnung zur Zurücknahme alter Autos ab 2006 führt zu verstärktem Interesse an abbaubaren oder wieder verwertbaren Werkstoffen, und Markteinführungsprogramme, wie das für »Dämmstoffe aus nachwachsenden Rohstoffen«, schaffen erst die Voraussetzung dafür, die kostenintensive Entwicklungsphase bei neuen Verfahren zu überstehen.

Inzwischen wurden Verarbeitungsmethoden entwickelt, die Naturfaser verstärkte Kunststoffe (NVK) den herkömmlichen Glasfaser verstärkten Kunststoffen (GVK) nicht nur in vielen Anwendungsbereichen ebenbürtig machen, sondern ihnen in einigen sogar schon einen Vorsprung geben. Das ist vor allem beim Gewicht der Fall, aber teilweise auch bei der Biegefestigkeit und dem Wärmeausdehnungskoeffizienten. Im Automobilbau, einem der Hauptabsatzfelder, wird neben der Gewichtseinsparung (die reduzierten Kraftstoffverbrauch bedeutet) auch das Verhalten bei Crashs geschätzt, denn Naturfaserbauteile splittern nicht wie glasfaserverstärkte Elemente. Deshalb werden immer mehr Bauteile im Innenraum aus Naturfasern gefertigt – bis hin zum Armaturenbrett. Doch auch an Außenteilen und Unterbodenplatten wird gearbeitet, und ebenso denkbar ist bereits die Verwendung bei Krümmern, Rohren, Gasdruckbehältern oder gar bei Kardanwellen.

»Flüssiges Holz«

Ein weiterer Baustoff, der eine viel versprechende Zukunft haben dürfte, ist der Thermoplast *Lignopol*, auch »flüssiges Holz«

genannt. Er besteht aus dem natürlichen Polymer Lignin, das mit Naturfasern wie Hanf verstärkt wird. Das Beste am Lignin: Es ist das auf der Erde am zweithäufigsten vorkommende biologische Material, welches bisher eigentlich nur Probleme bereitete, da es beim »Auskochen« von Holz zur Gewinnung von Zellulose für die Papierherstellung als Abfallprodukt anfällt! Holz besteht zu etwa 30 Prozent aus Lignin, und weltweit fallen jährlich 50 Millionen Tonnen an, die bisher hauptsächlich verbrannt, manchmal aber auch in die Gewässer gekippt werden. Forscher des Fraunhofer-Instituts konnten ein Verfahren entwickeln, mit dem Lignin-Pulver bei 170 Grad Celsius zu einer schokoladenartigen Flüssigkeit schmilzt, der dann Pflanzenfasern als stützendes Gewebe beigegeben werden. Das Gemisch sieht aus wie Holz und kann in normalen Spritzgussmaschinen in fast jede gewünschte Form gebracht werden – von Gehäusen für PCs und Handys über Computertastaturen bis hin zu Autotürgriffen und Lenkrädern.

Weitere Einsatzbereiche für Lignopol könnten im Landschaftsbau und beim Hausbau entstehen.

Süße Träume auf Sonnenblumenöl

Der Firma Metzeler ist es gelungen, aus Pflanzenölen von Sonnenblumen, Raps und Soja mehrwertige Alkohole (Polyole) herzustellen, die sich mit Di-Isocyanat zu einem hochelastischen Schaumstoff verbinden. Inzwischen ist der gesamte Entwicklungsprozess, vom Reagenzglas über Pilotanlagen bis zur Serienreife, durchlaufen, und interessierte Schläfer können die Sonnenblumenmatratze nun im Handel erwerben.

Oft ist die Verwendung von nachwachsenden Rohstoffen allerdings nur als Beimischung zu petrochemischen Stoffen möglich. So lassen sich bei Reifen durch den Einbau von Stärkeprodukten der Rollwiderstand und damit der Treibstoffverbrauch verringern, und das bei verbesserten Laufeigenschaften.

Das kann man durchaus als Möglichkeit verstehen, einen Fuß in die Tür zu bekommen, doch sollte man sich gegen einen euphorisierenden Sprachstil wehren, der zum Beispiel gleich von »Bio-Asphalt« spricht, wenn bei der Asphaltherstellung fünf Prozent der Erdölmasse durch Rapsöl ersetzt werden.

Solche Gemische haben den großen Nachteil, dass der Bioanteil nicht mehr kompostiert werden kann, sondern herkömmlich recycelt werden muss.

Recyclingvarianten

Beim Begriff »Recycling« klingt in den Ohren des Normalverbrauchers meist ein »Alles paletti« mit, denn es hört sich nach »Wiederverwertung« an, und was man wieder verwendet, das ist doch nicht verloren.

Natürlich ist es besser, Rohstoffe so weit wie möglich aus Abfall herauszuholen und wieder zu verarbeiten, als den Müll auf Deponien zu »entsorgen« (dieser Begriff täuscht vor, dass man sich danach keine Sorgen mehr machen müsste). Doch leider sieht das Recycling oft so aus: Frachterweise wird Elektronikschrott von Europa und aus den USA nach Asien verschifft, wo in primitiven Werkstätten ohne Schutzmaßnahmen für Arbeiter und Umwelt die Geräte in ihre oft giftigen Bestandteile zerlegt werden. Die Folgen sind verheerend.

Die einfachste Form ist das »thermische Recycling«, was nichts anderes als Verbrennung meint. Natürlich gibt es hierbei Unterschiede. Gewöhnliche Müllverbrennung verbraucht teure Energie und setzt Treibhausgase frei. Wenn dann auch noch PVC im Plastikmüll ist, das trotz Drängen seitens Umweltschutzverbänden immer noch nicht verboten ist, entsteht aus dem enthaltenen Chlor das hochgiftige Dioxin.

Bei einem besseren Verfahren wird aus dem Müll sogar noch Energie gewonnen. Dabei wird in der Müllanlage Trockenstabilat erzeugt, das mit heißer Asche versetzt wird. Hierbei entsteht Methanol oder Wasserstoffgas für Brennstoffzellen. Der Vorteil: Es wird weder Sauerstoff verbraucht, noch entstehen Abwässer, und das Verfahren ist CO_2-neutral.

Solange nicht kompostierbare Verpackungen hergestellt wer-

146

den, die – wie bei den Tetrapaks – Aluminium enthalten, müssen aufwändige Methoden eingesetzt werden, um Kunststoff, Faserkarton und Aluminium zu trennen. Das Aluminium wird wieder verwertet, aus den Faserstoffen wird Hartkarton produziert, während der Plastikanteil vergast wird und so Energie liefert, die über die für die Anlage benötigte Menge hinausgeht.

Die meisten Recycler mögen es heiß, doch es gibt eine neue Recyclingrichtung, die die Abfallverwertung lieber cool angehen möchte. Professor Harry Rosin von der Heinrich-Heine-Universität in Düsseldorf, der maßgeblich an der Erfindung des FCKW-freien Kühlschranks beteiligt war, hat mit einem Expertenteam ein Kälteverfahren (das Kryo-Recycling) entwickelt, mit dem Kunststoffe durch Abkühlung spröde gemacht, gleichzeitig gemahlen und dann sortenrein getrennt werden, sodass sie wieder verwertet werden können.

Fossile Brennstoffe im Zeitraffer

Bei einer anderen Form der Rohstoffverwertung wird versucht, den Vorgang, bei dem in Jahrmillionen tief in der Erde unsere fossilen Ressourcen entstanden sind, innerhalb Stunden nachzubilden. Dabei können alle Abfälle, solange sie keine Giftstoffe enthalten (wie Brom in alten PC-Gehäusen oder Chlor in PVC), zu Mus zermahlen werden: Reifen, Schlachtabfälle, Krankenhausabfälle, Teersande, Plastikgemisch und selbst Klärschlamm. Danach geschieht das, was auch unter der Erde passierte: Unter hohem Druck und mäßiger Hitze sowie Luftabschluss zersetzt sich die Pampe zu Erdöl, brennbaren Gasen und Mineralien.

Dieses ebenfalls aufwändige Verfahren rechnet sich nur deshalb, weil die Entsorgung des Problemmülls kostspielig ist und weil immer häufiger der Gesetzgeber die einfache Lagerung »unbehandelter Siedlungsabfälle« verbietet – wie in Deutschland ab Sommer 2005. Das bedeutet konkret, dass weder biologische noch brennbare Stoffe auf Deponien gekippt werden dürfen.

147

Während die einen also fast alles zusammenrühren und wieder verwertbare Rohstoffe daraus gewinnen, gehen andere den entgegengesetzten Weg: Der Bürger und die Firmen sollen ihren Müll bereits getrennt sammeln und abliefern. Doch selbst in Deutschland, das vermutlich beim Getrenntsammeln von Hausmüll Weltmeister ist, hat sich gezeigt, dass im gelben Sack oder in der gelben Tonne des Dualen Systems Deutschland (DSD) weniger gesammelte Verpackungen zu finden sind als in der (extra zu bezahlenden!) Restmülltonne.

Die Lösung: Man kehrt zum Eintonnensystem zurück und überlässt das Trennen des Mülls vollautomatischen Sortieranlagen, die zum Beispiel mit Nahinfrarotkameras und Wirbelstromabscheidern arbeiten. Hierbei werden Eisen, Aluminium, Keramik und Glas aussortiert und der Rest zu Trockenstabilat gepresst, das – wie oben beschrieben – durch Pyrolyse zu Methanol wird.

Andere Sortieranlagen sind sogar in der Lage, auch noch Folien, Papier, Kartonagen, Getränkekartons, PET-Flaschen und diverse Kunststoffe in Fraktionen zu trennen und so zirka ein Drittel des Mülls als vermarktbare Produkte zu erfassen. Die einzelnen Objekte werden beim »Spectrosorting« auf einem Förderband unter einer Flächenkamera vorbeigeführt, die mittels eines Bildverarbeitungsprogramms Wertstoffe anhand von typischen Konturen zu erkennen und aus dem Rest auszublasen. Pro Stunde können etwa zwei Tonnen Müll mit 90-prozentiger Trefferquote aufbereitet werden, ohne dass Menschen durch Keime gefährdet werden.

Auch hier zeigt sich wieder: Es muss erst alles etwas kosten, damit es sich lohnt, sich Gedanken über Wiederverwertung und (in der Zukunft hoffentlich sogar vermehrt) Vermeidung zu machen.

Alles in allem bringt die Mülltrennung und -wiederverwertung, auch wenn man sich über die Fortschritte freuen kann, einen enormen Aufwand mit sich, vor allem an Energie, aber auch an Technologie. Und das bedeutet hohe Kosten. Aus diesen Gründen ist es auch illusorisch, umweltschonende Müllentsorgung als weltweite Lösung des Abfallproblems zu sehen. Wer Stoffe in Entwicklungs- und Schwellenländern in Umlauf bringt, die, bildlich gesprochen, nicht auf dem Acker verrotten können, handelt unverantwortlich, da Armut und Analphabetismus dazu führen, dass Unbrauchbares einfach weggeworfen wird und damit in Reichweite von Menschen, Tieren, Pflanzen und Grundwasser bleibt. Oberste Priorität sollte deshalb die Verwendung biologisch abbaubarer Stoffe haben.

Ausblick

Entwickler von nachwachsenden Werkstoffen stehen vor dem Problem, einen jahrzehntealten Vorsprung der petrochemischen Kunststoffe aufholen zu müssen. Auch hier ist die Politik gefragt, und das heißt: wir alle. Wir müssen durch öffentliche Förderung dafür sorgen, dass biologisch abbaubare Werkstoffe (BAW) ökonomisch wettbewerbsfähig werden. Dazu gehört, dass man von Insellösungen mit begrenzter Wirkung weg und zu Entwicklungskonzepten mit ganzheitlicher Marktbetrachtung kommt, in die alle an der Wertschöpfungskette Beteiligten einbezogen sind.

Der Hauptgrund ist sicherlich, dass wir bei dem weltweit weiter zu erwartenden Wirtschaftswachstum bald in den Abfallbergen ersticken würden. Der zum Volksgut gewordene Werbespruch »Man gönnt sich ja sonst nichts« würde – wenn überhaupt – hier einen Sinn machen. Wenn schon nicht eine intakte Umwelt, was ist dann Basis unserer Lebensqualität?

Wenn wir als Menschheit noch eine Zukunft haben möchten, müssen wir einerseits lernen, nicht immer nur auf den Preis zu schauen. Denn der sagt nichts darüber aus, wie teuer uns die Produkte letztendlich tatsächlich zu stehen kommen. Deshalb ist es wichtig, dass wir bei unseren Betätigungen immer die Auswirkungen auf das Gesamte im Auge haben und in ganzheitlichen Systemen denken.

149

Systemisches Denken

So gehen auch viele Ökologen in die Falle, wenn sie zum Beispiel bei der Mobilität nur an den schadstoffarmen Betrieb von Autos denken, nicht aber daran, dass allein bei der Herstellung eines Pkw durch den hohen Verbrauch von Rohstoffen, Wasser und Energie sowie die Freisetzung von Emissionen bereits mehr ökologischer Schaden angerichtet wurde, als durch den Betrieb dieses Fahrzeugs in seinem »Lebenszyklus« jemals verursacht werden kann. Und selbst wenn man bei der Produktion einen möglichst hohen Anteil regenerativer Stoffe verwenden würde, der auch das Problem der Entsorgung minimieren könnte, so sorgte immer noch die reine Quantität der Autos für das Nichtfunktionieren dieser Form der Mobilität. Fahrzeuge brauchen nicht nur Raum zum Fahren, sie erfordern auch ungeheure Flächen zum Abstellen. Flächen, die für wichtigere Zwecke wie Grünflächen, Wohn- oder Spielraum verloren gehen und in der Regel genauso versiegelt sind wie Straßen, weshalb sie auch für die Wasserspeicherung entfallen. Zudem gefährdet der »Individualverkehr« alle schwächeren Verkehrsteilnehmer und Unbeteiligte (wie Kinder und Tiere) und macht seinem Namen auch im Negativen alle Ehre, da er häufig dazu missbraucht wird, die Individualität des Fahrers zum Ausdruck zu bringen – vornehmlich durch rücksichtslose und aggressive Verhaltensweisen.

Zieht man also alle relevanten Aspekte und nicht nur einen Teilbereich in die Betrachtung ein, so ergibt sich in diesem Fall überdeutlich, dass der Individualverkehr (aber auch der Gütertransport per Lkw) durch Personen- und Warentransportsysteme ersetzt werden muss, die aufgrund ihrer individuellen Nutzbarkeit, Bequemlichkeit und günstigen Preise so attraktiv sind, dass nur noch Sturköpfe sich in ihre eigene Blechkiste zurücksehnen.

Erst wenn das verlockende Angebot der besseren Alternative nicht ausreicht, die Leute zu vernünftigem Verhalten zu bewegen, sollte zur »Bestrafung« durch Steuern oder Verbote gegriffen werden.

Wir müssen nicht nur – wir können auch!

Wir müssen einsehen, dass es nichts nützt, den Ast stehen zu lassen, auf dem wir sitzen, wenn wir die Wurzeln des Baumes schädigen. Die vorausgegangenen beiden Kapitel mit Beispielen für ökologische Alternativen sollten nicht nur zur Einsicht beitragen, dass etwas getan werden *muss*, sondern gleichzeitig Mut machen, indem sie die Erkenntnis vermitteln, dass auch etwas getan werden *kann*, dass es vielfach Alternativen zu heutigen Verfahren gibt, die nicht »nur« ökologischer, sondern zusätzlich auch ökonomischer, effektiver, weniger schädlich, nachhaltiger, kurz: intelligenter sind und damit des *homo sapiens* würdiger. Wir müssen ja niemandem verraten, dass wir erst nach so vielen Fehlern von den Pflanzen gelernt haben.

Literatur

Grothenhermen, Franjo; Karus, Michael; Nova-Institut (Hrsg.): Cannabis als Heilmittel. Verlag Die Werkstatt, Göttingen 1998

Herer, Jack; Bröckers, Mathias; Nova-Institut: Die Wiederentdeckung der Nutzpflanze Hanf. Heyne Verlag, München 1996

Sagunski, Horst; Lichtner, Eva-Susanne; Hembd, Corinna: Hanf – Das Praxisbuch. W. Ludwig Verlag, München 1996

Waskow, Franz (Text), Katalyse-Institut (Hrsg.): Hanf & Co. Die Renaissance der heimischen Faserpflanzen. Verlag Die Werkstatt, Göttingen 1995

Internet

www.berndsenf.de
www.berndsenf.de/RobertoMaglione.htm
www.biomasse-info.net
www.biorohstoff.de
www.carmen-ev.de

www.cmcr.ucsd.edu
www.dlr.de/system
www.fnr.de
www.inaro.de
www.intersolar.de
www.iwr.de
www.lignotech.com
www.miscanthus.de
www.naturfaserverband.de
www.orgonelab.org/Israel1991.htm
www.pro-kryo-recycling.de
www.riko.net
www.waterhyacinth.de

III.

ALTERNATIVEN:

3. Natürliche Kreisläufe

Die erste Vorbedingung für die Unsterblichkeit
ist das Sterben.
Stanislaw Jerzy Lec

Der Mensch hat das Netz des Lebens nicht gewebt,
er ist nur ein Strang dieses Netzes.
Was immer er dem Netz antut,
tut er sich selbst an.
Rede des Häuptlings Seattle

Wir wissen nun, welche intelligenten und zukunftsfähigen Alternativen wir heute schon in den Bereichen Energie und Rohstoffe zur Verfügung haben, die nicht gegen die Gesetze der Natur verstoßen. Darüber hinaus kann nicht nur ein schädliches und zerstörerisches Eingreifen in die Natur vermieden werden, sondern der Mensch ist in der Lage, direkt von ihr zu lernen, von ihrem reichen und erprobten Erfahrungsschatz zu profitieren – und das ist, wenn man langfristig denkt, durchaus auch im ökonomischen Sinne gemeint!

In einem ersten Schritt geht es um die Erfassung der Grundbedürfnisse, woraus sich die Hauptaufgaben für die Zukunftssicherung des Lebens auf unserer Erde ergeben. Folgende Bereiche lassen sich hier untergliedern: Sicherung der Wasser-, Nahrungsmittel-, Energieversorgung, der sonstigen Grundbedürfnisse wie Kleidung und Wohnen, Sicherung des friedlichen Miteinanders der Individuen und Gruppen und Befriedigung der sozialen wie kulturellen Bedürfnisse der Menschen. Und das alles sollte nachhaltig erfolgen, also ohne Beeinträchtigung der Lebenschancen anderer Wesen, heute und künftig.

Wie können diese Aufgaben, denen wir bisher hilflos gegenüberstehen, gelöst werden, ohne dass die eine zulasten der anderen geht? Welche Gesetzmäßigkeiten müssen erfüllt sein, damit ein ausgeglichenes Verhältnis zwischen den einzelnen Ansprüchen besteht, wir zu einem natürlichen Gleichgewicht finden?

Fließendes Gleichgewicht

»Eine Verkennung der Wirklichkeit ist die ... Vorstellung, in natürlichen Systemen herrsche ein stetes Gleichgewicht«, bemerkte vor einigen Jahren der Wissenschaftsjournalist Wolfgang Roth in einem Kommentar zur Umweltpolitik.[1] Sehe ich dabei das Bild einer Waage, die dann in einer stabilen Balance ist, wenn auf beiden Seiten gleiche Gewichte liegen, so stimmt diese Aussage. Jeder Seiltänzer, jeder Jongleur aber wird etwas anderes erlebt haben: Da sich bei einer »lebenden Waage« die Bedingungen ständig verändern, sich zum Beispiel die »Waage« selbst unregelmäßig bewegt, die Längen der Ausleger (Arme) ständig variieren, Fliehkräfte entstehen usw., muss jede Veränderung einer Stelle an einer anderen kompensiert werden. Das Gleichgewicht ist nie ein Status quo, sondern immer ein Prozess – es muss laufend neu hergestellt werden. Im belebten Bereich gibt es deshalb nur Fließgleichgewichte. Wolfgang Roth nennt dies »dynamische Zirkel«, die »ständigem Wandel unterworfen« sind.

Damit das Fließen nicht zu einem Zer- und Verfließen wird, was irgendwann zu einem Auslaufen und damit zum Ende führen würde, ist die Natur nach dem Prinzip des Kreislaufs organisiert. Atmosphäre, Hydrosphäre, Lithosphäre und Biosphäre[2] – in allen Grundlagenbereichen des Lebens ist der Kreislauf die bestimmende Gesetzmäßigkeit. Und wer unser Sonnensystem darstellen möchte, merkt schnell: Er kommt ohne Kreise beziehungsweise Ellipsen nicht aus.

---

[1] »SZ« vom 29. April 2000.
[2] Erklärung der Begriffe am Ende dieses Kapitels.

Die Bedingungen des Erdenlebens

Würde die Erde sich nicht drehen, gäbe es kein Leben: Eine Seite wäre durch die Sonne überhitzt, die andere zu kalt und zu dunkel. Aber auch die Erdrotation würde nicht reichen, den Bereich der Temperaturschwankungen in einem erträglichen Rahmen zu halten. Dazu ist die Atmosphäre nötig, die durch den Treibhauseffekt die aufgefangene Wärme zurückhält und die Durchschnittstemperatur auf der Erde bei etwa 15 Grad Celsius hält – sonst läge sie deutlich im Minusbereich (zirka minus 18 Grad Celsius). Gleichzeitig filtert die Atmosphäre auch schädliche, aus dem Kosmos auf die Erde einwirkende Strahlung. Die Rotation andererseits sorgt für den Luftkreislauf, der wiederum die Voraussetzung für den Wasserkreislauf ist, auch wenn jährlich nur etwa ein Promille der gesamten Wassermenge in der *Atmosphäre* »unterwegs« ist. Thermische Aufheizung und Schwerkraft erzeugen die nötige Energie für das Auf und Ab des Wassers.

Weniger bewusst ist uns der Gesteinskreislauf der *Lithosphäre*, weil er meist relativ langsam abläuft. Die Luft besorgt die Zersetzung, das Wasser (eingeschränkt auch der Wind) den Transport des Gesteins. Dieser Transport, in den mehr als 3000 verschiedene Minerale einbezogen sind, die sich aus den 92 Elementen zusammensetzen, kann positive Folgen haben, weil der im Kontakt mit der Atmosphäre einsetzende Verwitterungsprozess Ionen freisetzt, die den Salzgehalt im Meer ausmachen. Ebenso bilden sich dabei neue Minerale, die im Boden wichtige Nährstofffunktionen haben.

Teilweise dramatische Folgen hat der Abtransport, wenn es sich um fruchtbaren Boden handelt. Meist liegt der Erosion ein menschlicher Eingriff, zum Beispiel durch Waldrodung, Überweidung, Düngermangel, Fehler bei der Bewässerung oder Anlegen von großflächigen Monokulturen, zugrunde. So verweht der Wind in Chinas Norden jährlich über anderthalb Milliarden Tonnen fruchtbaren Boden, entstehen durch Erosion allein in den USA Schäden in Höhe von über 40 Milliarden Dollar jährlich. Und trotz immer noch wachsender Weltbevölkerung sind mittlerweile 17 Prozent der bewachsenen Landfläche unserer Erde nahezu unbrauchbar geworden.

Gut, wenn der Wurm drin ist

Dabei ist der Boden – so lebenswichtig er für uns ist – beinahe noch völlige *terra incognita* für die Wissenschaft. Wir wissen mehr über Mond und Mars als über den Boden, den wir uns selbst langsam unter den Füßen wegziehen. Was der Japaner Masanobu Fukuoka in den Achtzigern durch praktische Erfahrungen beim Pflanzenanbau nach und nach lernte, entdecken jetzt Bodenökologen langsam bei ihren Laboruntersuchungen: In der *Rhizosphäre*, der Wurzelwelt des Bodens, tobt das Leben! In einer Hand voll Mutterboden findet man mehr Lebewesen, als jemals Menschen die Erde bevölkert haben: bis zu einer Billion Bakterien, 10 000 Fadenwürmer, 25 Kilometer Pilzgeflecht.

Öko-Landwirte wie der Freisinger Josef Braun haben die Erkenntnisse Fukuokas (und die früherer Generationen) in der Praxis bestätigt gefunden. Er erkennt die Güte seines Bodens zunächst anhand der Population der Regenwürmer: je mehr, desto besser. In einem natürlich fruchtbaren Boden finden sich in einem Quadratmeter bis zu 600 prächtige Regenwürmer mit einer Masse von zirka 600 Gramm. Diese 600 Regenwürmer bauen pro Quadratmeter 440 Meter Röhren mit einem Volumen von 13 000 Kubikzentimetern – so ist der Boden in der Lage, bis zu 150 Liter Niederschlag pro Quadratmeter aufzunehmen. Wird Ackerboden schonend behandelt, also auf das Umpflügen verzichtet und durch Anbau von Mischkulturen eine nahezu hundertprozentige Durchwurzelung erreicht, so kann der Regenwurmbesatz auf über 200 Regenwürmer pro Quadratmeter steigen, während in konventionell bebautem Ackerboden oft gerade noch 20 mickrige Würmer zu finden sind. Regenwürmer sind die besten Mitarbeiter von Bauer Braun, denn sie sind für die oberste Bodenschicht zuständig, die sie lockern und mit ihrem Kot düngen.

Dazu muss man ihnen aber auch genügend Reste (zum Beispiel Stroh) auf dem Acker liegen lassen. Geht's den Regenwürmern gut, so geht's den anderen Erdbewohnern wie Insekten und Spinnen oder Bakterien und Pilzen auch gut – die ganze Untergrund-Lebensgemeinschaft profitiert. Und stimmt es unter der Erde, klappt es auch darüber: Die Pflanzen gedeihen nicht nur besser, es herrscht auch eine größere Artenvielfalt.

Natürlich gibt es auch seltene Fälle, wo das Zusammenleben zwischen Ober- und Unterirdischen nicht zu beiderseitigem Vorteil gerät: wenn Insekten, Bakterien oder Pilze die Wurzeln der Pflanzen zerstören. Doch meistens findet ein reziproker Austausch statt, der allen Beteiligten nützt. Der Klee zum Beispiel, den Öko-Landwirt Braun wegen seiner Fähigkeit, Stickstoff zu bilden, als Mischfrucht zu Hafer oder Winterweizen schätzt, »schnorrt« diesen bei den Knöllchenbakterien an seinen Wurzeln, die er dafür wiederum mit süßem Saft belohnt.

Und wie man inzwischen weiß, gibt es noch weit komplexere Netzwerke, in denen manche Pflanzen mit mehreren Pilzen und so letztlich mit Hunderten von »Netzwerkern« verbunden sind.

Gesundung der Böden

Wenn wir der globalen Bodenkrise und damit einer der Hauptursachen des Hungers begegnen wollen, dann wird das nur durch energische Schritte zur Bodengesundung geschehen können. Den Irrglauben, wir könnten je nach dem Bedarf der Ackerfrucht, die wir gerade anbauen möchten, den Boden mit den benötigten Stoffen »zwangsernähren« (Josef Braun), sollten wir schnell ablegen. Zum Leben gehört mehr als das, was wir bereits im Labor entdeckt haben. Außerdem gehen manche abbaubare Ressourcen wie das Phosphat langsam ihrem Ende entgegen.

Ebenfalls gravierend sind die Folgen solcher Eingriffe, die entweder im Abbau einer beschränkt zur Verfügung stehenden Menge mineralischer Rohstoffe bestehen (vor allem der fossilen Brennstoffe) oder im Freisetzen beziehungsweise Erzeugen von Leben zerstörenden Elementen (zum Beispiel den Radionukliden, das heißt Urane, Transurane und Spaltprodukte). Letztere kommen in der Natur nicht vor. Sie strahlen über eine unvorstellbar lange Zeit (Plutonium-237 beispielsweise 240 000 Jahre) und müssten so lange wegen ihrer schädlichen Strahlung aus den natürlichen Kreisläufen herausgehalten werden.

Das Meer als Lebensraum

Alle genannten Kreisläufe setzen sich aus Teilkreisläufen zusammen und sind untereinander verzahnt – ein unglaublich komplexes Gefüge, das auf Eingriffe an einer Stelle immer an anderen Stellen reagieren muss, wenn auch oft mit einem Verzögerungseffekt.

Wenn also durch menschliches Wirtschaften vermehrt Stoffe entstehen, die es vorher nicht oder nicht in dieser Menge gab, so hat das nicht nur Auswirkungen in dem Bereich, in den diese Stoffe entlassen werden. Biozide, die etwa gegen Pilze oder Insekten versprüht werden, geraten über die Pflanzen, aber auch über das Grundwasser in die Nahrungsketten. Medizin-Inhaltsstoffe aus Salben, Hustenmitteln und der »Pille« gelangen über Duschwasser und Toilettenspülung bis ins Trinkwasser. Die vielgestaltigen Beeinträchtigungen zum Beispiel durch Einträge von CO_2 in die Luft oder von Schwefeldioxid in Wasser sind bekannt (wenn auch teilweise umstritten): Klimakatastrophe durch Erderwärmung und Verschiebung der Klimazonen; Umkippen der Gewässer, auch der großen Meere, was besonders tragisch ist, weil das Meer alle 92 Elemente enthält und damit der optimale Lebensraum ist (in dem auch das Leben an Land seinen Ursprung hat). Es dürfte zumindest klar sein, dass schon allein die Vielzahl von Eingriffen in die natürlichen Kreisläufe und die Geschwindigkeit, mit der sie erfolgen, das Ausbalancierungsvermögen der Natur überfordert. Wie oft erfährt die Mehrheit der Menschheit erst dann von der Verwendung schädlicher Substanzen bei der Herstellung von alltäglichen Produkten wie Bekleidung und Nahrung, wenn deren Verwendung verboten wird? Solange keine Schädigungen nachgewiesen werden, sehen die Produzenten immer nur die Vorteile beim Einsatz dieser Stoffe. Vertreter der Industrieinteressen wie Hans-Olaf Henkel halten die Forderungen von Umweltverbänden nach Verbraucheraufklärung im Zuge von Gentechnik sogar für absolut überzogen und sehen darin eine Überforderung der Konsumenten. Henkel meinte einmal zynisch: »Wenn der Verbraucher alles das wirklich wissen will, dann lassen wir doch den Markt über die Länge der beigefügten Produktentstehungsgeschichten entscheiden. Für diejenigen, die mit dem Karton Eier gerne ihre Bettlektüre einkaufen und bezahlen, wird sich bestimmt ein Anbieter finden.«

Daraus sollten wir lernen, dass Arbeitsteilung nur funktioniert, solange keine Täuschung betrieben wird, solange man einander vertrauen kann. Denn was habe ich für einen Vorteil, wenn ein »Experte« mir eine Tätigkeit abnimmt, von der ich eigentlich nichts verstehe, ich ihn aber dann doch kontrollieren muss, weil damit zu rechnen ist, dass er mich betrügen und ausnutzen will? Und damit ist zu rechnen, solange der primäre Zweck der Wirtschaft der Profit ist.

Überall geht's rund

Eine ganz andere Unterteilung in Konsumenten und Produzenten findet sich in der *Biosphäre*. Tiere (»Konsumenten«) sind letztlich auf Pflanzen (»Produzenten«) angewiesen, auch wenn ihre Nahrung aus anderen Tieren besteht. Aber die Pflanzen sind nicht nur »Opfer« der Tiere, sondern auch auf diese angewiesen, da sie deren CO_2 für die Photosynthese benötigen. Zusammen mit den »Reduzenten« (Abfall-, Leichen- und Kotfressern) bilden Pflanzen und Tiere den Kreislauf des Lebens (Biozyklus), »das solar angetriebene ›Schwungrad‹ der Evolution, in dem aus anorganischen und organischen Bauteilen immer mehr neue Arten von Lebewesen zusammengesetzt werden« (E. Grimmel).[3]

In diesem Biozyklus gibt es kaum Abfall im Sinne unseres »Restmülls«, denn fast alles findet seine Abnehmer und wird letztlich in Rohstoffe zurückverwandelt.

---

[3] Siehe Literaturverzeichnis am Ende dieses Kapitels.

Die scheinbare Hierarchie des Fressens und Gefressenwerdens ist in Wirklichkeit ein Kreislauf, weil auch die größten Lebewesen den kleinsten (Bakterien, Viren, Pilze usw.) zum »Opfer« fallen.

Zu den ans Wunderbare grenzenden Abläufen im organischen Bereich gehören neben der Photosynthese auch die Eiweißsynthese, des Weiteren der Stoffwechsel, der einen einmal aufgebauten Organismus immer wieder erneuert (unser Körper ersetzt täglich 300 bis 800 Milliarden alter Zellen durch neue).

Und immer wieder treffen wir auf Symbiosen – das ist die Kooperation unterschiedlicher Organismen zum gegenseitigen Vorteil. Ohne unsere Darmflora etwa, die aus mehreren tausend Typen von Bakterien gebildet wird, könnten wir mit unserer Nahrung wenig anfangen.

Man hat ausgerechnet, dass der auf der Erde vorhandene Kohlenstoff schon 600-mal Biomasse war; dass der Stickstoff bereits 800-mal und Phosphor sogar 8 000-mal in lebende Körper eingebaut war, und dass der Sauerstoff schon zigtausendfach von Pflanzen, Tieren und Menschen geatmet wurde.

Regelkreise

Diese Beispiele für das Ineinandergreifen von Kreislaufsystemen könnten noch lange fortgeführt werden. Gemeinsam ist ihnen, dass es sich um so genannte »negativ rückgekoppelte Regelkreise« handelt, wo Schwankungen in einem Bereich im nächsten nicht verstärkt, sondern ausgeglichen werden (vermehrt sich zum Beispiel eine Tierart übermäßig, weil ihre natürlichen Feinde abnehmen, so findet sie bald nicht mehr genügend Nahrung, was die Zunahme wieder begrenzt).

Der Mensch, der eigentlich selbst in viele Kreisläufe einbezogen ist, hat dies in zunehmendem Maße ignoriert, und er hat mit der Zeit immer stärker störend in die natürlichen Kreisläufe eingegriffen. Solange die Zahl der Menschen so gering war, dass immer neue Lebensräume erobert werden konnten, mag das noch funktioniert haben. Naturvölker, die auf ein begrenztes Territorium beschränkt waren, hatten hingegen ein sehr stark ausgeprägtes Gefühl für die einzuhaltenden Regeln, allen voran die, dass ein beschränkter Raum kein expansives Wirtschaften zulässt. Das beginnt mit der Anzahl der Menschen, von der wiederum der Bedarf an Nahrung, Kleidung, Wohn- und Wirtschaftsraum abhängt. Familienplanung (maximal drei Kinder) war selbstverständlich.

Überhaupt sollte jedes Übermaß vermieden werden: Lebt ein Stamm von Fischfang, so macht es wenig Sinn, heute zu viel zu fischen, weil die Aufbewahrung der Überschüsse aufwändig ist und es in Zukunft schwieriger werden wird, genügend Fische zu fangen. Wurde ein großes Tier erlegt, war Erfindergeist gefragt, um möglichst alle Bestandteile in irgendeiner Weise nutzbar zu machen (nach dem ökonomischen Grundsatz, aus einer gegebenen Ressource das maximale Ergebnis herauszuholen).

Leben auf Kosten anderer – und zum eigenen Schaden

Bei der Ausbreitung der Menschen blieben viele Tierarten auf der Strecke, in erster Linie die natürlichen Feinde. Dafür wurden die so genannten Nutztiere teilweise im Übermaß gehalten und überzüchtet. Bei den Pflanzen wurde unterschieden nach Unkraut und Nutzpflanzen und die Letzteren mit Giften vor den unerwünschten Konkurrenten geschützt. Die Landwirtschaft beseitigte natürliche Kreisläufe und versuchte sie durch sekundäre Kreisläufe zu ersetzen, wobei durch den Zwang zur Rentabilität das eigentliche Ziel aus den Augen verloren und zunehmender Schaden angerichtet wurde.

Dieser Schaden besteht einerseits in der Verbreitung chemischer Stoffe, andererseits in einer Reduzierung der Artenvielfalt, sowohl bei Tieren als auch bei Pflanzen, auf wenige vermeintliche Hochleistungsarten.

Damit wird die Grundvoraussetzung der erfolgreichen Evolution zerstört, die gerade in der Vielfalt und der Unterschiedlichkeit besteht. Um eine neue Art entstehen zu lassen, benötigt es neben genügend Zeit für Versuche und Irrungen zunächst einmal einen großen Pool an Möglichkeiten.

So bewirken wir durch den Artenrückgang (von einstmals zir-

162

ka vier Milliarden Arten) zumindest eine Behinderung des Fort-
gangs der Evolution, die ja nie abgeschlossen ist.

Einmalige Gelegenheit!

Doch um wirklich eine Ahnung von den Verflechtungen und
Abhängigkeiten zu bekommen, in denen wir leben, muss man
sich auch die Gesetzmäßigkeiten vor Augen führen, denen unsere Erde in unserem Sonnensystem unterworfen ist und die
letztlich zu genau den Bedingungen führen, unter denen Leben
für uns möglich ist. Deshalb seien einige davon hier genannt:
Die Erde dreht sich auf unserem Breitengrad mit einer Geschwindigkeit von fast 1000 Stundenkilometern. Ihre Orbital-
geschwindigkeit beträgt dabei durchschnittlich 30 Kilometer
pro Sekunde, während unser Sonnensystem sich gleichzeitig
um 25 Kilometer in der Galaxie fortbewegt, die im gleichen
Zeitraum fast 100 Kilometer im Universum zurücklegt.

Sollte man sich da nicht wundern, dass es ausgerechnet auf diesem Stecknadelkopf, den wir Erde nennen, möglich ist, dass
einige Milliarden Exemplare unserer Spezies bis zu 100 Jahre
alt werden können? Zu den dafür nötigen, wahrscheinlich ein-
maligen Voraussetzungen gehören die halbwegs stabile Um-
laufbahn um die Sonne und ihre Entfernung von der Sonne, was
wiederum die Temperaturen garantiert, die Wasser in meist flüssigem Zustand halten. Dazu kommt noch eine Gashülle, die
eine ungeheuer schwierige Balance zwischen Einstrahlung und
Reflexion herstellt. Dann eine ganz bestimmte Menge Kohlenstoff, ohne die sich keine höheren Organismen entwickeln
könnten, deren Zuviel aber den Treibhauseffekt erzeugt. Die
Massen von Sonne und Mond sowie deren Entfernung sind
auch nicht beliebig: Der Mond stabilisiert die Erdachse, die
Sonne schickt uns ihre Energie. Zudem sendet die Sonne eine
materielle, »korpuskuläre« Strahlung aus, die aus einer Million
Tonnen Materie, also Atomkernen und Elektronen, besteht und
mit fast tausendfacher Schallgeschwindigkeit an der Erde vor-
beifliegt. Dieser »Sonnenwind«, besser »solares Plasma« ge-

nannt, lenkt die für uns tödliche kosmische Höhenstrahlung ab. Vor der ebenfalls für uns gefährlichen Strahlung des »Sonnenwindes« wiederum schützt uns der Mond, der die Erdrotation minimal, aber kontinuierlich abbremst, was zu einem Dynamoeffekt führt, weil Erdkern und Erdmantel unterschiedlich stark abgebremst werden. Dadurch entsteht das irdische Magnetfeld, die *Magnetosphäre*, der plasmafreie Raum. Dass auch dieser nicht komplikationslos funktioniert und wieder einer Korrektureinrichtung bedarf, um verirrte Strahlenpartikel nicht doch noch in die Erdatmosphäre eindringen zu lassen, sei hier nur angedeutet. So langsam sollte man jedoch zwei Fragen ins Spiel bringen dürfen: Verwundert es da, dass der gesamte Entwicklungsprozess seit der Entstehung des Universums etwa 15 Milliarden Jahre gedauert hat? Und ist es vorstellbar, dass es diese Konstellation im Universum noch einmal gibt?

Gaia – Die Erde lebt

Wenn gelegentlich von der Erde als »Raumschiff« gesprochen wird, so liegt dieser Vergleich etwas daneben. Als Raumschiff wäre besser das gesamte Planetensystem zu bezeichnen, und die Erde wäre vielleicht die Passagierkabine.

Als die ersten Satelliten die Erde aus der Distanz betrachten halfen, stellte sich bei etlichen Menschen das Gefühl ein, hier nicht nur einen belebten Ort vor sich zu haben, sondern einen lebenden Organismus. Als man im Weltraum nach Leben suchen wollte und sich um eine Definition dessen bemühte, was »Leben« überhaupt ausmacht, war das Ergebnis: Jede Lebensform nimmt Materie und Energie auf, setzt sie in einem Stoffwechselvorgang um und gibt sie in veränderter Form wieder ab. Der Biologe James Lovelock fand heraus, dass unsere Atmosphäre tagtäglich durch die unzähligen Lebensprozesse, an denen die gesamte lebende Materie beteiligt ist – von Viren bis zu Walen, von Pilzen bis zu Bäumen, zusammen mit dem Wasser, der Luft und dem Land –, aufs Neue hergestellt wird. Er erkannte die Biosphäre als ein sich selbst regelndes System und stellte die Gaia-Theorie auf. Die Erde also als Erdmutter (wenn auch nicht im esoterischen Sinne), die ihre chemischen, physikalischen und biologischen Prozesse nach dem Prinzip der Homöostasie selbst justiert. So wie im menschlichen Körper homöostatische Prozesse für eine Temperatur von 37 Grad Celsius und die richtige Menge an weißen Blutkörperchen sorgen, wird zum Beispiel auch in der Atmosphäre dafür gesorgt, dass der Sauerstoffanteil 21 Prozent beträgt. Nur dieser Wert ermöglicht die Oxidation organischer Stoffe in dem Maße, das für die Gewinnung chemischer Energie der Lebewesen optimal ist. Läge der Sauerstoffanteil höher, so wären Brände kaum zu stoppen.

Wie stark ein regulierendes Eingreifen vorliegen muss und auch nötig ist, unterstreicht die Tatsache, dass das Erdklima während dreieinhalb Milliarden Jahren im lebensfreundlichen Rahmen pendelte, obwohl die Sonnenstrahlung in diesem Zeitraum um 30 Prozent zunahm! Zu den weiteren Indizien der Tätigkeit von Gaia gehört die Erhaltung des Niveaus des Salzgehalts in den Meeren trotz ständigen Zuflusses von Flusswasser, das zusätzliches Salz in die Meere spült.

Das Gesamtsystem wandelt sich ständig, und es wird auch mit unseren Eingriffen zu einem neuen Gleichgewicht finden (ob dieses dann noch die für uns nötigen Voraussetzungen bereithält, ist allerdings anzuzweifeln). Deshalb sollten wir, sosehr es an unserer Selbsteinschätzung nagen mag, das anthropozentrische Weltbild so schnell wie möglich auf den Speicher der Geschichte verbannen und zu einer holistischen Weltsicht finden! Wir sind nicht die wichtigste Art, die diesen Planeten bevölkert. Viel bedeutender für das Leben auf der Erde ist zum Beispiel die Blaualge.

Ökologie als Augenwischerei?

An dieser Stelle könnte man den ironischen Einwurf machen: Macht Engagement für eine Richtungsänderung denn überhaupt noch Sinn? Besteht noch Hoffnung, die immer linearer und eindimensionaler werdende Entwicklung zu einer Kreislaufbahn umbiegen zu können, bevor wir den *Point of no return* erreichen?

Das Magazin »Newsweek« stellte dazu einmal treffend fest, dass gut gemeinte Eigeninitiativen – zum Briefkasten zu joggen oder zur Arbeit zu radeln, statt das Auto zu benutzen, Müll zu trennen, keine Möbel aus Regenwaldholz zu kaufen usw. – recht wenig bewirken, selbst wenn Millionen »Normalbürger« sich daran beteiligen. Eine einzige Entscheidung am Vorstandstisch von Shell, Du Pont oder VW hingegen hat weitreichende Folgen, weshalb es wiederum doch Sinn macht, dass sich Millionen »Normalbürger« »korrekt« verhalten, wenn sie sich darüber hinaus zu Organisationen zusammenschließen und Druck auf die Konzernvorstände machen. Die Organisation *Environmental Defence* hat über den Protest hinaus den Weg der direkten Kooperation eingeschlagen und beispielsweise mit McDonald's eine Alternative für die Styrofoambox entwickelt.

Bei vielen Entscheidungen zugunsten ökologischer Lösungen spielt allerdings weniger die Einsicht eine Rolle als die Erkenntnis, dass ein grünes Image schwarze Bilanzzahlen bedeutet. Zum einen wegen der direkten Kostenvorteile durch Energieeinsparung, zum anderen durch das bessere Bild in den Augen der Konsumenten. »Greenwashing« ist der schöne amerikanische Begriff für die hier betriebene Augenwischerei.

Neue Denkweise

Natürlich ist es der Natur egal, aus welchen Motiven heraus man ihr weniger auf die Füße tritt. Nur dürfte eines klar sein: Wenn die Einsicht in die Zusammenhänge der natürlichen Kreisläufe fehlt, bleiben alle so genannten ökologischen Verbesserungen, die ja letztlich nichts anderes sind als Rücknahmen von zugefügten Schädigungen, reines Flickwerk, das keine ausreichende Wirkung haben kann.

Der Druck, der auf die Verantwortlichen in Industrie und Politik ausgeübt werden muss, setzt voraus, dass wir selbst das nötige Wissen um die natürlichen Zusammenhänge besitzen, um Einzelforderungen und -entscheidungen in einen Gesamtrahmen einordnen zu können.

Solange wir nur punktuell Schäden verhindern oder wieder

166

gutmachen, ohne zu einer neuen Denkweise zu finden, die uns erst gar nicht zu Schädlingen am Lebensraum Erde werden lässt, bleiben wir die größte Bedrohung für andere Lebewesen und für uns selbst.

Egal, wer oder was Schöpfer oder Verursacher der Erde, unseres Sonnensystems und des Universums ist, alle diese großen Gebilde, aber auch jede Pflanze, jedes Tier und jeder Mensch, zeigen mit ihrer Komplexität und ihrem Eingebundensein in größere Zusammenhänge überdeutlich, dass hier nicht Zufall und Beliebigkeit am Werk sind. Sollte nicht die komplexeste Spezies auf diesem Planeten sich die Einsicht in diese großen Gesetzmäßigkeiten und ihre Einhaltung zur vordringlichsten Aufgabe machen?

Fachausdrücke

Atmosphäre (griech.): Die Lufthülle der Erde.
Biosphäre (griech.): Der von Lebewesen bevölkerte, vom Boden der Tiefsee bis in die Atmosphäre reichende Raum der Erde.
Homöostasie (griech.): Fähigkeit von Organismen, einen inneren Gleichgewichtszustand aufrechtzuerhalten.
Hydrosphäre (griech.): Wasserhülle der Erde; sie umfasst die Ozeane mit Nebenmeeren, die Binnengewässer, das Grundwasser, Schneemassen und Gletschereis.
Lithosphäre (griech.): Die äußere Schale der Erde; sie umfasst die Erdkruste und den oberen Teil des Erdmantels.
Rhizosphäre (griech.): Die Wurzelwelt des Bodens.

Literatur

Chargaff, Erwin: Unbegreifliches Geheimnis: Wissenschaft als Kampf für und gegen die Natur. Luchterhand Verlag, Frankfurt/M. 1989
Drewermann, Eugen: Der tödliche Fortschritt. Von der Zer-

167

störung der Erde und des Menschen im Erbe des Christentums. Herder Verlag, Freiburg 1991

Fukuoka, Masanobu: Rückkehr zur Natur – die Philosophie des natürlichen Anbaus. Pala-Verlag 1998

Fukuoka, Masanobu: In Harmonie mit der Natur – die Praxis des natürlichen Anbaus. Pala-Verlag 1998

Gore, Al: Wege zum Gleichgewicht. S. Fischer, Frankfurt 1992

Grimmel, Eckhard: Kreisläufe der Erde. Eine Einführung in die Geographie. LIT Verlag, Münster 2004

Hawken, Paul: Kollaps oder Kreislaufwirtschaft. Siedler, Berlin 1996

Isenmann, Ralf: Natur als Vorbild. Plädoyer für ein differenziertes und erweitertes Verständnis der Natur in der Ökonomie. Metropolis Verlag, Marburg 2003

Kafka, Peter: Das Grundgesetz vom Aufstieg. Carl Hanser Verlag 1989

Lüpke, Geseko von: Politik des Herzens. Nachhaltige Konzepte für das 21. Jahrhundert. Gespräche mit den Weisen unserer Zeit. Arun-Verlag, Engerda 2003

Mynarek, Hubertus: Ökologische Religion. Ein neues Verständnis der Natur. Goldmann, München 1986

Pauli, Gunter: Upcycling. Wirtschaften nach dem Vorbild der Natur für mehr Arbeitsplätze und eine saubere Umwelt. Riemann Verlag, München 1999

Reheis, Fritz: Die Kreativität der Langsamkeit. Neuer Wohlstand durch Entschleunigung. Primus-Verlag 1998

Weber, Jörg: Die Erde ist nicht Untertan. Grundrechte der Natur. Eichborn-Verlag, Frankfurt/M. 1993

III.

ALTERNATIVEN:

4. Nachhaltige Wirtschaftsordnung

A. Reform der Geldordnung

B. Modell für ein zukunftsfähiges Steuersystem

C. Modell für ein zukunftsfähiges Krankenversicherungssystem

D. Modell für ein zukunftsfähiges Rentensystem

E. Reform der Bodenordnung

Erich Kästner, 1930

Ansprache an Millionäre

Warum wollt ihr so lange warten,
bis sie euren geschminkten Frauen
und euch und den Marmorpuppen im Garten
eins über den Schädel hauen?

Warum wollt ihr euch denn nicht bessern?
Bald werden sie über die Freitreppen drängen
und euch erstechen mit Küchenmessern
und an die Fenster hängen.

Sie werden euch in die Flüsse jagen.
Sinnlos werden dann Geschrei und Gebet sein.
Sie werden euch die Köpfe abschlagen.
Dann wird es zu spät sein.

Dann wird sich der Strahl der Springbrunnen röten.
Dann stellen sie euch an die Gartenmauern.
Sie werden kommen und schweigen und töten.
Niemand wird über euch trauern.

Wie lange wollt ihr euch weiter bereichern?
Wie lange wollt ihr aus Gold und Papieren
Rollen und Bündel und Barren speichern?
Ihr werdet alles verlieren.

Ihr seid die Herren von Maschinen und Ländern.
Ihr habt das Geld und die Macht genommen.
Warum wollt ihr die Welt nicht ändern,
bevor sie kommen?

Ihr sollt ja nicht aus Güte handeln!
Ihr seid nicht gut. Und auch sie sind's nicht.
Nicht euch, aber die Welt zu verwandeln
ist eure Pflicht!

Der Mensch ist schlecht. Er bleibt es künftig.
Ihr sollt euch keine Flügel anheften.
Ihr sollt nicht gut sein, sondern vernünftig.
Wir sprechen von Geschäften.

Ihr helft, wenn ihr halft, nicht etwa nur ihnen.
Man kann sich, auch wenn man gibt, beschenken.
Die Welt bessern und daran verdienen –
das lohnt, darüber nachzudenken.

Macht Steppen fruchtbar. Befehlt. Legt Gleise.
Organisiert den Umbau der Welt!
Ach, gäbe es nur ein Dutzend Weise
mit sehr viel Geld …

Ihr seid nicht klug. Ihr wollt noch warten.
Uns tut es Leid. Ihr werdet's bereuen.
Schickt aus dem Himmel ein paar Ansichtskarten!
Es wird uns freuen.

A. Reform der Geldordnung

Immer wieder einmal fällt in den Medien der Satz eines klugen Menschen aus dem Kreis unserer Führungseliten, man müsse jetzt endlich auch »an die Tabus heran«. Das klingt gut, ist aber erfahrungsgemäß schwer, da gerade die großen, »echten« Tabus diejenigen sind, über die man nicht nur nicht spricht, sondern an die man nicht einmal mehr denkt! Für diese geistigen *»no go aereas«* besteht kein Zutrittsverbot. Doch hat man mit solch heftigem Beschuss und Querschlägern zu rechnen, dass nur gelegentlich jemand den Versuch wagt, der dann auch gleich als verrückt abgestempelt wird.

171

Geld – das unbekannte (Un)wesen

Welches sind die letzten wahren Tabus? Zum einen der Tod, an dessen Abschaffung man fleißig arbeitet und den man ansonsten verdrängt. Und zum anderen das Geld. Über das spricht man zwar, aber nur oberflächlich. Bis auf die Ärmsten der Welt haben alle tagtäglich privat und beruflich mit Geld zu tun. Und Selbstverständliches ist nicht der Rede wert. Befasst man sich jedoch näher damit, hört man immer wieder aus Expertenmund: Was Geld wirklich ist, weiß eigentlich niemand. Ein Laie würde darüber verständnislos lächeln und sagen: Natürlich weiß ich, was Geld ist, vor allem aber weiß ich, dass ich nie genug davon habe.

In erster Linie aber tappt man bei den Auswirkungen des Geldes, genauer gesagt: unseres Geld*systems,* im Dunkeln. Je nach Standpunkt wird unser Geldsystem mal als gut und mal als schlecht bewertet, was darauf hindeutet, dass es sich um rein subjektive oder ideologische Einschätzungen handelt. Hingegen findet man kaum jemanden, der unser Geldsystem im Verdacht hat, für die vielfältigen Krisen zumindest mitverantwortlich zu sein. Das gilt nicht nur für die Bildungs-, Sozial- und Umweltkrisen, sondern sogar für die Wirtschaftskrise. Falsche politische Weichenstellungen, zu hohe Abgaben, bürokratische Hürden, vielleicht auch einmal Managementfehler – alles Mögliche kommt als Erklärung in Betracht. Dass aber im Geldsystem ein Krisen verursachender Fehler »eingebaut« sein könnte, ist jedoch gerade für Ökonomen undenkbar.

Reformen brauchen klare Leitbilder

Deshalb wird nie das Geldsystem infrage gestellt. Dementsprechend findet man, wenn man Lösungsvorschläge für die drängendsten Probleme sucht, die mit Geld unmittelbar zusammenhängen – hohe Verschuldung, Arbeitslosigkeit, zunehmende Armut, Defizite in Renten-, Pflege- und Krankenkassen –, im ökonomischen Mainstream auch nur »Reformvorschläge« nach dem Motto: Wir lassen die Substanz des Hauses unangetastet und renovieren ein wenig, vor allem an der Fassade.

Wer jedoch überzeugt ist, dass das gesamte Gebäude baufällig ist und sich eine Renovierung weder lohnt noch zu zufrieden stellenden Ergebnissen führen kann, steht vor schwierigen Aufgaben: Es muss ein komplett neues Gebäude entworfen und gleichzeitig ein Plan für den Übergang vom alten zum neuen System entwickelt werden.

Vor diesem Neubau drückte sich bisher jede Regierung, weil keine imstande war, neue Modelle ohne den Ballast tradierter Denkstrukturen zu entwerfen, noch sich zutraute, diese neuen Ideen den Bürgern erklären und ihre Zustimmung zur Umsetzung bekommen zu können. Der Schriftsteller Michael Ende, der sich sehr viel mit unserem zum Wachstum verdammten Geldsystem befasst hatte, sprach gar von einem bewussten, »verzweifelten Sich-blind-Stellen« der Ökonomen und Politiker. »Denn eine Partei, die ernsthaft eine Alternative, das heißt eine nicht kapitalistische Wirtschaftsform auf ihr Programm setzen würde, wäre aus mancherlei Gründen sehr schnell weg vom Fenster. Sie würde wohl nicht einmal Wähler finden. Also werden es, wie ich fürchte, die Ereignisse sein, die uns belehren.«[1] Er scheint Recht zu bekommen.

Dabei würde ein solches Unterfangen, ein anderes Wirtschafts- und Geldsystem einzuführen, vor allem eines voraussetzen: Es braucht klare Ziele. Es müssen klare politische Leitbilder erkennbar sein, die in alle Entscheidungsfelder hineinreichen. Denn die Zustimmung der Bevölkerung kann nur gewonnen werden, wenn sowohl erkennbar ist, wozu eine Veränderung dienen soll, als auch klar ist, wer welchen Beitrag zu leisten hat. Bei unklarer Sachlage tendiert jeder verständlicherweise zur Erhaltung des Status quo. Eine allzu große Risikobereitschaft kann von der breiten Bevölkerung nicht erwartet werden.

---

[1] Michael Ende, 1994.

Was wollen wir wirklich?

Der erste Schritt zur Festlegung einer neuen Zielrichtung ist die Überprüfung der derzeitigen Ziele. Und da sticht eines ganz deutlich hervor, sozusagen als Leitthema: das Wirtschaftswachstum.

Unsere Wirtschaft wird von einem Geldsystem gesteuert, das nur funktioniert, wenn immer mehr produziert und immer mehr konsumiert wird.

Doch ein ungetrübter Blick könnte sofort sehen: Ewige Zuwächse im materiellen Bereich sind überhaupt nicht möglich! Das Wachstum wird nicht erst dann am Ende sein, wenn pro Quadratmeter ein Mensch lebt, der auch noch Auto fahren möchte. Doch unsere Ökonomen sehen nur die Nachfrageseite – mit jeder neuen Technologie ergeben sich neue Märkte und damit neues Wachstum. So gesehen könnte es ewig so weitergehen. Doch was ist mit den Ressourcen, auf die jede Technologie angewiesen ist und die wir bisher fast ausschließlich aus endlichen Quellen beziehen? Es ist eines der Rätsel, warum gerade die ökonomischen Wachstumsprediger nicht am vehementesten darauf drängen, nachwachsende Ressourcen zu entwickeln und damit die Grundvoraussetzungen für weiteres Wirtschaftswachstum überhaupt zu schaffen!

Wo Wachstum nötig und möglich ist

Aber geht es allein ums Machbare? Warum fragen wir schon gar nicht mehr, was wir eigentlich wollen? Warum ergeben Umfragen immer wieder zu unserem Erstaunen, dass Menschen in nach unseren Maßstäben ärmlichen Weltgegenden oftmals zufriedener mit ihrem Leben sind als die in reichen Ländern?

Der Verdacht drängt sich auf, dass wir das, was wir wirklich brauchen, offenbar noch nicht in ausreichendem Maße haben. Was also fehlt uns, wo es dementsprechend tatsächlich noch Wachstum bräuchte?

Wir haben zu wenig *Zeit*, ist eine häufige Klage. Das wirkt sich in vielfacher Hinsicht aus: Wir leiden unter Stress, werden krank, vernachlässigen unsere Beziehungen, vernachlässigen uns selbst, indem wir zu wenig für unsere Entspannung und unsere körperliche Bewegung tun. Gleichzeitig erfolgt aber auch eine institutionelle Vernachlässigung: Kinder bekommen keinen Kindergartenplatz, oder die Gruppen sind zu groß. Die Gruppen, in denen Kinder betreut, erzogen und unterrichtet werden, sind immer zu groß – von der Krabbelgruppe bis zur Universität. Ähnliches gilt für den Erwachsenen, der vorübergehend oder dauerhaft Betreuung oder Pflege benötigt: zu wenig ärztliches und pflegerisches Personal in Kliniken und Heimen, zu wenig Zeit der ambulanten Dienste.

Gewohnter Irrsinn

Doch haben nicht diejenigen Recht, die immer wieder darauf hinweisen, dass es uns doch so schlecht auch wieder nicht geht?

Man muss sich schon anstrengen, um von einer Metaebene den Irrsinn überhaupt noch wahrzunehmen, an den wir inzwischen gewöhnt worden sind. Dank des steten Produktivitätsfortschritts gewinnen wir immer mehr Zeit, die wir für Dinge nutzen könnten, die uns gut tun oder die schlicht der Untätigkeit dienen. Stattdessen packen wir uns mit immer neuen Sachen und Tätigkeiten zu, hetzen uns gegenseitig herum (wenn die Läden später schließen, müssen nicht nur die Angestellten länger arbeiten, sondern auch die Kunden haben weniger kaufoptionsfreie Zeit), und wir kreieren immer neue Wettläufe um immer neue Produkte und Technologien, die man unbedingt auch noch haben muss. Wir haben zwar die freie Konsumwahl (»Freiheit zu ...«), aber keine wirkliche Freiheit (»Freiheit von ...«) mehr. Ohne uns darüber bewusst zu sein, befinden wir uns wie unsere Gerätschaften im Dauerbetrieb. Ein Abschalten gibt es nicht mehr, das Mindeste ist »Standby«. Per Internet und Handy sind wir ständig erreichbar, dank Notebook und Black-Berry können, sollen und wollen wir überall und jederzeit arbeiten. Wenn ich meinen Rasenmäher ausschalte und im Liegestuhl Platz nehme, startet der Nachbar seinen Dampfstrahler.

Schalte ich die Stereoanlage aus, fährt draußen ein Auto mit plärrendem Radio vorbei. Löschen alle im Haus ihre Lichter, gehen die Straßenlaternen an – es gibt keine Freiräume mehr im Sinne von Stille und Dunkelheit.

Und dann die vielen Widersprüche: Wir sollen immer mehr kaufen. Gleichzeitig müssen die Löhne sinken, damit die Gewinne der Kapitalbesitzer steigen, was dazu führt, dass die Kaufkraft sich bei immer weniger Menschen konzentriert. Wir haben eine hohe strukturelle Arbeitslosigkeit, aber die Arbeitszeiten sollen länger werden. Wir bekämpfen mit wachsendem Erfolg seltene Krankheiten und erhöhen mit unserer Lebensweise rasant die Zahl der an Stress und anderen so genannten Zivilisationskrankheiten Leidenden.

Wir forschen und analysieren, verfügen über so viel Wissen darüber, wie die Lebensbedingungen auf der Welt für alle besser werden könnten, und tun dann doch wieder nur das, was den Finanzmärkten kurzfristig nützt.

Entweder – oder

Das bestehende Wirtschaftssystem, das uns mit Ersatzbefriedigungen ewig bedürftig und abhängig hält, stellt uns vor folgende Entscheidung: Entweder wir bringen weiter alle erforderlichen Opfer zum Erhalt dieses Wirtschaftssystems, in dem unsere wichtigste Aufgabe darin besteht, ein möglichst hohes Einkommen anzustreben, um alles das nachfragen zu können, was uns angeboten wird, oder wir fordern ganz egoistisch ein anderes System, dessen oberstes Ziel es ist, uns zu glücklichen Menschen zu machen. Der scharfsichtige Spötter Karl Kraus durchschaute die Gesetzmäßigkeiten im Kapitalismus und stellte fest: »Gott schuf den Konsumenten nicht, damit es ihm gut gehe auf Erden, sondern zu einem Höheren: damit es dem Händler wohl ergehe auf Erden. (…) Zivilisation ist die Unterwerfung des Lebenszwecks unter das Lebensmittel. Diesem Ideal dient der Fortschritt. (…) Die äußerste Bejahung des Fortschritts gebietet nun längst, dass das Bedürfnis sich nach dem Angebot richte, dass wir essen, damit der andere satt werde. (…) Der Fortschritt (…) hat den Lebenszweck den Lebensmitteln subordiniert und uns zu Hilfsschrauben unserer Werkzeuge gemacht.«[2]

Es geht also darum, dass wir von »Hilfsschrauben« zu Treibrädern und Treibriemen, vor allem aber zu den Schaltstellen werden und *unsere* Bedürfnisse das Marktgeschehen bestimmen, nicht umgekehrt. Dass das aber nur in einem anderen Wirtschaftssystem geht, hatte der zuvor bereits zitierte Michael Ende ebenfalls erkannt. In seiner Kurzgeschichte »Kukanias Rebellion«[3] erreicht ein Mann mit seiner Kampagne, dass die Leute nur noch das Notwendigste kaufen. Die Folge sind Millionen Arbeitslose und der Zusammenbruch der Wirtschaft. Der Mann wird umgebracht, um das System zu retten.

Hätte man seine Vorschläge umsetzen wollen, ohne dass die Wirtschaft und in ihrem Gefolge die Gesellschaft zusammenbricht, wäre dies nur mit einer Veränderung der Wirtschaftsform gegangen. Und diese setzt vor allem ein anderes »Geldsystem voraus – eines, das nicht mehr ein ständiges Wachstum erzwingt.

Richtungsfindung

Im Folgenden sollen die wichtigsten Bereiche angesprochen und Alternativvorschläge unterbreitet werden, wo und wie am Bau eines neuen Wirtschaftssystems gearbeitet werden kann. Man halte sich nicht mit einer Kritik an Details auf – es geht um die jeweilige Skizzierung einer neuen Richtung, nicht um fertige Rezepte. Denn wenn Regierungen, die große Expertenstäbe an ihrer Seite haben, ihre Reformen nicht in allen ihren Auswirkungen kalkulieren können, kann man das von Systemkritikern, deren Ressourcen weit beschränkter sind, erst recht nicht erwarten. Aber die Richtung muss stimmen, darauf kommt es an. Und die kann nur abseits von Kapitalismus und Sozialismus

---

[2] Karl Kraus, »In dieser großen Zeit«, Rede 1914.
[3] Michael Endes Zettelkasten, Weitbrecht Verlag 1994.

178

verlaufen. Doch auch da ist viel Raum, wie die bereits vielfältig skizzierten »dritten Wege« zeigen – auch für Verführer, die sich der breiten Kritik anschließen, um Reformwillige dann in braunes Unterholz zu locken. Deshalb ist es wichtig, jeden einmal eingeschlagenen Weg mit vorausgerichtetem Blick zu beschreiten, um das Ziel nicht aus den Augen zu verlieren: eine bessere Welt für alle! Wer seine Nase zu sehr in Details des Weges steckt, wird zu spät erkennen, dass auch dieser nur eine weitere Sackgasse darstellt, und ebenfalls in Gefahr geraten, nur um so energischer voranzuschreiten, um sein Versagen nicht eingestehen zu müssen.

Blaupausen für den Neuanfang

An dieser Stelle sollen neue Ideen vorgestellt werden, die als Marksteine eines neuen Weges dienen können. Vielleicht erinnert man sich nach den zu erwartenden Zusammenbrüchen der bestehenden Systeme daran, dass in einigen Schubladen so einiges liegt, was für einen Neuanfang nützlich sein könnte.

Und noch ein Weiteres wird mit der Verbreitung von alternativen Modellen bezweckt: Es soll den heute Verantwortlichen erschwert werden, sich hinterher hinter einem »damals« vorherrschenden »Klima der allgemeinen Ratlosigkeit« und eines »Mangels an Alternativen« verstecken zu können. In unserer Wissens- und Informationsgesellschaft kann nur der nichts gewusst haben, der nichts wissen wollte.

Bei den vorgestellten Alternativen befassen wir uns mit den Brennpunkten unserer heutigen, die Regierungen am härtesten fordernden ökonomischen Krisen: dem Steuer-, dem Gesundheits-, und dem Rentensystem, vor allem aber auch mit den nicht als Krisenverursachern erkannten Bereichen unserer Geld- und Bodenordnung.

B. Modell für ein zukunftsfähiges Steuersystem

Das deutsche Steuersystem ist das umfangreichste und komplizierteste der Welt. Die Steuergesetze haben einen Anteil von über 60 Prozent an der Steuerweltliteratur! Die Folge: Eigentlich dürfte niemand seine Steuererklärung unterschreiben, weil er sich ziemlich sicher sein kann, dass er sie nicht fehlerfrei ausgefüllt hat.

Eine andere Folge: Nur wer viel verdient, kann sich qualifizierte Steuerberater leisten, die mit Tricks zur Steuervermeidung helfen.

Das bedeutet aber, dass unser derzeitiges Steuersystem ungerecht, unsozial und ineffektiv ist – und dass es zum Missbrauch erzieht (»der Ehrliche ist der Dumme«).

Seit einigen Jahren wird nun über Reformvorschläge gestritten. Einig ist man sich, dass es eine »große Reform« mit starken Vereinfachungen werden soll. Als Ziel wird sogar plakativ die »Steuererklärung auf dem Bierdeckel« oder die »Steuererklärung in zehn Minuten« genannt.

Doch schnell kommt dann immer das Totschlagargument, die vorgeschlagenen Änderungen seien »nicht finanzierbar«.

Offenbar muss man zunächst einmal am Fundament beginnen und sich darüber einigen, welche Aufgaben der Staat in Zukunft bewältigen soll. Denn erst dann weiß man, wie viel Geld man benötigt. Eine Staatsquote (Anteil der Staatstätigkeit innerhalb einer Volkswirtschaft) von 48,4 Prozent (2001) und eine Steuerquote (Gesamtbelastung der Volkswirtschaft mit Steuern) von 21,3 Prozent (2001) deuten darauf hin, dass vielleicht einige Dinge zu viel von »Vater Staat« getan werden.

Dann aber wird es richtig spannend. Denn nach Festlegung der benötigten Einnahmen muss man entscheiden, woher man das Geld holen, sprich: wen oder was man belasten will.

Und es gilt auch den Horizont zu definieren, den man ansteuern will. Denn die Erhebung von Steuern soll ja nicht nur Geld in die Staatskasse bringen, sondern sie soll eine Volkswirtschaft auch wie ein Frachtschiff in die gewünschte Richtung lenken.

Rahmenentwurf und neue Bemessungsgrundlagen

Wünschenswert wäre dabei ein Rahmenentwurf, der folgende Grundsätze festschreibt:

✓ Das neue Steuersystem sollte einfach, transparent und gerecht sein.
✓ Es sollte zur Umwelt-, Lebens- und Zukunftssicherung beitragen.
✓ Es sollte demokratische Strukturen fördern.

Ein wichtiger Schritt beim Umbau wäre die Veränderung der Bemessungsgrundlagen: weg von Umsatz, Verdienst und Gewinn hin zu den Ausgaben, zum Verbrauch.

Ein verbrauchssteuerbezogenes System hätte ganz entscheidende Vorteile:

✓ Der Verbrauch ist leicht zu ermitteln, die Steuern dementsprechend auch leicht und ohne Ausnahme »an der Quelle« einzuziehen, Steuerhinterziehung ist nicht mehr möglich.
✓ Der Verwaltungsaufwand reduziert sich stark.
✓ Die Arbeit wird entlastet (das gilt für Arbeitnehmer, Selbstständige und Unternehmer!), und die Schwarzarbeit verliert ihren Boden.
✓ Der Bürger wird mündig und vom Verbraucher zum Gebraucher, schont also die Ressourcen.

Welche Steuerarten wären denkbar, um die oben genannten Ziele zu erreichen?

Der Wirtschaftsanalytiker Helmut Creutz hat folgende Steuerarten vorgeschlagen (von denen die Umsatzsteuern bereits existieren):

1. Umsatzsteuer
2. Rohstoff- und Energiesteuer
3. Bodennutzungssteuer
4. Wassernutzungs- und Wasserverschmutzungssteuer
5. Luftbelastungssteuer

6. Gesundheitssteuer
7. Verkehrssteuer
8. Geldnutzungssteuer

Welche Wirkungen hätten die neuen Steuerarten?

1. Die Umsatzsteuern

kennen wir bereits. Bei ihnen könnte man sich vielleicht noch eine bessere Staffelung nach Lebensnotwendigem, nicht Notwendigem (Luxus) und Schädlichem vorstellen.

2. Die Rohstoff- und Energiesteuer

hätte eine Reduzierung des Ressourcenverbrauchs durch Steigerung der Effizienz, Wiederverwendung von Stoffen, Reparaturfreundlichkeit und Langlebigkeit der Produkte zum Ziel. Der dazu benötigte höhere Arbeitsanteil würde zur Senkung der Arbeitslosigkeit beitragen, während wegen Wegfalls der Lohnsteuer die Unternehmen nicht unbedingt stärker belastet würden.

3. Die Bodennutzungssteuer

setzt zu ihrer Einführung eine schrittweise Umwandlung der seit dem Mittelalter verbreiteten privaten Boden-Eigentumsrechte in private Nutzungsrechte voraus. Dazu müssten die Gemeinden verpflichtet werden, von ihren Vorkaufsrechten Gebrauch zu machen, statt weitere Grundstücke zu veräußern, wie es unter dem Druck der leeren Kassen heute teilweise der Fall ist. Mit der Bodennutzungssteuer könnten die leistungslosen Einkommen aus Bodenbesitz (Bodenrente) sowie die Wertsteigerungen (denen oft öffentliche Infrastrukturmaßnahmen zugrunde liegen) abgeschöpft werden. Ansätze in dieser Richtung gibt es heute bereits (zum Beispiel in München). Da auch unbebaute Grundstücke besteuert werden müssten, würde dies der Spekulation den Reiz nehmen. Brachliegende bebaubare Grundstücke wären ein sinnloser Luxus.

Flächen, die der Gemeinde gehören, werden zur privaten langfristigen Nutzung per Pacht vergeben. Das Pachtverhältnis ist innerhalb seiner Laufzeit auch vererbbar und darüber hinaus verlängerbar. Die Höhe der Pacht ergibt sich aus dem Angebot und der Nachfrage. Durch den Wegfall des Kaufpreises für das Grundstück lassen sich Bauvorhaben leichter realisieren. Was gebaut werden darf, wird wie bisher durch Raum- und Bebauungsplanungen geregelt.

4. Die Wassernutzungs- und Wasserverschmutzungssteuer
soll, wie bei der Rohstoffsteuer, zu einem sparsamen und sorgsamen Umgang mit diesem wichtigen Lebensmittel beitragen. Sauberes Trinkwasser ist bereits heute für über eine Milliarde Erdbewohner unerreichbar, und für die nahe Zukunft werden Kriege nicht mehr um Erdöl, sondern um Wasser vorausgesagt. So wächst heute auch der Druck auf die Kommunen, die Wasserversorgung zu privatisieren und somit einen neuen Markt für Kapitalanlagen zu schaffen. Wenn aber die Profitmaximierung zum Ziel einer Geschäftstätigkeit wird, dürfte eine Reduzierung des Verbrauchs eher als kontraproduktiv gesehen werden. Der Endabnehmer (Haushalte und Unternehmen) sollte aber durch progressiv gestaffelte Nutzungsgebühren zu sparsamem Verbrauch von Trinkwasser und durch Abwassergebühren zur sorgsamen Verwendung des Brauchwassers erzogen werden. Außer dem Endverbraucher wären auch Hersteller von Produkten zu belasten, deren Anwendung zur Beeinträchtigung der Wasserqualität führt (zum Beispiel durch schädliche Substanzen in Waschmitteln). Das aber geht nur, solange die Versorgungsunternehmen in kommunaler Trägerschaft sind.

5. Die Luftbelastungssteuer
wäre bei Unternehmen zu erheben, die entweder durch ihre Produktionsverfahren die Luft belasten oder Produkte herstellen, die bei ihrem Gebrauch zu einer Belastung beitragen, ferner bei allen umweltbelastenden Methoden der Energieerzeugung. Dadurch würden sowohl regenerative Energien als auch schadstofffreie Produkte am Markt verstärkt zum Zuge kommen.

6. Die Gesundheitssteuer
könnte analog bei Unternehmen erhoben werden, die gesundheitsschädigende Produktionsmethoden anwenden oder Pro-

dukte herstellen, die bei ihrem Ge- oder Verbrauch Gesund-
heitsbelastungen verursachen. Beispiele dafür sind bestimmte
Nahrungs- und Genussmittel, Lärm erzeugende Produkte, Chemikalien enthaltende Erzeugnisse, unfallträchtige Sportgeräte
und Ähnliches. Der gerne geforderten »Eigenverantwortung«
könnte gerade in diesem Bereich dadurch Genüge getan werden, dass zwar jeder frei entscheiden kann, ob er sich Gesundheitsschäden zum Beispiel durch Rauchen zufügt, durch ausreichend hohe Steuern auf Tabak aber dafür gesorgt ist, dass
Nichtraucher nicht dafür aufkommen müssen.

7. Die Verkehrssteuer
sollte ebenfalls alle im Zusammenhang mit der motorisierten
Mobilität entstehenden Kosten abdecken; dazu zählen nicht
nur der Verkehrswegeunterhalt, sondern auch Flächenver-
brauch durch fließenden und ruhenden Verkehr, Umwelt-,
Lärmschäden, Polizeikontrollen und Unfallfolgen. Diese Ausgaben könnten über die Treibstoffpreise eingezogen werden,
wobei derjenige am stärksten belastet würde, der zur Entstehung der genannten Schäden und Kosten am meisten beiträgt:
Vielfahrer und Vielflieger sowie Fahrer großvolumiger Autos.
Selbstverständlich müsste auch Kerosin entsprechend besteuert
werden.

Zusätzlich sollten die Preise für Parkraum in den Städten ebenfalls kostendeckend kalkuliert werden, das heißt entsprechend
der örtlichen Quadratmeterpreise (dann würde der Drang, mit
dem Auto in die Innenstädte zu fahren, rapide nachlassen).

Solche Steuern, die durchaus auch eine abschreckende Wirkung haben sollen, setzen allerdings voraus, dass den Bürgern
ein attraktives Gegenangebot gemacht wird, hier in Form von
einem zuverlässigen, bequemen und preiswerten ÖPNV (öffentlicher Personennahverkehr).

8. Die Geldnutzungssteuer
dürfte auf den ersten Blick etwas befremden. Man muss zum
Verständnis dieser Steuer zunächst klar zwischen der Aussage,
die mit einem Geldschein verbunden ist, und dem Medium
selbst trennen. 100 Euro erhält man in der Regel als eine Art

Quittung für eine erbrachte Leistung oder im Tausch für einen Gegenstand. Eine normale Quittung auf Papier wird nur begrenzt akzeptiert. Ein 100-Euro-Schein hingegen *muss* sogar von jedem angenommen werden, von dem man etwas im Wert von 100 Euro bekommen hat und bei dem man seine Schulden begleichen will. Dass dies so ist, verdanken wir dem Staat (oder wie im Fall der EU einer Staatengemeinschaft) und der Zentralbank, die den Geldschein erstens hergestellt hat, zweitens für seine Akzeptanz garantiert und drittens auch noch ständig alte gegen neue Scheine austauscht. Außerdem sorgt der Staat dafür, dass Geldfälscher verfolgt und bestraft werden. Es dürfte demnach klar sein, dass nicht *der Geldschein* mir gehört, sondern nur der damit verbriefte Anspruch.

Damit dieser Anspruch bemessen werden kann, muss Geld auch als Maßstab dienen. Das kann es zuverlässig aber nur, wenn es stabil ist. Wie wollte man mit Längenmaßen verfahren, wenn die verwendeten Meterstäbe aus Gummi wären? Geldwertstabilität ist also vorausgesetzt, wenn in einem Tausch, an dem Geld beteiligt ist, niemand betrogen werden soll. In den letzten Jahrzehnten neigten die Zentralbanken dazu, die Geldmenge ständig auszuweiten, das heißt, mehr Geld in Umlauf zu bringen, als es dem Wachstum der Wirtschaftstätigkeit entsprochen hätte. Die Folge: steigende Preise, sprich Inflation. So ist der Dollar des Jahres 1950 heute nur noch 13 Cent wert, und die D-Mark sowie der Schweizer Franken sanken im Verlauf von 50 Jahren auf jeweils etwa ein Fünftel ihres Wertes. Und dabei handelt es sich bei allen dreien noch um vergleichsweise »harte« Währungen!

Nun ist ein stabiler Geldwert nur möglich, wenn die Zentralbank die umlaufende Geldmenge und die Umlaufgeschwindigkeit kennt und entsprechend der Entwicklung des Bruttosozialprodukts steuern kann. Das war bisher aber nicht einmal ansatzweise möglich, weil niemand sagen kann, wie viel von dem ausgegebenen Geld im Umlauf und wie viel irgendwo »gebunkert« ist. Wie sich bei der Umstellung von DM (und anderen nationalen Währungen) auf Euro gezeigt hat, war jede Menge Bargeld dem Kreislauf entzogen. Der Zins, dem gerne die Rolle des Lockvogels zugedacht wird, hat diese Funktion offensichtlich nicht erfüllen können. Das dürfte daran liegen, dass bei Geld, das man illegal erworben hat (Korruption, Schwarzarbeit, kriminelle Geschäfte etc.) oder das man illegal benutzt (Devisenschmuggel), die entgehenden Zinsen leicht zu verschmerzen sind.

Die Blockade eines Verkehrsmittels – und das ist Geld in einem gewissen Sinn, da es die Übertragung eines Anspruchs sowohl im Raum als auch in der Zeit ermöglicht – wird normalerweise aber nicht durch Belohnung zu verhindern gesucht, sondern mit Strafen geahndet. Die Geldnutzungssteuer müsste also erhoben werden bei allen liquiden Mitteln, also Bargeld und Giralgeld, die dem Kreislauf entzogen, also gehortet werden. Geldguthaben, die dadurch entstehen, dass jemand Geld den Banken oder Dritten überlässt, wären davon nicht betroffen, da hier ja keine Blockade der Zirkulation stattfindet.

Die Geldsteuer einzuziehen wäre auf verschiedene Arten möglich. Beim Giralgeld kann es analog zum heutigen Abbuchen der Zinsen bei Kontoüberziehungen erfolgen, bei Geldkarten kann der Einzug in den Chip einprogrammiert werden, und beim Bargeld schließlich, das sowieso immer wieder ausgetauscht werden muss, können einzelne Serien oder Noten regelmäßig oder unregelmäßig zum Umtausch aufgerufen und dabei der Abschlag eingezogen werden.

Der Sinn der neuen Steuern

Da die verbrauchsabhängigen Steuern alle direkt zu erheben wären, könnte man sich sogar den Bierdeckel ersparen. Es bräuchte niemand mehr seine Steuer zu »erklären« und käme damit auch nicht mehr in die Versuchung einer kreativen Ausgestaltung.

Wasser-, Luft-, Rohstoff-, Verkehrs- und Gesundheitssteuer führen dazu, dass mit unseren Ressourcen sparsamer umgegangen wird und Schäden auf ein Minimum beschränkt werden.

Die Funktion der Bodensteuer ist allerdings erklärungsbedürftig. Hier ist ein echtes Umdenken gefordert, und zwar in Form von einer tiefgreifenden Bodenrechtsreform. Deshalb soll diesem Punkt später mehr Raum gegeben werden.

C. Modell für ein zukunftsfähiges Krankenversicherungssystem

Wer sich wundert, warum die Probleme unseres Gesundheitssystems trotz vielfältiger Reformversuche nicht kleiner werden, der sollte sich auch hier einmal in Distanz zur Thematik begeben. Vielleicht würde ihm dann auffallen, wie falsch das Grundmuster unserer Krankenversicherung angelegt ist. Es geht ja nicht um eine Reform des Gesundheitswesens, sondern letztlich ums Geld, um die Mitgliedsbeiträge der Kassen auf der einen und die Ausgaben für Gesundheitsleistungen sowie Verwaltung auf der anderen Seite.

Normalerweise soll ja der Markt mit seinen Mechanismen, die Nachfrage auf der einen und miteinander konkurrierende Angebote auf der anderen Seite, alles regeln – der Kunde kauft, was er braucht und was er sich leisten kann, zu dem Preis, den ihm das Angebot wert ist. Bei einer Versicherung ist die Sache etwas schwieriger, weil man bei ihrem Abschluss nur weiß, was sie uns kostet, nicht aber, ob und was sie uns einbringen wird. Wer kann schon voraussehen, ob er einmal einen selbst verschuldeten Unfall mit dem Auto haben wird und wie hoch der Schaden sein wird? Normalerweise zahlt man und hofft, seine Autoversicherung nie zu benötigen. Nur Menschen mit kriminellen Energien tendieren dazu, durch Täuschung und Betrug mehr aus ihrer Versicherung herauszuholen, als sie einbezahlt haben. Die überwiegende Mehrheit versucht, unfallfrei durchs Leben zu kommen, weil das erstens gesünder und zweitens (wegen der Eigenbeteiligung im Schadenfall und sinkender Beiträge bei Schadenfreiheit) billiger ist.

In der Krankenversicherung hingegen hatten wir lange Zeit eine Situation, die auf die Kraftfahrzeugversicherung übertragen so aussähe: Alle Autobesitzer müssen eine Vollkaskoversicherung abschließen. Dafür können sie aber, so oft sie wollen und wegen jedem kleinen Geräusch, eine Werkstatt aufsuchen, wegen jedem Kratzer eine Komplettlackierung veranlassen. Die Werkstatt wiederum könnte reparieren, was sie für notwendig erachtet oder was der Kunde wünscht – schließlich zahlt nicht er, sondern die Versicherung. Ja, er erfährt nicht einmal die Höhe der Rechnung, denn die gibt die Werkstatt einfach über ihre Werkstattvereinigung an die Versicherung weiter.

Jedem ist bei diesem Beispiel sofort klar, dass dies nicht auf die Dauer funktionieren kann, da ein solches System wenn nicht gleich zum Missbrauch, so doch wenigstens zum übermäßigen Gebrauch einlädt. Trotzdem wurde es bei der Krankenversicherung lange Zeit so gemacht.

Hinzu kommt, dass immer kostspieligere Apparate entwickelt wurden, die zu noch mehr Behandlungen und damit noch höheren Ausgaben geführt haben. Dem hat man beizukommen versucht, indem man den Ärzten ein Honorarbudget verpasste. Das wäre so, als wenn die Autowerkstätten nur einen festen Betrag pro Quartal von den Versicherungen bekämen und jede Reparatur, die darüber hinausginge, auf eigene Rechnung durchführen oder die Kunden wegschicken müssten. Ganz Clevere würden sicher bald dazu übergehen, Abschleppdienste zu bestechen, damit diese die in der Nähe anfallenden Unfallwagen möglichst weit weg in eine Werkstatt beförderten.

Wie sich Gesundheit auch finanziell lohnt

Wie aber könnte ein Versicherungssystem im Gesundheitsbereich aussehen, das sich an der recht gut funktionierenden Haftpflichtversicherung der Autofahrer orientiert?

Es müsste zum einen weiterhin die Gewähr bieten, dass eingetretene Krankheiten ohne Blick auf die entstehenden Kosten optimal behandelt werden. Zum anderen müsste es aber Anreize zur Prävention setzen. Wer keine oder kaum medizinische Leistungen in Anspruch nimmt und trotzdem immer genauso viel einzahlt wie ein anderer, der ständig krank ist oder wegen jeder Kleinigkeit zum Arzt läuft, empfindet irgendwann ein Gerechtigkeitsdefizit. Zumal dann, wenn er sich seine Gesundheit Zeit und Geld kosten lässt (zum Beispiel durch Yogakurse, gesunde Ernährung, Verzicht auf Überstunden etc.), während der andere im Extremfall alles unternimmt, um seinem Körper zu schaden.

Helmut Creutz hat einmal ein relativ einfaches Modell beschrieben, das denjenigen belohnt, der sich um seine Gesundheit kümmert:

1. Die Versichertenbeiträge werden auf zwei Konten verteilt (der Einfachheit halber gehen wir von gleichen Teilen aus). Die eine Hälfte kommt auf das persönliche Konto, die andere auf das Gemeinschaftskonto. Hat das persönliche Konto eine festzulegende Höhe erreicht (zum Beispiel 2 000 Euro), zahlt der Versicherte ab jetzt nur noch den Teil in den Gemeinschaftstopf. Sobald er Leistungen in Anspruch nimmt, gehen diese zunächst von seinem persönlichen Konto weg, bis dieses leer ist. Anschließend erhält er ärztliche Leistungen aus dem Gemeinschaftstopf vergütet. So wäre auch die Versorgung chronisch Kranker gesichert. Sobald das persönliche Konto unter 2 000 Euro sinkt, muss wieder der volle Monatsbeitrag gezahlt werden – bis dieses aufgefüllt ist. Man bekommt so ein Gefühl dafür, dass man sein eigenes Geld verbraucht und dass es auch finanziell von Vorteil ist, möglichst wenig krank zu werden.
2. Damit dem Versicherten eine Kontrolle möglich ist, soll er eine Kopie der Arztrechnung bekommen, die dieser an die Kasse schickt.
3. Von seiner Krankenkasse erhält jeder Versicherte einen Kontoauszug für jedes Quartal, aus dem er ersehen kann, wie hoch seine Beiträge und die für ihn geleisteten Zahlungen waren.

Mit diesen einfach durchzuführenden Reformen würden die Patienten in Zukunft besser gestellt – allerdings zum Nachteil der heutigen Profiteure, den Anbietern von Leistungen. Der Sinn der Krankenversicherung kann es aber wohl nicht sein, dass sich Ärzte, Kliniken und Pharmaindustrie durch immer höhere Versicherungsbeiträge gesundstoßen. Die Versicherten aber müssten in der Regel weniger zahlen und würden lernen, dass sie gegen Krankheitsfolgen abgesichert sind, sich ihre Gesundheit aber für sie in Zukunft bezahlt macht!

D. Modell für ein zukunftsfähiges Rentensystem

Die beinahe apokalyptischen Aussichten für unser Rentensystem beruhen hauptsächlich auf zwei Grundlagen, einer realen und einer hypothetischen.

Die reale Grundlage für das Scheitern des Rentensystems auf der Basis eines »Umlageverfahrens« geht auf den Gründer Konrad Adenauer zurück. Der hypothetischen Grundlage liegt eine ziemlich fragwürdige Zukunftsprognose unserer Bevölkerungsentwicklung zugrunde.

Adenauer hatte sich 1957 ein Dreigenerationenmodell erarbeiten lassen, nach dem *alle* Berufstätigen einzahlen und Rentner *und* Kinder kassieren sollten. Verabschiedet wurde dann allerdings ein eingeschränktes Zweigenerationenmodell, in dem auf der Seite der Empfänger die Kinder ausgeklammert blieben und auf der Seite der Beitragszahler die besser verdienenden Selbstständigen. Angeblich soll Adenauer die finanzielle Berücksichtigung der nachwachsenden Generation für nicht nötig erachtet haben: »Kinder bekommen die Leute sowieso!« Es hätte von vornherein klar sein müssen, dass dieses System nicht langlebig sein würde und somit unsinnig war. Doch für den schnellen Erfolg, sprich: den nächsten Wahlsieg, wurde die Zukunft verspielt.

Aber nicht diese Fehlkonstruktion ist Gegenstand der aktuellen politischen Besorgnis, sondern »Bevölkerungsvorausberechnungen« bis ins Jahr 2050. Aus diesen »Berechnungen« ergibt sich für Regierung und Opposition, dass die sozialen Sicherungssysteme unbezahlbar werden. Sowohl Beitragssenkungen zur Kranken- und Rentenversicherung als auch Leistungskürzungen seien unausweichlich. Aber kann überhaupt eine Bevölkerungsentwicklung über einen so langen Zeitraum »berechnet« werden? Gerd Bosbach, von 1988 bis 1991 Mitarbeiter des Statistischen Bundesamts und heute Professor für Statistik an der Fachhochschule Konstanz, bezeichnet 50-Jahres-Prognosen als »moderne Kaffeesatzleserei«. Wie will man wissen, wie sich die Geburtenhäufigkeit entwickelt, die Lebenserwartung, der Saldo von Zu- und Abwanderung? Auch kleine Abweichungen haben große Streuungen der Ergebnisse zur Folge. Ein Blick zurück zeigt: Einschneidende große Ereignisse wie die beiden Weltkriege in der ersten Hälfte des letzten Jahrhunderts oder die Erfindung der Antibabypille in der zweiten Hälfte wären bei damaligen Langzeitprognosen schlicht »übersehen« worden!

Die demografische Rauchbombe

Das Umlageverfahren könnte funktionieren, wenn es seiner ursprünglichen Konstruktion, also dem Dreigenerationenmodell, folgte. Denn so würden *heute* von *allen* Leistungsfähigen *alle* nicht Leistungsfähigen mitgetragen, während das derzeit propagierte Modell, die private kapitalgedeckte Rente, ein Verschieben der Lasten in die Zukunft und auf wenige Schultern bedeutet. Wer viel Kapital »decken« lassen könnte, kassierte viel – und wer wenig hat, erhält nicht nur wenig, sondern zahlt letztlich die Zeche. Denn Geld arbeitet weder, noch vermehrt es sich wie die Kaninchen, sondern sein Zugewinn durch Zinsen muss von anderen abgezweigt werden.

Professor Bosbach stellt zu Recht die Frage, warum dieses dramatische Szenario der angeblichen »demografischen Zeitbombe« so massiv publizistisch ausgeschlachtet wird. Seine Vermutung: Es dient der Vernebelung und soll von ganz anderen Schauplätzen ablenken. Denn nur wenn man die Arbeitnehmer an den weiter zu erwartenden Produktivitätsfortschritten teilhaben ließe, könnten sie in Zukunft die Versorgung der Jungen und der Älteren bewältigen. Bei den derzeitigen Bestrebungen einer Entkoppelung der Löhne von der Arbeitsproduktivität und bei vollem Zuschlag der Produktivitätsgewinne zum Shareholder-Value ginge die Rechnung in der Tat nicht auf. Ein Schuft, der Schlechtes dabei denkt!

Wo das Geld für ein Umlageverfahren nach dem Dreigenerationenmodell herkommen könnte, werden wir im zweiten Teil dieses Kapitels sehen, der sich mit dem so wichtigen und so vernachlässigten Thema Boden befasst.

Friedrich von Schiller

Die Teilung der Erde

Nehmet hin die Welt! Rief Zeus von seinen Höhen
Den Menschen zu; nehmt, sie soll euer sein.
Euch schenk ich sie zum Erb und ew'gen Lehen;
Doch teilt euch brüderlich darein.

Da eilt, was Hände hat, sich einzurichten,
Es regte sich geschäftig Jung und Alt.
Der Ackermann griff nach des Feldes Früchten,
Der Junker birschte durch den Wald.

Der Kaufmann nimmt, was seine Speicher fassen,
Der Abt wählt sich den edlen Firnewein.
Der König sperrt die Brücken und die Straßen
Und sprach: »Der Zehente, der ist mein.«

Ganz spät, nachdem die Teilung längst geschehen,
Naht der Poet, er kam aus weiter Fern;
Ach, da war überall nichts mehr zu sehen,
Und alles hatte seinen Herrn.

Weh mir! So soll denn ich allein von allen
Vergessen sein, ich, dein getreuster Sohn?
So ließ er laut der Klage Ruf erschallen
Und warf sich hin vor Jovis Thron.

»Wenn du im Land der Träume dich verweilet«,
Versetzt der Gott, »so hadre nicht mit mir.
Wo warst du denn, als man die Welt geteilet?«
»Ich war«, sprach der Poet, »bei dir.

Mein Auge hing an deinem Angesichte,
An deines Himmels Harmonie mein Ohr;
Verzeih dem Geiste, der, von deinem Lichte
Berauscht, das Irdische verlor!«

»Was tun?«, spricht Zeus, »die Welt ist weggegeben,
Der Herbst, die Jagd, der Markt ist nicht mehr mein.
Willst du in meinem Himmel bei mir leben,
So oft du kommst, er soll dir offen sein.«

E. Reform der Bodenordnung

Wie sehr der Mensch sich an einmal bestehende und tradierte Verhältnisse gewöhnt und wie schwer es ihm fällt, ihre Berechtigung zu hinterfragen und nach Alternativen zu suchen, zeigt sich am Thema Bodenordnung in besonderem Maße.

Viele ärgern sich über die Verhältnisse auf dem Grundstücksmarkt, die wenigen Großgrundbesitzern (Privatpersonen und Firmen) riesige Gewinne bescheren und es der Mehrheit schwer machen, bezahlbare Baugrundstücke oder auch nur Mietwohnungen zu finden. Doch kaum jemand fällt das prinzipielle Ungeheuerliche an dem weltweit herrschenden Zustand auf: dass für Milliarden Menschen, wenn sie »zur Welt kommen«, kein »Landeplatz« auf dieser Erde vorgesehen ist.

Milliarden Außerirdische

Was das diesem Abschnitt vorangestellte Gedicht »Die Teilung der Erde« von Schiller über die Situation des Poeten sagt, gilt für die Mehrzahl der Menschen dieser Erde: Sie finden sie bei ihrer Ankunft bereits verteilt vor. Ihren Eltern gehört nicht einmal der Quadratmeter, auf dem sie stehen, sie müssen sich die Erlaubnis, sich irgendwo aufzuhalten, irgendwo zu schlafen, zu essen, zu arbeiten, Kinder zu zeugen und großzuziehen, für jeden Tag, Monat oder jährlich aufs Neue erkaufen. Nicht von Zeus, nicht von Gott oder wer auch immer die Erde erschaffen haben mag, sondern von Menschen, die, genauso wie sie selbst, keinen Anteil am Zustandekommen der Erde und ihrer Lebensgrundlagen haben!

Die meisten Menschen sind also im gewissen Sinne »Außerirdische«, denen die größte Selbstverständlichkeit, die Teilhabe an der Erde und ihren Ressourcen, vorenthalten wird! Das Erstaunliche ist, dass dies nicht einmal von den religiösen Kreisen thematisiert wird, die grundsätzlich gegen die Abtreibung sind und allem Leben ein Recht auf Entfaltung zugestehen wollen. Doch wo bitte soll sich Leben ohne die wichtigste Grundlage, den Boden, entwickeln können?

193

Im Gedicht von Schiller nimmt die Angelegenheit kein wirklich befriedigendes Ende für den Poeten: Er ist zwar im Himmel jederzeit willkommen, fragt sich aber, wozu er überhaupt auf dieser Erde ist, wenn er hier keinen Platz findet. Man muss Zeus den Vorwurf machen, dass er, der diese Situation heraufbeschworen hat, sich keine bessere Lösung einfallen lässt und den schwarzen Peter dem Poeten zuschiebt: »Wo warst du denn?« Wenn jetzt alles zu spät und keine Gerechtigkeit mehr herstellbar sein soll, so ist dies doch der Beweis für die Dummheit, die Zeus begangen hat, als er »die Welt verschenkte«, statt nur Nutzungsrechte an ihr zu vergeben.

Bauernkriege und Revolution

Doch wie könnte man es besser machen als der Schiller'sche Zeus? Mit diesem Problem befasste man sich schon in der griechischen und der römischen Antike. Im frühmittelalterlichen Europa hingegen herrschte in vielen Dörfern lange Zeit eine gemeinsame Bewirtschaftung des Bodens vor (die so genannten Allmenden). Die Einführung des römischen Rechts im Spätmittelalter aber ermöglichte nach und nach wieder die Bildung von Großgrundbesitz. Daran konnten auch die Bauernkriege des 16. Jahrhunderts nichts ändern. Mit der Französischen Revolution kam es 1789 zu einer oft entschädigungslosen Enteignung und radikalen Umverteilung des Bodens. Seither, also seit gut 200 Jahren, haben Bodenreformer immer wieder versucht, die »Kommunalisierung von Grund und Boden« auch theoretisch zu begründen. Beginnend mit Thomas Spence (1750–1815) und Robert Owen (1771–1858) in England über Henry George (1839–1897) in Amerika, wurde der Privatbesitz am Boden für die zunehmende Verarmung inmitten wachsenden Reichtums verantwortlich gemacht. In der zweiten Hälfte des 19. Jahrhunderts setzte auch in Deutschland eine Bodenreformbewegung ein. Über Modellversuche hinaus war ihr aber nie Erfolg beschieden. Dabei liegt dies nicht daran, dass das Problem der ungerechten Verteilung des Bodens und der damit begünstigten Spekulation nicht gesehen wird. Bereits 1947 wurde im Vorwort

zum »Gesetz zur Beschaffung von Siedlungsland und zur Bodenreform«, das die Ministerpräsidenten der Länder im Auftrag
der Besatzungsbehörden erließen, als wesentliche Zielsetzung
eine »Beschränkung des Großgrundbesitzes« genannt.

Ohne Arbeit reich

Um für die vielen hunderttausend Kriegsflüchtlinge Land be-
reitstellen zu können, wurde eine »Landabgabe des privaten
Großgrundbesitzes« verfügt, von dem alle Besitztümer »über
100 Hektar landwirtschaftlicher Nutzfläche« betroffen sein sollten, Forstflächen ausgenommen. Es wäre eine interessante Aufgabe, den tatsächlich erfolgten Umfang der Landabgabe nach-
zuprüfen und zu erforschen, wie die heutigen Großgrundbesit-
zer ihren Grund und Boden erhalten und vermehren konnten.
Denn Tatsache ist, dass die Bodenspekulation bis heute einer
der lukrativsten und ungerechtesten Wege zur Geldvermehrung
ist. So stiegen die durchschnittlichen Baulandpreise in der Bun-
desrepublik zum Beispiel von 1950 bis 1970 um 1200 Prozent,
und in einigen Ballungsgebieten betrugen sie teilweise über
2000 Prozent innerhalb eines Jahrzehnts. Was viele von der
Lotterie erhoffen, nämlich ohne Arbeit reich zu werden, gelingt
den wenigen Großgrundbesitzern seit Jahrzehnten. Hierbei
schritt die Konzentration stetig fort: Anfang der 70er-Jahre ballten
sich bereits mehr als ein Drittel der Wirtschaftsfläche der Bundes-
republik und fast drei Viertel der Forstgebiete bei nur 2,2 Prozent der Bodeneigentümer, also bei gerade einmal 0,01 Prozent
der Bevölkerung! Nahm man die Eigenheimbesitzer aus, verfügte nur ein Prozent der Bevölkerung über Grundbesitz.[4] Und
das Beruhigende für die Spekulanten: Ihre riesigen Gewinne
sind ganz legal, auch wenn das Bundesverfassungsgericht wegen der Unvermehrbarkeit und der Unentbehrlichkeit des Bodens die Sozialpflichtigkeit wiederholt besonders hervorgeho-

---

[4] Janssen, Jörn; Ratz, Michael: Bodenpolitik und Bodenrechtsreform in
der BRD. Köln 1973.

195

ben und eine Absage erteilt hat »an eine Eigentumsordnung, in der das Individualinteresse den unbedingten Vorrang vor den Interessen der Gemeinschaft hat« (BverfG, 12. Januar 1967).

Jedem das Seine oder jedem das Gleiche?

Wie aber kommt man vom jetzigen Zustand zu einer Bodenordnung, in der Boden keine beliebig handelbare Ware mehr ist? Ist das überhaupt machbar? Und selbst wenn der Boden in kommunalen Besitz umgewandelt wird, bleibt die Frage nach den Kriterien der für seine Nutzung notwendigen Verteilung.

Der Bodenreformexperte Fritz Andres*, der in vielen Arbeiten die verschiedenen Aspekte einer nachhaltigen Bodenreform dargelegt hat, sieht beide bei einer Zuteilung anwendbaren Maßstäbe als jeweils plausibel an – nur leider widersprechen sie sich: »Eine Verteilung nach der Gleichheit (›Jedem das Gleiche‹) liegt aus menschenrechtlichen Gründen gegenüber einem Gut nahe, das durch keine Einzelleistung zustande gekommen ist. Eine Verteilung nach den Fähigkeiten und Bedürfnissen (›Jedem das Seine‹) scheint aus Gründen der Freiheitsentfaltung und der Effizienz der Ressourcennutzung allerdings ebenso unabdingbar.« Denn das hatte sich nach der Französischen Revolution gezeigt: Die Parzellierung der Ländereien (»Jedem das Gleiche«) hatte dazu geführt, dass eine rationale Bewirtschaftung nicht möglich war. Die Böden wurden teilweise ausgelaugt, die Bauern verarmten und mussten in die Städte ziehen.

Dass es doch einen Weg geben könnte, beide Bedingungen unter einen Hut zu bringen, werden wir später sehen. Wichtig ist zunächst, den Grundgedanken festzuhalten, dass jedem Menschen »ein ursprünglich eigenes Teilhabe- und Zugangsrecht an der Erde kraft seines Menschseins zustehen muss« (Andres) und dies als ein grundlegendes Menschenrecht zu formulieren ist.

---

* Siehe Literaturverzeichnis am Ende dieses Abschnitts.

Gemeinnutz vor Eigennutz

Die Umsetzung erfordert nur wenige, aber fundamentale Änderungen. Im Gegensatz zur heutigen Praxis müssten zukünftig die Wertsteigerungen von Grundstücken der Allgemeinheit zugeführt werden, die in der Regel auch die Kosten für Erschließungsmaßnahmen getragen hat, die für den Wertzuwachs ursächlich waren. Auch ist nicht einzusehen, dass die Wertsteigerungen durch die Ausweisung von Bauland nur denjenigen zugute kommen, die im Besitz der entsprechenden Grundstücke sind. So durften sich zum Beispiel die Landwirte zwischen München und Freising durch den Bau des neuen Flughafens über Wertsteigerungen ihrer Grundstücke in Höhe von 15 Milliarden Euro freuen, ohne dafür etwas getan zu haben. Und in Berlin brachte die Benennung zur Bundeshauptstadt mit den damit verknüpften Behördenzuzügen ebenfalls drastische Steigerungen der Bodenpreise und Mieten sowie satte Gewinne der Grundstückseigner.

Um welche Größenordnungen geht es hierbei eigentlich? Für 1995 wurde in einer Veröffentlichung des Grabener Fachverlags für Immobilienwirtschaft ein gesamter, vom Statistischen Bundesamt ermittelter Sachwert der Wohnungsgrundstücke von 2759 Milliarden DM ausgewiesen, was einen Pro-Kopf-Wert von rund 33 600 DM ergibt und – bei fünf Prozent Verzinsung – eine Belastung per annum von 1680 DM, monatlich also von 140 DM (72 Euro). Nimmt man an, dass die übrigen Bodenflächen für den öffentlichen Bereich, den Verkehr, die Gewerbeflächen, die Land- und Forstwirtschaft noch einmal so viel wert sind, käme man auf das Doppelte, also 280 DM beziehungsweise rund 144 Euro pro Kopf und Monat.

Der Wirtschaftsanalytiker Helmut Creutz ermittelte vor einigen Jahren, dass sich die Werte für »baureifes Land« von 1960 bis 1990 alle zehn Jahre verdoppelt haben und damit jährlich um sieben Prozent zulegten. Geht man davon aus, dass dieser Verlauf auch heute noch gilt, so würde der Bodenwert der Wohnungsgrundstücke pro Kopf jährlich um etwa 1200 Euro zunehmen, monatlich also um 100 Euro.

Addiert man Bodenwertsteigerung (100 Euro) und Verzinsungs-

197

gewinn (144 Euro), so ergeben sich pro Kopf und Jahr 244 Euro. Um diesen Betrag könnte zum Beispiel die Miete niedriger sein.

Bodenwertzuwachs für die nachwachsende Generation?

Ein anderer Verwendungszweck könnte die Auszahlung an Familien als Erziehungsgeld sein. Geht man davon aus, dass ein Fünftel der Bevölkerung der BRD Kinder und Jugendliche sind, so ergäbe sich mit fünf mal 240 Euro im Monat pro Kind beziehungsweise Jugendlichem ein Betrag von 1200 Euro. Damit bekäme auch die häusliche Arbeit, die bisher weder in die Berechnung des Sozialprodukts eingegangen ist noch in DM beziehungsweise Euro honoriert wurde, einen bezifferbaren Wert.

Als Marianne Weber, Ehefrau des Soziologen Max Weber, kurz vor dem Ersten Weltkrieg eine volkswirtschaftliche Bewertung der Mütterleistung vornahm, kam sie auf die erschreckend hohe Summe von sechs Milliarden Goldmark (zum Vergleich: Der Gesamtetat des Deutschen Reichs betrug damals 2,3 Milliarden Goldmark).

Interessanterweise kam eine andere Schätzung ebenfalls im Jahr 1913 auf die gleiche hohe Summe, als nämlich der Nationalökonom Karl Helfferich versuchte, die Höhe der Bodenrente im Deutschen Reich zu beziffern!

Wir verdanken diese Angaben dem Arzt Hans Weitkamp, der bis ins hohe Alter gegen die ökonomische Benachteiligung der Mütter und für ihre weitgehende finanzielle Unabhängigkeit durch eine »Mutterrente« kämpfte. Damit wollte er keiner chauvinistischen Fessel an Heim und Herd das Wort reden, sondern dem naturgegebenen »kleinen Unterschied« Rechnung tragen, dass Frauen nun einmal das »Monopol« bei Schwangerschaft, Geburt und Säuglingsaufzucht haben. Einem späteren Rollenwechsel und einer dementsprechenden Umwandlung in eine »Vaterrente« stand für ihn nichts entgegen.

Doch wo bleibt der »Monopolgewinn« der Frauen? Der Geld- und Bodenreformer Silvio Gesell fand heraus, dass sich der Gewinn aus der unbezahlten Mütterarbeit letztlich in den Händen der Bezieher von Bodenrente sammelt.

198

Der »vergessene« Generationenvertrag

Es wäre also die gesellschaftspolitische Aufgabe, die Bodenrente, die nur den wenigen Bodeneigentümern zugute kommt, in ein Erziehungsgeld umzuwandeln, zugunsten derer, die Kinder bekommen und erziehen, und zwar ihrer Kinderzahl entsprechend. Über die konkrete Ausführung – ob als hundertprozentige Auszahlung oder in Form von Betreuungs- oder Bildungsgutscheinen (um Missbrauch durch manche Eltern zu vermeiden) – müsste man sich noch Gedanken machen.

Mit einer solchen Regelung würde auch die Unterlassungssünde bei der Einführung der Altersrente, dem so genannten »Generationenvertrag«, wieder gutgemacht. Denn in dem unter Adenauer eingeführten System wurde vergessen (oder verdrängt), dass die jeweils arbeitende Generation nicht nur für die mitsorgen muss, die *nicht mehr* arbeiten können, sondern auch für die, die dies *noch nicht* können.

Für den Staat entfielen damit große Teile der familienbezogenen Sozialleistungen. Vor allem aber entfielen die ungerechten leistungslosen Einnahmen der Grundbesitzer durch Wertsteigerung und Zins.

Erste Schritte in diese Richtung hat zum Beispiel die Stadt München seit 1994 unternommen. Dort werden Grundbesitzer, deren Grundstücke durch Erteilung von Baurecht hohe Wertzuwächse erfahren, an den folgenden Infrastrukturmaßnahmen beteiligt – bis zu einer Höhe, die ihnen ein Drittel des Wertzuwachses belässt.

Kommunales Eigentum und private Nutzung

Wie könnten heute konkrete Schritte zu einer Bodenreform angegangen werden, die die bisher praktizierten fehlerhaften Modelle einer Koppelung von Privateigentum und privater Nutzung im Kapitalismus beziehungsweise einer Koppelung von kommunalem Eigentum und kommunaler Nutzung im Kommunismus verlässt und die Vorteile beider Systeme durch eine Koppelung von kommunalem Eigentum und privater Nutzung ver-

bindet? Die Stadtplanerin und Geldreformerin Margrit Kennedy
sieht dazu folgende Schritte als notwendig an: Zunächst müssten Bodenverkäufe durch die öffentliche Hand gestoppt werden
und nur noch Nutzungsrechte auf Zeit an private Investoren
vergeben werden. Als nächsten Schritt müssten die Kommunen
bei allen privaten Grundstücksverkäufen ein Vorkaufsrecht erhalten und per Gesetz verpflichtet werden, davon Gebrauch zu
machen. Das für den Ankauf von Grundstücken benötigte Geld
soll einerseits durch eine moderate Bodenrente (oder Pacht)
eingenommen werden, die während der Vertragsdauer der Nut-
zungsüberlassung (die zwischen 30 und 100 Jahren liegen kann
und auch vererbbar ist) erhoben wird, andererseits durch eine
Bodensteuer, die (anstelle der heutigen Grundsteuer) bei den
Grundstücken erhoben wird, die sich noch im Privatbesitz befinden. Zum Thema Enteignung nur so viel: Sie sollte nur dann
erfolgen, wenn durch den Privatbesitz an dem betreffenden
Grundstück wichtige Interessen der Allgemeinheit beeinträchtigt sind, und sie sollte immer mit einer Entschädigung einher-
gehen.

Berechnungen haben ergeben, dass eine Wertausgleichsabgabe
in Höhe von drei bis fünf Prozent pro Jahr vom Verkehrswert eines
Grundstücks genügen würde, um nach maximal 30 Jahren allen Grundbesitz in die Hände der Kommunen zu überführen.
Diese haben dadurch die Möglichkeit, immer wieder neu zu
entscheiden, für welche Zwecke bestimmte Grundstücke vergeben werden. Diese Vergabe zur privaten Nutzung erfolgt
durch Versteigerung. Damit ist das Marktprinzip gewahrt und sichergestellt, dass hochwertige Grundstücke auch die höchsten
Erträge bringen.
   Wird bei der Bewertung der Grundstücke und damit ihrer Be-
steuerung ihre *mögliche* Nutzung und nicht die *tatsächliche* zugrunde gelegt, baut man auch dem spekulativen Besetzthal-
ten von Grundstücken vor, denn kaum jemand wird sich ein
Grundstück mit hoher Abgabe leisten, das er ungenutzt lässt.

Die irdische Lösung für Schillers Poeten

Wollte man der aufgezeigten Problematik annähernd beikommen, bezüglich der Verteilung des Bodens sowohl das Prinzip »Jedem das Gleiche« als auch das Prinzip »Jedem das Seine« walten zu lassen, so ließe sich dies (so die Überlegung von Fritz Andres) am ehesten dadurch erreichen, dass derjenige ein Grundstück bekommt, der am meisten dafür zahlt, und die gesamten Einnahmen pro Kopf der Bevölkerung rückverteilt werden, also nicht nur der »nachwachsenden« Generation zugute kämen. Jeder hat also den gleichen Anspruch, kann jedoch frei entscheiden, in welcher Form er ihn einlöst. Dann bekäme der dynamische Unternehmer für sein Hotel ein großes Seegrundstück in Erbpacht, für das er einen hohen Betrag zahlen müsste, der weit über dem läge, was er aus dem »Pro-Kopf-Topf« herausbekäme – der Poet hingegen, dem ein Häuschen am Waldrand oder eine Dachstube ausreicht, würde dafür deutlich weniger Pacht zahlen, als er bei der Rückverteilung erhielte. Vielleicht wäre damit der Auftrag Zeus' erfüllt: »Doch teilt euch brüderlich darein.«

Zusammenfassung der Kapitel über Geld und Boden

Die negativen Auswirkungen unserer Wirtschaftsordnung wurden von Fachleuten und Regierenden zu lange verharmlost, die Ursachen nur auf der Symptomebene gesucht und mit Reformen experimentiert, die weder tiefgreifend noch weitsichtig genug waren. Derzeit wird aber immer mehr Menschen immer stärker bewusst, dass unser Weg eine grundlegende Richtungsänderung erfordert. Zu deutlich ist die Diskrepanz zwischen den immer wieder postulierten Verbesserungen der Lebensbedingungen aller Menschen und der tatsächlich weltweit zu erkennenden Tendenz zu wachsendem Reichtum weniger bei ansteigender Armut vieler.

Der Vorteil der oben aufgezeigten Neuerungen auf den Gebieten Geld- und Bodenordnung besteht darin, dass sie am leichtesten und schnellsten umsetzbar sind und ihre Wirkungen ohne große Verzögerung zeitigen (während zum Beispiel Veränderungen im Agrarbereich Jahre und im Bereich des Klimaschutzes Jahrzehnte benötigen, bis sie spürbar werden).

Denn eines ist nach jahrzehntelanger Hinhaltetaktik durch die Regierungen aller Couleur dringend notwendig, um den Menschen das Vertrauen in die Politik zurückzugeben: Es muss endlich umgesetzt werden, was in unseren schönen Verfassungen niedergelegt ist!

Die 1948 verkündete »Allgemeine Erklärung der Menschenrechte« enthält alle Rechte, die ein Mensch benötigt, um »menschenwürdig« leben zu können. Doch Rechte allein sind keine Lebensgrundlage!

Was nützt das »Recht auf Leben«, wenn die Lebens*mittel* fehlen?

Was nützt das »Recht auf freie Wahl des Wohnsitzes«, wenn jemand nicht einmal einen Quadratmeter Boden besitzt?

Was nützt das »Recht auf Eigentum«, das vor willkürlicher Beraubung schützt, wenn jemand nichts als sein nacktes Leben hat?

Was nützt das »Recht auf Arbeit« und das »Recht auf angemessene Entlohnung«, wenn die ungelernten Armen nicht gebraucht werden und die Qualifizierten sich gegenseitig unterbieten müssen?

Menschenrechte im Alltag

Wo kein Kläger, da kein Richter – diesen bekannten Spruch könnte man im Fall der Menschenrechte umkehren: Wo kein Richter ist, da kann man auch nichts einklagen. Denn die Menschen-»rechte« sind bisher nur gut gemeinte Postulate: Es wäre schön, wenn sich möglichst viele daran hielten. In der Realität entscheidet dann die Kassenlage. Passt es uns in den aktuellen politischen Kram, bemühen wir uns um ihre Einhaltung, wenn nicht, dann eben nicht. Wer bei Staatsbesuchen die Wirtschaftsverhandlungen nicht gefährden will, spricht das Thema Menschenrechte sowieso besser nicht an.

Da aber nicht nur die Generalversammlung der Vereinten Nationen von einer Gleichheit aller Menschen ausgeht, sondern auch in den meisten Religionen dieser grundlegende Gedanke angelegt ist, sollte er auch bei allen Entscheidungen einen zentralen Platz im Bewusstsein haben. Vorrangiges Ziel aller politischen und wirtschaftlichen Entscheidungen sollte es sein, allen Menschen eine gerechte und angemessene Teilhabe an unserer aller Erde zu ermöglichen!

Wir brauchen also nicht nur eine Wirtschaftsreform, die den vorhandenen und den in Zukunft noch erzielbaren Wohlstand besser verteilt, sondern zuvörderst benötigen wir eine internationale Politikwende, die zu einer Globalisierung der Menschenrechte im Alltag führt.
Doch da für diesen großen Wurf die Voraussetzungen fehlen, die neben der Bereitschaft zu Veränderungen auch eine ungefähre Vorstellung über den einzuschlagenden neuen Weg umfassen, müssen zunächst Modelle in der Praxis erprobt werden.

Literatur

Andres, Fritz: Das Erbbaurecht als Instrument der kommunalen Bodenpolitik, in: Fragen der Freiheit, Folge 239. Bad Boll 1996

Andres, Fritz: Grundlagen und Auswirkungen einer Bodenwertsteuer – Ist der Bodenmarkt ein Markt?, in: Fragen der Freiheit, Folge 242. Bad Boll 1997

Andres, Fritz: Wieviel Erde braucht der Mensch? in: Fragen der Freiheit, Folge 257. Bad Boll 2001

Andres, Fritz: Der Beitrag der Bodenreform zur Nachhaltigkeitsdiskussion, in: Zeitschrift für Sozialökonomie, 137. Folge. Lütjenburg 2003

Andres, Fritz: Der Boden als Privileg und Kapitalgut, in: Zeitschrift für Sozialökonomie, 140. Folge. Lütjenburg 2004

Behrens, Eckhard: Soziale Marktwirtschaft und Bodenordnung, in: Fragen der Freiheit, Folge 239. Bad Boll 1996

Creutz, Helmut: Bauen, Wohnen, Mieten – Welche Rolle spielt das Geld? St. Georgen 1990

Creutz, Helmut: Das Geld-Syndrom – Wege zu einer krisenfreien Marktwirtschaft. München 2001

Creutz, Helmut: Die 29 Irrtümer rund ums Geld. München 2004

Freystedt, Volker: Was würden Sie ändern, wenn Sie Politiker wären? in: Hamm-Brücher, Hildegard (Hrsg.): Ungehaltene Reden mündiger Bürger. München 1999

Heynitz, Jobst von: Das Erbbaurecht – ein dezentral einsetzbares Instrument zur Reform der Bodenordnung, in: Zeitschrift für Sozialökonomie, 140. Folge. Lütjenburg 2004

Huber, Joseph: Vollgeld – Beschäftigung, Grundsicherung und weniger Staatsquote durch eine modernisierte Geldordnung. Berlin 1998

Janssen, Jörn; Ratz, Michael: Bodenpolitik und Bodenrechtsreform in der BRD. Köln 1973

Kennedy, Margrit: Geld ohne Zinsen und Inflation – Ein Tauschmittel, das jedem dient. München 1991

Kennedy, Margrit; Lietaer, Bernard: Regionalwährungen – Neue Wege zu nachhaltigem Wohlstand. München 2004

Lietaer, Bernard: Das Geld der Zukunft – Über die destruktive Wirkung des existierenden Geldsystems. München 1999

Meyer-Renschhausen, Elisabeth: Bodenrechtsreform – Von den Anfängen bis zur Gegenwart; in: Zeitschrift für Sozialökonomie, 120. Folge. Lütjenburg 1999

Moewes, Günther: Geld oder Leben – Umdenken und unsere Zukunft nachhaltig sichern. München 2004

Onken, Werner: Modellversuche mit sozialpflichtigem Boden und Geld. Lütjenburg 1997

Onken, Werner: Geld- und bodenpolitische Grundlagen einer Agrarwende. Lütjenburg 2004

Senf, Bernd: Der Nebel um das Geld – Ein Aufklärungsbuch. Lütjenburg 1996

Senf, Bernd: Die blinden Flecken der Ökonomie. Wirtschaftstheorien in der Krise. München 2001

Senf, Bernd: Der Tanz um den Gewinn – Von der Besinnungslosigkeit zur Besinnung der Ökonomie. Lütjenburg 2004

Wendnagel, Wera (Hrsg.): Frauen leisten die wichtigste Arbeit. Lütjenburg 1996

Sonstige verwendete Literatur

Bundesminister des Inneren (Hrsg.): Bodenschutzkonzeption der Bundesregierung vom 7. März 1985. Stuttgart 1985
Schiller, Otto (Hrsg.): Gesetz zur Beschaffung von Siedlungsland und zur Bodenreform. Stuttgart 1948

Internet

www.equilibrismus.de
www.freigeld.de
www.futuremoney.de
www.geldreform.de
www.inwo.de
www.margritkennedy.de
www.moneta.org
www.regionetzwerk.de
www.sffo.de
www.sozialoekonomie.info

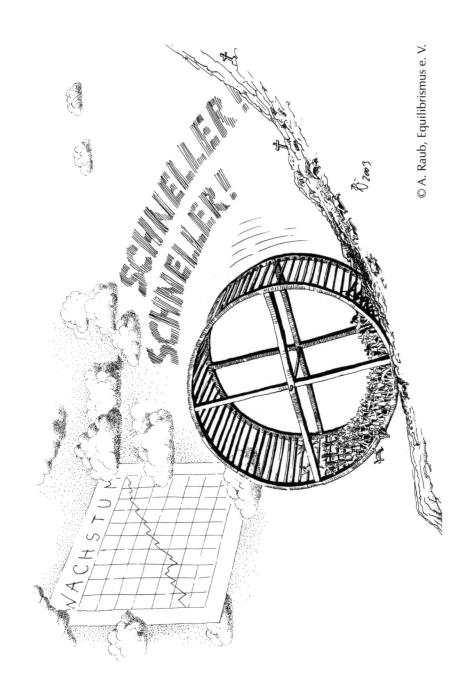

III.

Alternativen:

5. Sozialpolitische und soziokulturelle Reformen

A. UN-Reform; Internationaler Strafgerichtshof

B. Evolution der Demokratie

C. Regionalisierung und Dezentralisierung

D. Bildung und Erziehung

> *Unmenschlichkeit ist an keine Epoche gebunden*
> *und an keine geschichtliche Größe,*
> *sondern eine mit dem Menschen gegebene Möglichkeit,*
> *sich und seinesgleichen zu negieren.*
> *Helmuth Plessner*

A. UN-Reform; Internationaler Strafgerichtshof

Die Vereinten Nationen (UN), die 1945 von 51 Nationen gegründet wurden und den früheren Völkerbund ablösten, sind über die fast sechs Jahrzehnte ihres Bestehens immer wieder Gegenstand sowohl von Lob als auch von Kritik gewesen. Ihre Verdienste liegen zum einen in ihrem einzigartigen Charakter als universeller Plattform für internationale Zusammenarbeit, zum anderen in den Programmen und Sonderorganisationen wie UNICEF, dem UN-Aids-Programm oder dem UN-Flüchtlingsprogramm. Hinzu kommen die vielen Blauhelmmissionen. Die UN waren maßgeblich an den Entkolonialisierungen in den 50er- und 60er-Jahren des letzten Jahrhunderts beteiligt. Sie haben die Menschenrechtserklärung und die Konvention zur Bestrafung und Verhütung von Völkermord 1948 auf den Weg gebracht und in neuerer Zeit Sondertribunale für das ehemalige Jugoslawien und Ruanda eingerichtet. Es hat sich gezeigt, dass die UN unverzichtbar sind, auch wenn sie weit hinter den in sie gesetzten Erwartungen zurückbleiben.

Die Kritik müsste sich eigentlich nicht gegen die UN richten, sondern gegen die inzwischen 191 Mitgliedsstaaten. Diese tun sich nach wie vor schwer, den UN ausreichendes Vertrauen in Form von Entscheidungsbefugnissen, ausreichenden Finanzmitteln und damit Macht zu übertragen. Die internationale Ordnungsmacht wird immer noch an der kurzen Leine der nationalen Souveränität gehalten. So darf es nicht verwundern, wenn ihr Bellen selten ernst genommen wird, weil die Übeltäter wissen, dass sie meist nicht beißen darf. Das völkerrechtliche Flickwerk der Verträge macht die UN zudem schwerfällig. Werden in einem Konferenzmarathon multilaterale Abkommen ausgehandelt, folgt ein langwieriger Ratifizierungsprozess. Erst wenn eine bestimmte Mindestzahl an Unterzeichnern erreicht ist, hat das Abkommen Gültigkeit – aber auch nur in den Staaten, die ihre Ratifizierungsurkunde bei der UNO hinterlegt haben. Zudem werden in der nationalen Umsetzung oft Vorbehaltsklauseln geltend gemacht. Und selbst wenn alle Merkmale eines Vertragsverstoßes erfüllt sind, ergibt sich ein letztes Hemmnis daraus, dass die Umsetzung (zum Beispiel eines Urteilsspruchs des Internationalen Gerichtshofs in Den Haag) in den Händen des jeweiligen Vertragsstaates selbst liegt.

Großartige Grundsätze

Der Philosoph Karl Jaspers zog, zehn Jahre nach Gründung der UNO (und unter der von ihm als immens empfundenen Bedrohung durch die Atombombe) folgende Bilanz: »Die Grundsätze, mit denen die Charta beginnt, sind großartig. Man meint, nun müsse wirklich der Frieden beginnen. Eine Gesinnung spricht sich aus: Glaube an die Menschenrechte, an Würde und Wert der Persönlichkeit, an die gleichen Rechte von Mann und Frau, von großen und kleinen Völkern. Gerechtigkeit, Achtung vor den Verpflichtungen aus Verträgen, der Wille zur Duldsamkeit und zum friedlichen Zusammenleben als gute Nachbarn. Das Ziel ist, kommenden Generationen die Geißel des Krieges zu ersparen, erstens durch die Anerkennung dieser Grundsätze und zweitens durch die Einrichtung besonderer Verfahren, die bewirken, dass Waffengewalt nicht mehr gebraucht werde, es sei denn im gemeinsamen Interesse.«[1]

Doch den tieferen Blick in die Charta empfand Jaspers bereits als »Enttäuschung«: »Die Charta spricht mehr von Empfehlun-

---

[1] Siehe Literaturverzeichnis am Ende dieses Abschnitts.

gen als von Handlungen der UNO.« Des Weiteren sieht er es als problematisch an, dass kein Staat wirklich zu etwas verpflichtet werden kann, sondern alles auf dem »guten Willen beruht«.

Die Hauptursache liegt für ihn in der Konstruktion: »Die UNO ist keine Rechtsinstitution, sondern eine politische Institution.«

Jaspers kommt 1956 zu dem harten Urteil: »Die UNO ist nicht, was sie zu sein beansprucht. (…) Die UNO ist ein dirigiertes Organ der großen Mächte. (…) Die Institution, die dazu dienen soll, die Gewalt aus der Welt zu schaffen, ist ihrerseits eine Verkleidung der Gewalt.«

Macht die UNO also überhaupt einen Sinn? Dies wird von Jaspers trotz allem ausdrücklich bejaht: »Die UNO zeigt der Weltöffentlichkeit doch mehr als die Diplomatie der einzelnen Staaten. Ein Organ der Menschheit – und sei es noch so miserabel – zeigt sich der Menschheit. Es wird offenbarer, was ist – die mächtige Idee des Friedens und der Einheit der Menschheit.« Und an anderer Stelle sagt er über die UNO: »Mit ihr ist noch nicht eine zuverlässige Hemmung errichtet gegen den Ausbruch der Gewalten in die totale Vernichtung. Aber die Institution der UNO, außer der es keine andere gibt, ist immer noch das Minimum einer Chance.«

Um diese Chance zu vergrößern, müsste die Charta verändert werden. Dabei kommen ihm Zweifel: »Kann die UNO überhaupt umgebaut werden? (…) Ist etwas, das mit einer Lüge beginnt, auf den Weg der Wahrheit zu bringen? Antwort: Nur weil unter den Impulsen des Anfangs auch der gute Wille war, ist dieser Weg vielleicht nicht völlig ausgeschlossen.«

Auflösung der Freund-Feind-Schemata

Viel hat sich in den inzwischen vergangenen fast 50 Jahren leider nicht geändert, obwohl sich ebenfalls seit Jahrzehnten die im *World Federalist Movement* organisierten Verfechter eines Weltföderalismus um Reformen bemühen. Ihr Ziel ist es, auf

Grundlage von Föderalismus und Subsidiarität Politik- und Regelungsbereiche, die adäquat nur global angegangen werden können, einer eingeschränkten Weltgesetzgebung zu übertragen. Dieser gegenüber hätte sich dann auch der UN-Sicherheitsrat als Exekutivorgan zu verantworten.

Diese Idee, Wege zu einer Auflösung der Freund-Feind-Schemata auf zwischenstaatlicher Ebene zu suchen, ist keineswegs neu. In historischer Zeit gab es frühe universalistische Denkansätze für eine Überwindung der Trennung der Menschheit in Nationen und für die Einrichtung globaler Institutionen, unter anderem bereits bei Dante (1265–1321). Er konnte sich den Frieden und ein Wohlstand schaffendes Gemeinwesen allerdings am ehesten unter einem Weltmonarchen vorstellen, der die einenden Richtlinien bestimmt. (»De Monarchia«, 1317).

Eine Gegenströmung, der Unabhängigkeitsanspruch der Fürsten in der christlichen Welt, brachte den Juristen Pierre Dubois 1306 dazu, die Idee der souveränen Staaten zu verfolgen (mit dem Prinzip der Nichteinmischung in innere Angelegenheiten), die in einem Bund nach gemeinsam festgelegten Regeln Streitfälle beilegen und Übergriffen einzelner Fürstentümer gemeinsam entgegentreten sollten (Konföderation).

Seit den Zeiten der Reformation und Gegenreformation Ende des 16. Jahrhunderts wurde Krieg von Philosophen, Staatstheoretikern und Theologen wie Thomas Morus (1480–1535) oder Erasmus von Rotterdam (1466–1536) als etwas Bestialisches angesehen, das den Menschen sogar negativ vom Tier unterscheide, und die ihm zugrunde liegenden nationalen Grenzen für überflüssig und schädlich erklärt. Die Humanisten betrachteten sich als eine geistige Gemeinschaft von Weltbürgern. Erasmus von Rotterdam erinnerte an die Einheit aller Christen und sprach sich für internationale Einrichtungen wie ein Schiedsgericht zur Friedenssicherung aus. Er sah den Menschen als von Natur aus unverdorben und unbewaffnet, zusätzlich noch mit Vernunft ausgestattet. An diese Vernunft appellierte er immer wieder, indem er unter anderem darauf hinwies, dass auch die Sieger der Kriege letztlich keinen Vorteil davontrügen.

In der Nachfolge und Weiterführung der Gedanken des Erasmus zogen vor allem Jonathan Swift (1667–1745), Rabelais (1494–1553) und Montaigne (1533–1592) in ihren literarischen Werken über die Torheit der Intoleranz und des Kriegführens her. Der kleinste Anlass genüge, um Streitigkeiten zum Kampf auf Leben und Tod eskalieren zu lassen, wenn es keine Mittel gäbe, diesen Streit friedlich zu schlichten.

Um 1700 machten zwei amerikanische Quäker Vorschläge für eine Vereinigung der europäischen Fürstentümer zu einem gemeinsamen Staat. William Penn (»Towards the Present and Future Peace of Europe«) und John Bellers (»Some Reason for an European State«) plädierten leidenschaftlich für religiöse Toleranz. Bellers ging allerdings am weitesten und forderte die Bildung eines Staates mit einheitlichem Recht (Föderation). Beide Ansätze fanden kein Echo.

Ähnlich erging es den Plänen des Sozialreformers Abbé Saint-Pierre (1658–1743), der eine Staatenunion vorschlug, die den Frieden durch Garantie des Status quo erhalten sollte: Eine Bundesregierung sichert den Fürstentümern ihre Positionen. Streitfälle werden nicht mehr in Kriegen ausgetragen, sondern vor einem ständigen Gerichtshof entschieden.

Der Genfer Philosoph Jean Jacques Rousseau (1712–1778) war einer der wenigen, die sich nach dem Tode Saint-Pierres mit dessen Vorstellungen befassten. Seiner Ansicht nach ließe sich der gemeinsame Nenner der verschiedenen Interessen nur finden, indem »jeder in dem Wohlergehen aller selbst den größten Vorteil zu sehen glaubt, den er für sich erhoffen kann«. Rousseau selbst dachte eher an die Konföderation wirtschaftlich autarker Kleinstaaten, die sich zu Schutzgemeinschaften zusammenschließen.

212

Die Idee des »Weltbürgers«

Ende des 18. Jahrhunderts legte unter anderen Immanuel Kant in seinem viel beachteten Werk »Zum ewigen Frieden« seine Gedanken über die Grundlagen eines dauerhaften Friedens dar. Auch er forderte die obligatorische Konfliktschlichtung und ein internationales Schiedsgericht. Kant stellte noch eine Reihe weiterer Forderungen auf, die bis heute auf der Agenda stehen: Nichteinmischung in die inneren Angelegenheiten anderer Staaten, Abrüstung durch Verkleinerung der stehenden Heere, Ächtung besonders grausamer Kriegsmethoden.

Ebenfalls Ende des 18. Jahrhunderts brachte der Zusammenschluss von 13 souveränen Staaten zu den »Vereinigten Staaten von Amerika« ein wegweisendes Modell auch für die europäischen Bemühungen. Nicht mehr die Interessen der Führer der einzelnen Staaten sollten im Verbund ausschlaggebend sein, sondern die der Bürger. So sollte eine Zentralregierung gebildet werden, um die übergreifenden Angelegenheiten der ansonsten eigenständigen Einzelstaaten zu regeln. Dazu gehörte in erster Linie die Sicherung der Souveränität von Europa. Die Vorbehalte der »Antifederalists« wurden von der Geschichte widerlegt: Gerade die große Ausdehnung und der Interessenpluralismus erwiesen sich (bis auf den im Sezessionskrieg von 1861 bis 1865 ausgetragenen Nord-Süd-Konflikt) als fruchtbar und verhinderten die Dominanz einer Gruppierung.

Während frühere »Universalisten« immer nur die europäischen Staaten beziehungsweise Fürstentümer und mit ihnen eng verbundene Regionen als »Welt« begriffen, war zum Ende des 18. Jahrhunderts die Erde schon so weit vertiefend erforscht (unter anderem durch Alexander von Humboldt), dass zum ersten Mal »global« gedacht wurde, wenn von »Menschheit« und »Weltbürgern« die Rede war.

Der Völkerbund

Neuerliche Motivationsschübe gingen jeweils von den Schrecken der beiden Weltkriege aus. Der amerikanische Präsident Wilson versuchte im Januar 1918 mit seinem »14-Punkte-Programm« einige wichtige Grundsätze für einen gerechten Weltfrieden aufzustellen. Es handelte sich im Wesentlichen um Räumung besetzter Gebiete und Souveränitätsgarantien, aber auch um die Garantie der Freiheit der Meere, die Verpflichtung zur Abrüstung sowie die Bildung eines Völkerbundes. Um diesen letzten und für ihn wichtigsten Punkt durchzubekommen, opferte er in den Pariser Friedensverhandlungen mit England und Frankreich die meisten anderen Punkte. Als der US-Senat den Versailler Vertrag nicht ratifizierte und auch dem Völkerbund nicht beitrat, erlitt Wilson einen persönlichen Zusammenbruch. Die Verleihung des Friedensnobelpreises 1919 muss ihm danach wie Hohn erschienen sein.

Der Völkerbund wurde dann im Januar 1920 in Genf konstituiert. Ihm gehörten die alliierten und assoziierten Mächte des Ersten Weltkriegs (mit Ausnahme der USA) und 13 eingeladene neutrale Staaten an, darunter die Schweiz. Österreich trat 1920 und die Sowjetunion 1934 bei. Brasilien, Italien und Japan traten zwischen 1928 und 1937 aus, die Sowjetunion wurde 1940 ausgeschlossen. Das Deutsche Reich war von 1926 bis 1933 Mitglied. Bei diesen von nationalen Interessen dominierten Bei- und Austritten nimmt es nicht wunder, wenn der Völkerbund auf den Weltfrieden keinen Einfluss hatte. Der Ausbruch des Zweiten Weltkriegs nur 23 Jahre nach Beendigung des Ersten spricht eine deutliche Sprache.

Der Schock des Zweiten Weltkriegs

Dass dieser Zweite Weltkrieg so bald möglich werden konnte, war allerdings auch der Beweis, dass es anderer und besserer Institutionen bedurfte als des Völkerbundes. Während Millionen Soldaten gegeneinander kämpften und das Leben der Zivilbevölkerung immer stärker von Chaos und Leid geprägt war, während die Zahl der Opfer immer höher wurde und die Hoffnung auf Frieden immer aussichtsloser erscheinen musste, setzten sich visionäre Persönlichkeiten wie Mahatma Gandhi, Bertrand Russell und Albert Camus bereits für die Bildung einer »Weltföderation von freien Nationen« ein. Aber auch weniger bekannte Menschen überwanden ihre Verzweiflung und kanalisierten ihr »namenloses Gefühl von Schmerz, Ohnmacht und Zorn«, wie der spätere Präsident des Instituts für Friedenswissenschaft und Völkerverständigung in Wien, L. C. Kolm[2], schrieb, in einen neuerlichen Anlauf zur friedlichen Einigung der Menschheit. Kolm, der bei einem Bombenangriff auf Wien im Januar 1945 seine Frau verlor, ist ein Beispiel für Bürger, die sogleich mit Kriegsende die Weichen stellen wollten, um in Zukunft ein neuerliches Entgleisen der Weltpolitik zu verhindern. Er legte 1947 ein Exposé und einen Organisationsplan zur Gründung eines »Forum Humanum« und einer »Weltbürger-Union vor«.

Im Forum Humanum sollten Wissenschaftler aus aller Welt ihre Ideen zur Neuorganisation der menschlichen Gesellschaft einbringen, und zwar ausschließlich an objektiven, wissenschaftlichen Gesichtspunkten orientiert, sodass der Verdacht der Förderung einseitiger nationaler Interessen ausgeschlossen werde.
   In der Weltbürger-Union sollten sich Verbände und Individuen zusammentun, die sich dem von Sonderinteressen aller Art freien Konzept anschließen wollten, das vom Forum Humanum entwickelt werden würde. Außerdem sollte hier die finanzielle Basis für die Arbeit des Forums geschaffen werden.

Freiheit – von was?

Ein weiteres Beispiel ist der Philosoph und Psychoanalytiker Gustav Kafka[3], der 1949 die Schrift »Freiheit und Anarchie«

---

[2] Siehe Literaturverzeichnis am Ende dieses Abschnitts.
[3] Siehe Literaturverzeichnis am Ende dieses Abschnitts.

herausbrachte. Geschrieben hatte er sie 1944, Teile davon gingen beim Großangriff auf Dresden im Februar 1945 verloren. Er befürchtete aufgrund von geschichtlichen Erfahrungen, dass auch nach dem Zweiten Weltkrieg, nach einer Zeit der Tyrannis, das Pendel in die Gegenrichtung, zur Anarchie, ausschlagen würde. Politische Freiheit sei aber »immer nur eine mehr oder weniger goldene Mitte zwischen Tyrannis und Anarchie«.

Kafka nimmt sich die von Roosevelt und Churchill 1941 ausgearbeitete und 1942 von den gegen Deutschland Krieg führenden Staaten unterzeichnete Atlantikcharta (Charta Atlantica) vor, die nach Kriegsende den Weltfrieden durch die weltweite Garantie von vier Freiheiten sichern wollte: die Freiheit von Not, die Freiheit der Religionsausübung, die Freiheit der Meinungsäußerung und die Freiheit von Furcht.

Er warnt in seiner Schrift vor den durch unklare Formulierungen vorprogrammierten Missverständnissen, vor allem, was die Begriffe »Not« und »Furcht« angeht. Seiner Meinung nach könnten falsche Erwartungen geweckt werden. Dies berge eine »große Gefahr, weil niemand so eifersüchtig über der Einhaltung aller Versprechen einer Regierung wacht wie die Masse und keine Masse so weit zu beeinflussen ist, dass sie auf die Dauer einen Widerspruch zwischen Versprechen und Halten hinnähme«.

Wie Kolm sieht Kafka die Notwendigkeit, die gesetzgebende Gewalt in die Hände einer »Körperschaft von Kennern des internationalen Rechts« zu legen, »welche über die erforderliche Sachkenntnis und Sachlichkeit verfügen«. Je mehr Völker dieser Unparteilichkeit vertrauen und sich ihren Entscheidungen freiwillig unterordnen, desto leichter wäre es auch, Völker, die nicht »guten Willens« sind, mit Gewaltandrohung zur Anerkennung der beschlossenen Rechtsordnung zu zwingen. Insofern könne es keine Freiheit von Furcht schlechthin geben, sondern immer nur »die Ausschaltung jeder Furcht vor unrechtmäßiger Gewalt«. Recht dürfe zwar nicht durch Macht geschaffen werden, es müsse aber »bei der Schwäche der menschlichen Natur« durch Macht aufrechterhalten werden können.

Das »Selbstbestimmungsrecht der Völker« ist für Kafka demgemäß eine hohle Floskel. Freiheit von Furcht vor unrechtmäßiger Gewalt könne nur durch die Herstellung einer Rechtsordnung erreicht werden, die von möglichst allen Völkern aus Einsicht anerkannt wird. Des Weiteren bräuchte es eine richterliche Gewalt, die die Rechtsordnung zur Anwendung bringt, und eine vollstreckende, die hinreichende Machtmittel besitzt, »Verletzungen der Rechtsordnung vorzubeugen oder sie zu sühnen«.

Dem bösen Menschen eine bessere Umwelt schaffen

Auf der anderen Seite des Atlantiks, an der Universität Chicago, veröffentlichte 1941 der Staatswissenschaftler Charles E. Merriam[4], der von 1913 bis 1919 Vorsitzender des Haushaltsausschusses, später unter Präsident Hoover Mitglied des Sozialpolitischen Ausschusses war und von 1933 bis 1943 dem *National Resources Planning Board* angehörte, seine Schrift »Neue Wege der Demokratie« (in deutscher Übersetzung 1949 erschienen). Er tat dies aus der Erkenntnis heraus, dass »die alte Welt ein für alle Mal dahin« sei. Ihm ging es sowohl darum, den grundlegenden Ansprüchen der Demokratie als einer »dynamisch wirkenden Organisation« durch neue Strukturen im Inland zu neuer Bedeutung zu verhelfen und auch »eine Rechtsordnung zu finden, unter die die zwischenstaatlichen Beziehungen gestellt werden«.

Merriam ist sich durchaus bewusst, dass den Vorschlägen zur Schaffung neuer Formen des gesellschaftlichen Zusammenschlusses Folgendes entgegengehalten werden kann: Solange sich der Mensch nicht ändert, nützen neue Institutionen auch nicht viel. Dazu meint er, man könne den Menschen nicht direkt verändern, sondern nur versuchen, »dem bösen Menschen eine bessere Umwelt (zu) schaffen, in der es ihm leichter fällt, gut zu sein«. Ein wichtiger Schritt sei bereits die Erkenntnis,

---

[4] Siehe Literaturverzeichnis am Ende dieses Abschnitts.

dass alle Ursachen von Leid (wie Krieg, Hungersnot, Epidemien, Furcht und der Glaube, das Leben sei elend, arm, brutal und kurz) »nicht von der Natur unabänderlich über uns verhängt« sind. Der Mensch müsse sich darüber klar werden, dass er es sei, der Licht in das von ihm größtenteils selbst geschaffene Dunkel tragen könne.

Ebenfalls in Amerika erschien 1945 der auch in anderen Ländern viel beachtete Essay »Anatomie des Friedens« von Emery Reves. Auch ihm ging es mehr darum, die Menschen aufzurütteln und ihnen klarzumachen, wie unsinnig und unzeitgemäß das System des »Nationalfeudalismus« sei. Er wollte eine »kopernikanische Wende« des politischen Denkens, die darin bestehen sollte, dass die Bürger ihre volle Souveränität erhalten und das Recht, auf allen Ebenen des Zusammenlebens die ihnen dienlichen Institutionen zu schaffen und sich in übernationalen Gesellschaften zu integrieren – ohne Beschränkung durch nationale Grenzen. Konkrete beziehungsweise detaillierte Schritte zeigte aber auch Reves' Entwurf nicht auf.

Ungeheures Vernichtungspotenzial

Während früher argumentiert wurde, der Friede sei der dem Anspruch und der Würde des Menschen angemessene Zustand, kam jetzt eine neue Qualität hinzu: »Durch die besondere Gefährlichkeit der weltpolitischen Lage, bedingt durch die Möglichkeit der Verwendung von Vernichtungswaffen ungeheuren Wirkungsgrads« (Kolm), erschien es zudem als zwingende Notwendigkeit, eine Einigung der Weltgemeinschaft zu erreichen.

Ein Jahr nach Kriegsende, im Mai 1946, hielt J. Robert Oppenheimer, einer der damals bedeutendsten Atomphysiker, einen Vortrag über atomare Sprengstoffe. Darin wies er auf mehrere Probleme hin, die dringend einer Lösung bedürften: zum einen auf den Tatbestand, dass die »Verfahren, die den so genannten segensreichen Gebrauch der Kernkraft ermöglichen, offenbar nicht von denen zu trennen sind, die der Herstellung von Atomwaffen dienen.« Er meinte, wenn mit der Atomenergie nur Bomben herstellbar wären, ließe sich am ehesten an eine internationale Abmachung denken, dergleichen zu unterlassen. Wie aber friedliche und kriegerische Nutzung trennen?

Zum anderen machte Oppenheimer deutlich, dass der in der Diskussion befindliche Vorschlag, einer internationalen Behörde die Herstellung und den Besitz von Atomwaffen anzuvertrauen, einen großen Schwachpunkt aufweise: Atomwaffen seien als »Polizeiwaffen« ungeeignet. Sie können nicht zwischen Schuldigen und Unschuldigen unterscheiden, sondern seien selbst »die äußerste Verkörperung der Vorstellungen von totalem Kriege«.

Doch selbst wenn es die Atombombe nicht gäbe, sah er im übrigen vorhandenen Vernichtungsarsenal bereits ausreichend Grund für eine Überwachung durch eine internationale Institution.

Und er beklagte das Versäumnis, »dass in unserer heutigen Welt eine zulängliche Einrichtung fehlt, die solche Überwachung ausüben könnte«.

»Eine Welt oder keine!«

Oppenheimer kam damals – wie Albert Einstein, mit dem er auch über dieses Thema sprach – zu dem Schluss, dass es dringend einer Weltregierung bedürfe (Einstein: »Eine Welt oder keine!«), die durch eine angemessene Übertragung staatlicher Souveränität vonseiten der Staaten bevollmächtigt werde, ein gemeinsam verabschiedetes Recht auf alle Bürger aller Staaten anzuwenden. Damit ergibt sich die Frage, wie ein internationales Recht ohne nationales Vetorecht in einer Welt souveräner Staaten zu ermöglichen sei. Letztlich sieht er nur die Möglichkeit eines »freiwilligen Teilverzichts«. Dies zu erproben, hält er den Bereich der Kernenergie für besonders geeignet – auch weil hier die Dringlichkeit jedem deutlich vor Augen stehen dürfte. Er schlägt die Gründung einer Atom-Entwicklungsbehörde vor, »die die Funktion der Entwicklung, Auswertung und Überwachung ausüben kann, die lebens- und wachstumsfähig und in der Lage ist, die Welt gegen den Gebrauch von Atomwaffen zu schützen und ihr die Wohltaten der Kernkraft zugänglich zu machen«.

In einer Vorlesung vor Angehörigen der Armee und der Regierung im September 1947 kam Oppenheimer dann auf den sehr bedeutenden Aspekt der Zeitperspektive zu sprechen. Zwar zuvörderst im Hinblick auf die Anwendung der Atomenergie, aber im Kern durchaus als allgemeine Überlegung und Entscheidungsgrundlage zum Thema Frieden stellte er die Frage, ob sich die USA »für die nächsten zwei Jahre, für die nächsten zehn Jahre oder für die nächsten 20 Jahre stark und in diesem Atomzeitalter sicher fühlen« wollten. Von der Beantwortung dieser Frage hänge nämlich die Wahl der Strategie ab. Wolle man für die nächsten zwei Jahre ein Höchstmaß an militärischer Stärke erreichen, müsste das Ziel »der größtmögliche Vorrat an atomaren Waffen und die kleinstmögliche Verbreitung von Tatsachenkenntnis« sein. Das wäre das Programm auf kurze Sicht. Die zweite Möglichkeit wäre, die »technische Überlegenheit« zu sichern, damit einerseits die Bewegungsfreiheit bei zukünftigen Entscheidungen und andererseits das Abschreckungspotenzial gegen feindliche Angriffe erhalten bliebe. Das Dritte wäre die »Ebene wirklicher Stärke«, das heißt »höchste wirksame Verteidigung«, »gute Pläne für die (…) Mobilisierung; wirksame und sofort verfügbare Mittel für einen Gegenangriff«. Das Problem: Diese verschiedenen Bemühungen sind nicht immer miteinander vereinbar.

Oppenheimer selbst spricht sich, obwohl er überzeugt ist, dass es für die »Russen (…) ein weitreichenderer Verzicht und eine Umkehr der Grundsätze, auf denen ihre Staatsgewalt beruht« sei, dafür aus, »dass wir selber nach Plänen handeln, deren Verwirklichung auf lange Sicht höchstwahrscheinlich darauf hinausläuft, dass das Problem der Atomenergie nicht nur tragbar wird, sondern gelöst werden kann: und das heißt Internationalisierung«. Allerdings empfand er es als unrealistisch, bereits in den nächsten Jahren Ergebnisse zu erwarten.

Die ständigen Blockierer

Statt zu internationaler Kontrolle kam es dann zum atomaren Wettrüsten zwischen der UdSSR und den USA, in dessen Verlauf weitere Länder in den Kreis der Atomwaffenstaaten eintraten. Sowohl bei dieser Entwicklung als auch bei den vielen Gewaltkonflikten der letzten Jahrzehnte haben die Vereinten Nationen, obwohl sie von 51 Gründungsstaaten im Jahr 1945 auf 193 angewachsen sind, wenig ausrichten können. Immerhin gab es seit 1945 über 200 Kriege, mit steigender Tendenz über die Jahrzehnte, davon 190 in den Entwicklungsregionen. Afrika war und ist mit 59 Kriegen am stärksten betroffen: beim Völkermord in Ruanda 1994, dem seit Jahrzehnten andauernden Völkermord im Südsudan, den blutigen Kämpfen um die Coltanvorkommen im Kongo. Diese innerstaatlichen Auseinandersetzungen machten mit 158 das Gros aller Kriege aus. Darunter waren 65 Antiregime- sowie 51 Autonomie- und Sezessionskriege.

Auch heute sind die UN immer noch durch ihre spezielle Konstruktion behindert: Zum einen sind sie als Forum souveräner Mitgliedsstaaten zu sehr von den jeweiligen nationalen Regierungen abhängig, und zum anderen können die »ständigen Mitglieder« China, Frankreich, Großbritannien, Russland und die USA im UN-Sicherheitsrat durch ihr Vetorecht auch Mehrheitsentscheidungen blockieren, was in erster Linie natürlich dann erfolgt, wenn es um Entschlüsse gegen die eigenen Interessen geht.

Besonders hervorgetan haben sich hierbei die USA, auch wenn Frankreich und Russland ebenfalls häufige Blockierer waren und sind. So hat Russland erst im Frühjahr 2004 den Annan-Plan zur Wiedervereinigung Zyperns ausgebremst.

Zweierlei Maß

Die USA sind sich über Jahrzehnte treu geblieben, was sicher mit ihrem Selbstbild als »God's own Country« zusammenhängt, mit ihrem Gefühl, die beste Demokratie, »the best way of life« und damit das Gute schlechthin zu verkörpern. Wenn man nach dem Motto geht: Wer Erfolg hat, hat Recht, und wenn man unter Erfolg hauptsächlich die wissenschaftliche, ökonomische und militärische Vormachtstellung begreift, haben die USA nach dem Zweiten Weltkrieg stets Recht gehabt. Tanzt ein Regierungschef nach der Pfeife der USA, wird er unterstützt – egal, was im Lande mit der eigenen Bevölkerung passiert. Erst wenn ein Despot nach seinem eigenen Rhythmus tanzen möchte, stößt man sich plötzlich an den Menschenrechtsverletzungen und dem Mangel an Demokratie. Treffen amerikanische Firmen auf Hindernisse in anderen Ländern (zum Beispiel in Form von Gesetzen), werden diese Hindernisse beseitigt – wenn es sein muss, indem die amtierende Regierung entfernt wird. Da die USA den Weltmarkt dominieren und der Dollar bisher die Weltwährung Nummer 1 ist, befinden sich alle anderen Länder in vielfältigen Abhängigkeiten von Amerika. Dass umgekehrt auch die USA vom Rest der Welt abhängen, und zwar in gigantischem Ausmaß, wird durch forsches Auftreten verdeckt. Mit der simplen Logik des Stärkeren wird einem Eingehen auf die Interessen anderer zunächst die Erfüllung der eigenen Bedingungen zur Voraussetzung gemacht. Als scheinbar banales, aber aufschlussreiches Beispiel sei hier ein Gesetz genannt, das in Singapur bis Anfang 2004 das Kaugummikauen verbot. Dies hat nicht in erster Linie amerikanische Touristen gestört, sondern die Firma Wrigley. Nun wäre es völlig unamerikanisch, den Stadtstaat davon zu überzeugen, dass dieses Gesetz blödsinnig und dem Tourismus abträglich ist. Stattdessen nutzte ein Senator (ein Schelm, der hier an Wahlkampfspenden von Wrigley denkt!) die Abstimmung über ein Freihandelsabkommen mit Singapur und machte seine Zustimmung von der Änderung des Antikaugummigesetzes abhängig: Und bist du nicht willig, so brauch ich Gewalt! Wobei sich die Gewalt in diesem Fall nur sehr indirekt bemerkbar machte.

Hegemonialer Weltpolizist

Heute sind nach dem Auseinanderbrechen der UdSSR die USA vorerst als einzige Hegemonialmacht übrig geblieben. Wäre es denkbar, dass Amerika die Rolle des Weltpolizisten übernimmt und wenn nötig – mit Unterstützung »williger« Partner – die Durchsetzung demokratischer Regeln erzwingt? Für die USA, vor allem unter George W. Bush, erscheint dies offenkundig der einzig gangbare Weg.

Doch die Realität hat gezeigt, dass die USA sich nicht nur nicht an internationale Abkommen halten beziehungsweise eine Verabschiedung von Vereinbarungen nach Möglichkeit verhindern, wenn diese gegen die nationalen Interessen Amerikas verstoßen, sondern sie spielen auch ohne Absprache mit anderen UN-Mitgliedern den Weltpolizisten, wenn es ihren machtpolitischen und wirtschaftlichen Interessen dient. Dabei kommt hinzu, dass dieser Polizist oftmals die Verbrecher zunächst mit Waffen beliefert. 1999 kam wertmäßig fast die Hälfte der weltweit importierten Kriegsgüter aus den USA! Und Amerika bedient sich globaler Institutionen wie der Weltbank oder des Internationalen Währungsfonds für die eigene Großmachtpolitik. Wie kann da auch nur ein Rest an Glaubwürdigkeit als neutraler Schlichter und Schiedsrichter bleiben? Außerdem fehlt den USA – obwohl sich ihre Bevölkerung aus einer Vielfalt an Ethnien zusammensetzt – in erschreckendem Ausmaß der Zugang zu fremden Kulturen. Sie sind nicht in der Lage, andere Wertvorstellungen anzuerkennen, sich auf andere Mentalitäten einzulassen. Was sie haben, ist das Beste. Also müssen alle Menschen das Gleiche haben wollen. Von Coca-Cola und McDonald's über Windows bis hin zur Demokratie: Wo Amerika drauf steht, muss etwas Gutes drinsein.

So stapft dieser tumbe Elefant geradeaus, ohne zu merken, dass dann doch alles anders kommt, als er es, zumindest offiziell, beabsichtigte: Weder im Kosovo noch in Afghanistan noch im Irak sind auch nur Ansätze einer besseren Zukunft zu erkennen. Natürlich ist es gut, dass nicht mehr die Taliban Afghanistan und Saddam Hussein den Irak regieren. Aber es kann doch nicht genügen, ein schädliches Regime zu entfernen und ein Vakuum zu hinterlassen. Das mag zwar von neuen politischen Figuren ausgefüllt werden, doch meist mit den alten Intentionen: Machtausübung ohne demokratische Legitimation. In Afghanistan sind es lokale Warlords, die die militärische und mit dem Opium auch die ökonomische Kontrolle ausüben. Und im Irak bekämpfen die Befreiten ihre Befreier und sich untereinander!

Die Welt ist nicht sicherer

Hier zeigt sich die Unfähigkeit Amerikas, ein Konzept für den Frieden zu entwickeln, das über den Einsatz von Übermacht hinausgeht – oder einzusehen, dass dies glaubwürdig nur von einer unparteiischen Globalinstitution geleistet werden kann.

Und im Falle des Irak ist nicht einmal das Argument, das in der Propaganda oberste Priorität hatte, stichhaltig umgesetzt: Die Welt ist nicht sicherer geworden, nicht einmal sicher genug, um das begehrte Erdöl holen zu können. Im Gegenteil: Private Sicherheitsdienste, die Firmen und ihre Mitarbeiter in Krisenregionen schützen, aber auch der regulären Armee assistieren, sehen einer rosigen Zukunft entgegen; der »Beruf, der von der Krise lebt« erwartet »aufgrund der weltpolitischen Lage und der anhaltenden Bedrohung durch Terrorismus ein kontinuierliches Wachstum«.[5] Im Irak waren im Frühjahr 2004 bis zu 20 000 solcher Söldner, die zum Teil über einschlägige Erfahrungen aus Einsätzen in Südafrika und China verfügen, für Monatsgehälter um 10 000 Dollar tätig und stellten somit nach der amerikanischen und der britischen Armee das drittgrößte Kontingent.

Viel wertvolle Zeit wurde verloren

Auch wenn andere Länder ebenfalls in erster Linie ihre nationalen Interessen in den Vordergrund stellen, auch wenn die EU und Russland im Jahr 2004 die USA als Rüstungsexporteur eingeholt beziehungsweise überholt haben, so ist es doch Tatsache: Wegen der wirtschaftlichen und militärischen Vormacht-

---

[5] »SZ« vom 17. April 2004.

stellung liegt es heute vor allem in den Händen der USA, wie es mit den UN weitergeht. Denn bei einem Ungleichgewicht der Beteiligten ist es Sache des Stärkeren zu signalisieren, inwieweit er zu einem Verzicht auf einseitiges Durchsetzen seiner Interessen bereit ist. Dabei ist eines klar: Obwohl in Umfragen[6] eine Mehrheit der Amerikaner sowohl für eine Stärkung der UN sowie für die Einrichtung einer schnellen Eingreiftruppe ist, obwohl ebenso eine Mehrheit sich für den Beitritt der USA zum Internationalen Strafgerichtshof ausspricht, steht zu befürchten, dass es eher einen weiteren Rückzug aus internationalen Institutionen geben wird. Allerdings ist nach den nationalen und internationalen Reaktionen auf die Misshandlung und Folterung von Gefangenen im Irak fraglich, ob jetzt nicht doch der Druck der Öffentlichkeit zunehmen wird, die Verweigerungsrolle der USA in der UNO nicht länger hinzunehmen. Auf dem internationalen Parkett hat der Skandal jedenfalls dazu geführt, dass die Vereinigten Staaten die prinzipielle Immunität ihrer Staatsangehörigen vor dem Internationalen Strafgerichtshof (IStGH, englisch ICC) durch eine Resolution des Sicherheitsrates nicht zum dritten Mal verlängern konnten – die erforderliche Mehrheit wäre nicht zustande gekommen.

Es wurde mehr als ein halbes Jahrhundert vertan, ohne dass die nötige Einigkeit zustande gekommen wäre, um Reformen anzugehen, die es den UN ermöglichen würden, die in sie gesetzten Erwartungen auch nur halbwegs zu erfüllen, lautet die traurige Bilanz der »Vereinten Nationen«. Sie drohen im Gegenteil immer bedeutungsloser zu werden, denn auch derzeit gibt es kaum Anzeichen für eine Umorientierung weg von einer nationalen und hin zu einer globalen Zivilisationsepoche. Allerdings macht ein Projekt, der ICC, von dem später noch ausführlicher die Rede sein wird, wieder Hoffnung, dass völkerrechtliche Fortschritte weiterhin möglich sind.

Doch das Prinzip Hoffnung wird nun schon sehr lange strapaziert. So schrieb der Zukunfts- und Chaosforscher Werner Mit-

---

[6] »Newsweek« vom 11. Oktober 2004.

telstaedt: »Aber im Verlauf des Golfkrieges (...) haben sich die Stimmen gemehrt, die eine Stärkung der UNO als Faktor zur friedlichen Sicherung des Friedens befürworten.« Er schrieb dies allerdings schon 1992, und gemeint war die ein Jahr zuvor beendete, inzwischen »Golfkrieg I« getaufte gewaltsame Befreiung Kuwaits. Auch damals konnte die UNO ihre Strategie der harten Wirtschaftssanktionen und des politischen Drucks nicht durchsetzen – die USA schlugen einfach militärisch los. Das gleiche Bild im Jahre 2003, im »Golfkrieg II«. Und auch jetzt soll man wieder – oder noch? – Hoffnung hegen, dass endlich Vernunft einkehrt?

Weg mit dem Veto

Wie aber müsste eine reformierte Konzeption einer Weltorganisation heute aussehen? Welche Aufgaben sollte sie erfüllen können? Und vor allem: Was hat bisher eine funktionierende Institution verhindert, und wie können endlich Entscheidungen herbeigeführt werden, nachdem die Erkenntnislage seit Jahrhunderten so schlecht nicht ist, ihre Umsetzung jedoch in beinahe selbstmörderischer Ignoranz unterblieben ist?

Willy Brandt, damals SPD-Ehrenvorsitzender, nannte 1991 folgende Reformschwerpunkte[7]:

✓ Stärkung der Rolle des Generalsekretärs. Es könne nicht sein, dass er keine Rolle mehr habe, wenn der Sicherheitsrat eine militärische Aktion beschließt.
✓ Abschaffung der Vetorechte.
✓ Erweiterung des Sicherheitsbegriffs auf ökonomisch und ökologisch bedingte Friedensgefährdungen.
✓ Geltendmachung des Regionalprinzips bei der Konfliktregelung und der Zusammenarbeit sowie bei der Repräsentation in den Gremien.

---

[7] W. Mittelstaedt: Zukunftsgestaltung und Chaostheorie. Peter Lang 1993.

226

✓ Erleichterung friedensichernder Vorhaben durch Bereitstellung von »Blauhelmen«.
✓ Stärkung des Internationalen Gerichtshofs und Erweiterung seines Aufgabenbereichs.

Das größte Hemmnis für Reformen waren immer wieder die »Großmächte«, deren Positionen (bis auf China, das erst 1971 aufgenommen wurde) auf ihre Siegerrollen von 1945 und ihren Status als Atommächte zurückgehen. Ängstlich bemüht, ja nicht durch das kleinste Entgegenkommen Schwäche zu signalisieren, versuchten sie, neben ständiger Aufrüstung, durch Koalitionen mit wirtschaftlich abhängigen Staaten den gegnerischen »Block« mit Drohgebärden einzuschüchtern. Gemeinsame Abkommen waren weitgehend tabu.

Doch wenn sich derzeit überhaupt eine Aufweichung der Blockademöglichkeiten der fünf »Vetomächte« abzeichnet, dann höchstens in der Erweiterung der Mitgliederzahl im Ständigen Sicherheitsrat. Deutschland drängt mit Macht auf Aufnahme und hat als zweitgrößter Truppensteller unter UN-Mandat sowie als dritthöchster Beitragszahler gute Karten. Unter Berücksichtigung der Wirtschaftskraft gebührt ferner Japan ein Platz, unter Bewertung der Bevölkerungszahl Indien, und will man auf eine ausgewogene Berücksichtigung der Kontinente achten, kommen auch Brasilien und Argentinien sowie Südafrika und Ägypten infrage.

Das erste »Weltstrafgericht«

So gab es bisher nur wenige und leider nur sehr halbherzige Reformansätze. Einer davon ist der bereits erwähnte Internationale Gerichtshof, oft auch als »Weltgericht« bezeichnet. Der IGH (englisch ICJ) mit Sitz in Den Haag ist zuständig für alle ihm von den Vertragsstaaten des Statuts unterbreiteten Rechtssachen, zum Beispiel die Auslegung eines Vertrags, jede Frage des Völkerrechts, Verletzung internationaler Verpflichtungen, internationale Staatshaftungsansprüche etc. Das Problem hierbei: Es können nur Staaten klagen, die Mitglied sind, und es können nur Staaten verklagt werden, die die betreffenden Konventionen unterzeichnet haben und der Zuständigkeit des ICJ im konkreten Fall zustimmen. Ein aktueller Fall im Jahr 2004: Kann Serbien-Montenegro acht Nato-Staaten, darunter Deutschland, wegen Angriffen im Kosovokrieg verklagen? Dazu müsste geklärt werden, ob Restjugoslawien bei Klageerhebung UN-Mitglied war, und Deutschland, das nur die Genozidkonvention unterzeichnet hat, könnte nur wegen Völkermordabsichten an den Serben verklagt werden.

Und doch ist das schier Unfassbare geschehen: »Nach Jahrzehnten scheinbar weltfremden Planspielen von Völkerrechtlern entsteht nun in einem Gewerbegebiet der holländischen Hauptstadt das erste ständige Weltstrafgericht der Geschichte«, vermeldet die »Süddeutsche Zeitung« in einem umfangreichen Beitrag im April 2004. Und zwar nicht als Aprilscherz, wie es sich die USA am liebsten wünschen würden. Jenseits des Atlantiks wird nicht nur die Unterschrift unter den Vertrag über das Strafgericht verweigert, den inzwischen 92 Staaten ratifiziert haben, sondern es wurde gar eine demonstrative Kampfansage ausgesprochen. Ein Sondergesetz erlaubt es dem US-Präsidenten implizit, amerikanische Staatsbürger mit Militärgewalt aus den Händen des Internationalen Strafgerichtshofs zu befreien! In ihren schlimmsten Phantasien unterstellen die Feinde des Gerichts den Strafverfolgern sogar schon, den amerikanischen Präsidenten selbst auf die Anklagebank setzen zu wollen. Die Statuten des ICC (Internationaler Strafgerichtshof) erstrecken sich im Gegensatz zum IGH (Internationaler Gerichtshof) nicht auf Staaten, sondern unmittelbar auf natürliche Personen, unabhängig von ihren Ämtern, und gelten für Kriegsverbrechen, Völkermord, Verbrechen gegen die Menschlichkeit und dem Verbrechen der Aggression (Angriffskrieg).

Seit zwei Jahren laufen die Arbeiten nun: Ein Gebäude in Den Haag musste umgebaut und eingerichtet, Mitarbeiter müssen rekrutiert und für diesen besonderen Einsatz geschult werden, formelle Entscheidungen gilt es zu treffen (wie über das Aussehen der Roben), und es gilt darüber zu beschließen, wie umfangreich die Rechte der Angeklagten sein sollen. Setzt man sie hoch an, um die Rechtsstaatlichkeit des Gerichts außerfrage zu stellen, läuft man Gefahr, Verfahren nicht effizient durchführen zu können. Keine leichten Aufgaben also, zudem die Erwartungen an das Gericht und die Vorstellungen von Gerechtigkeit nicht auf der ganzen Welt identisch sind.

Vor allem aber geht es um die Frage: Wer soll angeklagt werden? Zu den Topfavoriten gehört Saddam Hussein. Dumm nur, dass sein Land das Statut nicht ratifiziert hat, als er noch Regierungschef war – eine wesentliche Voraussetzung für das Tätigwerden des Gerichtshofs, denn es gilt das Territorial- und Täterprinzip: Wird das Verbrechen auf dem Territorium eines Vertragsstaates begangen, gilt die Zuständigkeit des ICC. Dazu kommt allerdings, dass es nach dem Statut keine rückwirkende Jurisdiktion gibt. Möglich wäre ein Prozess theoretisch dennoch, da der UN-Sicherheitsrat dem Gericht besondere Fälle überweisen kann, was dann seine Zuständigkeit begründet.

Internationale Polizeiaktionen

Damit sind wir beim entscheidenden Punkt: Nachdem weltweit weitgehend Einigkeit über die Definition und die Notwendigkeit der Menschenrechte herrscht, stellt sich die Frage nach dem Vollzug. Denn was nützen Rechte, die nicht durchgesetzt werden können? Konkret: Wer schreitet ein, wenn elementare Verstöße gegen die Menschenrechte erfolgen, zum Beispiel ethnisch oder religiös motivierte Auseinandersetzungen und Bürgerkriege? Wer holt die Angeklagten nach Den Haag, wenn das Tribunal ihren Prozess beschlossen hat?

Auch hierfür liegen detaillierte Pläne vor, ausgearbeitet zum Beispiel von Andreas Bummel für die »Gesellschaft für bedrohte Völker« (GfbV). Kurz gefasst bestünde die Lösung darin, die UN-Friedenstruppen durch eine stehende und ständig abrufbereite UN-Eingreiftruppe zu ergänzen, die aus international rekrutierten Freiwilligen besteht. Eine polizeiliche Spezialeinheit könnte als Vollzugsorgan mit der Verhaftung angeklagter Individuen betraut werden. Am besten geeignet für solche

Einsätze wären Vertreter von ethnischen Minderheiten wie den Gurkhas, den nepalesischen Söldnern, die bisher in der britischen Armee dienten und denen keine Partikularinteressen unterstellt werden könnten.

Viele der aktuellen Schwierigkeiten, die durch den Irakkrieg heraufbeschworen wurden, wären vermeidbar gewesen, wenn mit einer internationalen Polizeiaktion gegen die Attentäter vom 11. September 2001 hätte vorgegangen werden können, wie es der norwegische Friedensforscher Johan Galtung nur drei Wochen nach den Anschlägen bereits in einem Interview vorschlug.[8]

Die Vergangenheit hat gezeigt, wo die Schwachstellen liegen, die es abzustellen gilt. So kann man zum Beispiel nicht leichtfertig darüber entscheiden, wann der Einsatz von Gewalt gegen die Regierung eines Landes gerechtfertigt ist. Aber es darf sich die Staatengemeinschaft auch nicht als so unfähig erweisen wie 1994, als sie den Völkermord in Ruanda nicht verhinderte, weil zu lange Verhandlungen und widersprechende Einzelentscheidungen ein rechtzeitiges und effektives Einschreiten unmöglich machten. 800 000 Menschen wurden ermordet, vier Millionen mussten flüchten.

Unsinnig festgelegte Staatsgrenzen

Im Frühjahr 2004 verschickte die »Gesellschaft für bedrohte Völker« folgende Pressenachricht: »Während die internationale Gemeinschaft des Völkermords in Ruanda gedenkt und es bereut, nichts zur Rettung der Tutsi-Minderheit unternommen zu haben, erreicht der Genozid im Westsudan seinen Höhepunkt. Wieder werden vor aller Augen ungeheuerliche Verbrechen verübt, gegen die sich nur wenige Menschenrechtler und Journalisten engagieren. Dabei muss es sofort eine Intervention von internationalen Friedenstruppen geben, die den Völkermord und die Massenvertreibungen der arabischen Milizen und

---

[8] »Neues Deutschland« vom 6. Oktober 2001.

der sudanesischen Regierungstruppen an den schwarzafrikanischen Völkern der Fur, Masaalit und Zaghawa in Darfur/Westsudan beendet. Auch hier könnte es wie in Ruanda zur schlimmsten Katastrophe kommen: Eine Million Menschen droht zu verhungern, weil die sudanesische Regierung humanitäres Völkerrecht missachtet und Hunger als Waffe einsetzt. Hunderttausende sind auf der Flucht.« Auch hier behindert das Prinzip der »Nichteinmischung in innere Angelegenheiten eines Staates« ein Eingreifen der UNO. Dieser Fall zeigt nebenbei, wie unsinnig viele Staatsgrenzen gezogen sind, die in diesem Fall ein islamisches Nomadenvolk und christliche schwarzafrikanische Bauern in eine Gemeinschaft zwingt, in der Interessenkonflikte zwangsläufig sind. Liegt dann noch die Regierungsgewalt in den Händen der Mehrheit, ist die Minderheit gnadenlos der Willkür ausgeliefert.

Auch in Bosnien hat die Anwesenheit der Schutztruppe UNPROFOR wegen ihres unklaren Mandats und unzureichender Ausstattung schlimme Massaker und Politikermord nicht verhindern können. Es kam sogar so weit, dass UN-Angehörige zu Geiseln wurden.

Die UN – auf Spenden angewiesen

Im August 2000 legte UN-Generalsekretär Kofi Annan die Ergebnisse der Brahimi-Kommission vor, die die bisherigen UN-Aktivitäten untersucht und Vorschläge für die Weiterentwicklung der UN-Friedenseinsätze erarbeitet hatte. Einerseits sollte der Personalstand dringend den Erfordernissen angepasst werden, wozu unbedingt die schlechte Zahlungsmoral verbessert werden müsste. Es geht nicht an, dass die UNO auf Spenden reicher Gönner angewiesen ist (Ted Turner, unter anderem Besitzer des Nachrichtensenders CNN, überwies eine Milliarde Dollar, welche die UN wegen ihrer Haushaltsregelungen aber gar nicht direkt in Empfang nehmen durfte!), während das Hinauszögern vereinbarter Beiträge von Mitgliedsländern als politisches Druckmittel eingesetzt wird.

Und es muss ein Frühwarnsystem eingerichtet werden. Vor allem aber müsste den Vereinten Nationen endlich der politische und operative Spielraum für eigene Entscheidungen gegeben werden, womit wir wieder beim Thema Kompetenzabtretung sind. Und die scheitert bisher regelmäßig am UN-Sicherheitsrat, insbesondere an seinen fünf ständigen Mitgliedern und ihrem Vetorecht. So war es nur folgerichtig, dass die schrittweise Abschaffung dieses Vetorechts ganz oben auf dem Forderungskatalog stand, den das im Mai 2000 im UN-Hauptquartier in New York tagende Millennium-Forum der Zivilgesellschaft mit über 1300 Repräsentanten von Nichtregierungsorganisationen (NGO) aufstellte. Dieser Schritt setzt aber die Zustimmung ebendieser ständigen Mitglieder des Sicherheitsrats voraus. Hier wird klar, dass bei Entscheidungen nicht die global geltenden Menschenrechte im Vordergrund stehen, sondern nationale Interessen und bilaterale Rücksichtnahmen.

Ein vorläufiger Ausweg wäre die von Kanada angeregte Wiederbelebung einer Resolution der UN-Generalversammlung von 1950, die angesichts signifikanter humanitärer und menschenrechtlicher Handlungserfordernisse und des Ausbleibens einer Entscheidung des UN-Sicherheitsrats vorsieht, dass auch die Generalversammlung den Einsatz bewaffneter Kräfte mit einer Zweidrittelmehrheit beschließen kann (»Uniting for Peace«).

Druck der Bürger

Ein nach wie vor bestehendes Problem für die Glaubwürdigkeit und die Unparteilichkeit bei militärischen Einsätzen ist die Tatsache, dass der Sicherheitsrat auf die Bereitstellung nationaler Streitkräfte angewiesen ist, die wiederum nationalen Kommandos unterstehen. Es existiert zwar rein formell ein UN-Generalstabsausschuss – doch der ist, obwohl er seit über 40 Jahren im zweiwöchentlichen Turnus tagt, noch nie in Aktion getreten und somit das vielleicht lächerlichste Gremium der UNO.

Ein weiterer Bremsklotz ist die unzureichende Finanzierung. Diese hat zwei Ursachen: zum einen die zu niedrig angesetzten Beiträge, vor allem aber den Zahlungsmodus. Hier muss dringend Abhilfe geschaffen werden, in Form von fixierten Steueranteilen, damit die Mitgliedsstaaten nicht mehr die Möglichkeit haben, ihre Zahlungen nach Gutdünken oder in meist erpresserischer Absicht zurückzuhalten.

Wie konnte es also trotz all dieser Schwierigkeiten, trotz des vehementen Widerstands der USA und anderer Dauerverweigerer wie Russland und China überhaupt so weit kommen, dass Staatsanwälte und Richter, Kriminalisten, Politologen, Psychologen, Diplomaten, Militärexperten, Computerfachleute und Verwaltungspersonal das Gebäude des International Criminal Court (ICC) beziehen und ihre Arbeit aufnehmen?
Der Vertrag wurde von einer UN-Vorbereitungskommission entworfen, der PrepCom. Wesentlich unterstützt wurde die Arbeit von der Coalition for an International Criminal Court, einer Vereinigung von über 2000 Nichtregierungsorganisationen. Fertig vorgelegt wurde das Statut 1998 in Rom. In einigen Ländern, so in Peru, drängten die Bürger in öffentlich wirksamen Aktionen (»If others don't sign on, I will. ICC NOW!«) ihre Regierungen zur Ratifizierung.

Könnte dies nicht als Modell für viele andere Bereiche dienen? Eine »Koalition der Willigen« der anderen Art? Es fangen einfach einmal die an, die schon zur Einsicht gefunden haben. Sie schaffen damit zum einen ein nicht zu übersehendes Beispiel, das die Diskussion belebt, zum anderen machen sie anderen Mut zum Initiieren neuer Projekte. Seit Seattle 1999 vergeht keine WTO-Konferenz ohne lautstarke Proteste; es wurde das zunächst klammheimlich verhandelte »Multilaterale Investitionsabkommen« (MAI) von den NGO ans Tageslicht gezerrt und vorerst blockiert. Erfolgreiche Beispiele sind auch die mit dem Friedensnobelpreis ausgezeichnete *Koalition zur Ächtung von Landminen.*

Koalitionen der Vernünftigen

Da hätten wir gleich einen weiteren Vorschlag anzubieten: Nehmen wir das leidige Thema Kerosinsteuer. Bisher traut sich kein Land, diesem ökologischen Spuk ein Ende zu bereiten, der das Fliegen innerhalb der Kontinente gegenüber der Bahn subventioniert und die ständige Zunahme der extrem schädlichen Fernfliegerei fördert. Wie in so vielen Fällen wird damit argumentiert, dass Gesetze in einem Staat, die zu Nachteilen führen, zum Ausweichen in andere Länder führen – sprich: Die Flugzeuge würden zum Tanken andere Flughäfen anfliegen. Doch wozu haben wir eine Europäische Union? Wenn die EU-Länder sich auf die Einführung einer angemessenen Kerosinsteuer verständigten und zusätzlich beschlössen, dass alle Maschinen, die auf EU-Airports landen wollen, die Kerosinsteuer entweder bereits bezahlt haben müssten oder nachbesteuert werden, könnte kein Pilot mehr ausweichen, der Europa ansteuert. Und mit ziemlicher Sicherheit würden andere Staaten bald nachziehen, weil sie sich diese Einnahmen nicht entgehen lassen wollten.

Nebenbei bemerkt: Gerade dieses Sichniederkonkurrieren bei Umwelt- und Sozialstandards und das Steuerdumping zeigen doch, dass die Nationalstaaten bereits auf vielen Gebieten als Einzelne zu machtlos sind und dringend zu größeren Gebilden zusammengefasst werden müssen.

Unter dem Druck der Bürger müssten die EU-Politiker über die rein wirtschaftlichen Einigungsschritte, die meist bei der Einrichtung von Freihandelszonen, gemeinsamen Märkten und bestenfalls noch einer Wirtschafts- und Währungsunion Halt machen, endlich auch zu einer politischen Union finden, die – quasi als Übergang zu einer zukünftigen »Weltinnenpolitik« – zunächst eine Art gemeinsamer Außenpolitik ermöglichen würde. Im Jahre 2004 zeigten sich angesichts der Irakkrise die Folgen der fehlenden Gemeinschaftsbasis. »Europa sucht seine Weltpolitik«, schrieb die »Zeit«[9] zu Recht. Die Momentaufnah-

---

[9] »Die Zeit«, Nr. 18/2004.

me im Sommer 2004: Deutschland und Frankreich haben erst gar keine Truppen geschickt, Spanien zieht seine wieder ab, Italien will bleiben, aber zu neuen Bedingungen, England bleibt auf jeden Fall.

Längerfristige Weltinnenpolitik

Der nächste Schritt, den das Europäische Parlament schon seit 1994 anregt, sollte die Einrichtung einer Parlamentarischen Versammlung bei den Vereinten Nationen (UNPA) sein – als erster Schritt auf dem Weg zur Etablierung eines Weltparlaments. Die UNPA-Idee wurde auch beim Millennium-Forum 2000 von den Vertretern der globalen Zivilgesellschaft unterstützt. Jüngst hat sich das *Komitee für eine demokratische UNO* (KDUN) formiert, das genau diesen Vorschlag voranbringen möchte. Damit gewönne die UNO eine neue demokratische Dimension. Denn ohne eine breite Beteiligung der Bürger dieser Welt wird der nächste Evolutionsschritt der Demokratie hin zu einem Rechts- und Verfassungsstaat auf globaler Ebene nicht gelingen.

Die *Commission on Global Governance* (CGG) hat allerdings noch 1995 die Meinung vertreten, dass »Weltordnungspolitik nicht Weltregierung oder Weltföderalismus« bedeute. Dagegen vertreten Weltföderalisten die Ansicht, globale Selbstorganisation und eigengesetzliche Verflechtungsprozesse seien nicht nur von objektiven Machtverhältnissen abhängig. Das Problem der institutionellen Planer ist offenkundig ihr befristeter zeitlicher Perspektivenrahmen, der längerfristig angelegte Entwicklungsprozesse nicht erfassen kann. Davon abgesehen kann trotz des programmatischen Ausrufs der CGG kaum zwischen ihren Vorschlägen und den weltföderalistischen Konzepten trennscharf unterschieden werden.

Immer wieder wird von den Mondialisten, die sich für eine globale Demokratie einsetzen, eine »Weltinnenpolitik« gefordert. Ein »Innen« setzt aber ein »Außen« voraus. Lag der französische Schriftsteller André Maurois vielleicht richtig, als er 1948 in seiner visionären Erzählung »Fragmente einer Weltgeschich-

te, veröffentlicht von der Universität Timbuktu im Jahre 2025«
als Voraussetzung für eine friedliche und vereinte Weltbevölkerung eine äußere Bedrohung erkannte? Sein Plot: Als im (fik-
tiven) Jahr 1988 die Spannungen auf der Erde immer größer
werden, kommen die fünf mächtigsten Männer der Welt zusammen, allesamt gut gesinnte Medienmogule, die glauben, sie
könnten mit ihren Blättern die Menschen zum friedlichen Miteinander erziehen. Jetzt gelangen sie zur Einsicht: »Es ist trau-
rig, aber wahr, der Hass allein kann die Menschen einen.« So
hätten sich früher die französischen Provinzen *gegen* die Nach-
barländer zu einer Nation vereinigt. Gegen wen aber sollten
sich die Nationen der Welt vereinigen? Ihr Plan: Sie fingieren in
ihren Zeitungen eine Bedrohung vom Mond, heizen mithilfe
von Wissenschaftlern den Hass gegen die Angreifer an und
kreieren so eine »weltpatriotische Bewegung«.

Die Politik hinkt hinterher

Doch wer genau hinsieht, benötigt heute keine Bedrohung vom
Mond. Wir selbst sind unser eigener Feind, genauer gesagt: unsere heutigen Lebens- und vor allem Wirtschaftsgewohnheiten.
Wir Menschen vermehren uns nicht nur zahlenmäßig, es wachsen auch die materiellen Ansprüche des Individuums. Damit
drängen wir alle anderen Lebensformen an die Wand. Noch reden wir uns ein, dass wir auch dafür Lösungen finden werden.
Doch die Schritte, die erfolgen, finden fast ausschließlich auf
der Ebene der Wirtschaft statt. Dort hat die Globalisierung bereits das Ende der Volkswirtschaften und vieler nationaler
Handlungsspielräume gebracht. Die heute so wichtigen Kommunikationstechnologien kommen beinahe ganz ohne Ort aus.
Auch im militärischen Bereich lösen sich die nationalen Konturen mehr und mehr auf, tritt der Staat als alleiniger Ausführender
langsam in den Hintergrund. So bedienen sich nationale Armeen
zunehmend der Dienste privater Firmen (zum Beispiel im Irak
oder in Schwarzafrika), während andererseits globalisierte Terror-
netzwerke nicht mehr einzelne Staaten, sondern Ideologien und
Lebensstile bekämpfen. Doch die Politik hinkt hinterher.

Verteilte Zuständigkeiten

Um den unterschiedlichen Anforderungen gerecht werden zu können, werden wir wohl in Zukunft auf viele verschiedene Ebenen verteilte Zuständigkeiten benötigen: zum einen Kompetenzabgabe an globale Institutionen zum Schutz des Weltfriedens und der Menschenrechte, zum anderen Förderung der Eigenständigkeit von Regionen zum Schutz ethnischer Gruppen, Sprachen, Kulturen, Religionen, Traditionen, Architekturen, Wirtschaftsformen und von eigenständiger Verwaltung.

Natürlich braucht es noch weitere Änderungen, die aber immer in dem angestrebten neuen Gesamtsystem gedacht werden müssen, in dem sie erst Sinn machen und welches gleichzeitig harmonisch zu ihnen hinleitet. Deshalb wäre es falsch, zum Beispiel von einer »Abschaffung« bestehender Fehlkonstruktionen wie Weltbank, IWF (Internationaler Währungsfonds) und WTO (Welthandelsorganisation) zu sprechen. Diese würden in einem ganz neuen Wirtschaftssystem mit seiner anderen Zielsetzung schlicht obsolet. Das Gleiche würde für multinationale Unternehmen *(global players)* gelten, die in einer den Menschen dienenden Wirtschaft nicht mehr existieren könnten, da ihr hauptsächliches Interesse der Kapitalrendite gilt und sie keine Verantwortung für Menschen und die Natur übernehmen. Heute haben sie eine schädlich hohe Machtstellung erzielt, von der auch die Politik weitgehend abhängt. Demokratie bleibt aber eine Farce, wenn nicht gewählte politische Gremien, sondern wirtschaftliche Interessenvertreter de facto die Richtung angeben.

Zu diskutieren wäre vielleicht noch, ob es für eine Übergangszeit einen Internationalen Zivilgerichtshof geben sollte, wie es die EU-Grünen fordern; dieser sollte als Gegenüber der WTO Konflikte zwischen Handelsregeln und Umweltabkommen schlichten.

Überhaupt sollte allen Reformern bewusst sein, dass nur das Ziel klar sein kann. Der Weg dahin ist ein weiter, und er ist nicht vorgezeichnet. Es gilt also, einen Schritt nach dem anderen zu planen und sich immer wieder die Grundlagen der gemeinsamen Anstrengungen sowie das gemeinsame Ziel vor Augen zu führen.

Der Systemforscher Ervin Laszlo sieht uns an einer entscheidenden Gabelung unserer Evolution: Wir können die Menschheit immer weiter spalten in eine reiche Minderheit, die die arme Mehrheit durch Unterdrückung niederhält und dafür in ständiger Furcht leben muss. Dabei würde die Natur weiter verwüstet und das Leben immer härter. Oder wir finden zu einer vielfältigen, die verschiedenen Interessen ausgleichenden Struktur durch eine föderale Weltpolitik – von der ein Teil die Professionalisierung der Friedenssicherung ist – womit wir den alten Menschheitsidealen Gerechtigkeit, Freiheit, Ordnung, Wohlfahrt, Sicherheit und Frieden endlich näher kämen.

Literatur

Brauer, Maja: Weltföderation. Peter Lang, Frankfurt/M. 1995

Coulmas, Peter: Weltbürger. Geschichte einer Menschheitssehnsucht. Rowohlt, Reinbek 1990

Flechtheim, Ossip K.: Ist die Zukunft noch zu retten? Peter Lang, Frankfurt/M. 1995

Mittelstaedt, Werner: Zukunftgestaltung und Chaostheorie. Peter Lang, Frankfurt/M. 1993

Internet

www.bummel.org/texte/
www.equilibrismus.de
www.forschungskreis-vereinte-nationen.de
www.gfbv.de
www.kdun.de
www.uno-komitee.de
www.wfm.org

Sonstige für diesen Abschnitt verwendete Literatur

Jaspers, Karl: Die Atombombe und die Zukunft des Menschen. dtv, München 1961

Kafka, Gustav: Freiheit und Anarchie. Ernst Reinhardt Verlag, München 1949

Kolm, L. C.: Weltbürger Union. Private Schrift, Wien 1947

Maurois, André: Fragmente einer Weltgeschichte, veröffentlicht von der Universität Timbuktu im Jahre 2025. Verlag der Europäischen Bücherei, H. M. Hieronimi, Bonn 1948

Merriam, Charles E.: Neue Wege der Demokratie. Verlag Kurt Haslsteiner, Stuttgart 1948

Oppenheimer, J. Robert: Atomkraft und menschliche Freiheit. Rowohlt, Hamburg 1957

Letztlich, so meine These,
wird es ohne eine grundlegende Reform
der nationalen Demokratien
auch keine gerechte Globalisierung geben.
Thilo Bode

B. Evolution der Demokratie

Dem obigen Motto soll im Folgenden zunächst mit der Vorstellung eines Modells Rechnung getragen werden, das eine Weiterentwicklung, um nicht zu sagen überhaupt erst die Ausgestaltung der Demokratie, vorschlägt. Es stammt von Johannes Heinrichs[10], einem Sozialphilosophen, der seinem Entwurf einer »Realutopie« zwei Grundannahmen vorausschickt: Zum einen konstatiert Heinrichs eine breite Kluft zwischen den Ansprüchen, die heute an eine demokratische Staatsform gestellt werden müssen, und den real existierenden Umsetzungen dieser theoretischen Ansätze. Zum anderen sieht er aber durchaus Chancen, den gewachsenen Anforderungen mit einem revolutionierten System gerecht zu werden.

Eine seiner ersten Diagnosen lautet: Die Demokratie ist nicht nur viel jünger, als sie in den Enzyklopädien beschrieben wird, sie ist noch dazu äußerst unreif.

Alle als historisch gehandelten Ansätze – sei es die griechische Polis, die bäuerliche Demokratie in schweizerischen Kantonen des 13. Jahrhunderts, die englische Bill of Rights von 1689, die Unabhängigkeitserklärung der USA 1776 und ihr Vorbild, das »Große Gesetz des Friedens« (»Great Law of Peace«) der Irokesen – weisen bei näherem Hinsehen Defizite auf, die unser heutiges Demokratieverständnis nicht zufrieden stellen. Wie sieht es beispielsweise mit einer der Grundlagen demokratischer Wahlen aus, dem allgemeinen Wahlrecht? Erst 1930

---

[10] Siehe Literaturverzeichnis am Ende dieses Abschnitts.

wurde es in England auch für Frauen eingeführt, in der Schweiz auf Bundesebene gar erst 1971. Das »Große Gesetz des Friedens« hingegen stammt aus der Zeit des europäischen Mittelalters und legte den Grundstein für eine matrilineare Gesellschaft, in der die Häuptlinge zwar auf Lebenszeit eingesetzt wurden, aber von den Klanmüttern kontrolliert und notfalls abgesetzt wurden.

Auch Demokratie bedeutet Herrschaft

Der kanadische Politologe Crawford B. Macpherson hatte schon 1965 gezeigt, dass unser westlicher Begriff von Demokratie keinen Alleinvertretungsanspruch haben kann. Demokratie bedeutet zunächst nur als »Herrschaft für das Volk« ein Regierungs*prinzip* und als »Herrschaft durch das Volk« ein Regierungs*system*. Er sah drei aktuelle Formen der Demokratie: neben der liberalen die sozialistische Demokratie sowie eine gerade im Entstehen begriffene neue Variante in den unabhängig gewordenen Entwicklungsländern. Dort trifft man häufig auf Einparteiensysteme, da der vorausgegangene Befreiungskampf von der Kolonialherrschaft in der Regel zur Bildung einer Massenpartei geführt hat, während in der westlichen liberalen Demokratie das Mehrparteiensystem mit seiner Konkurrenz der Programme als wichtige demokratische Grundlage angesehen wird (Pluralismus). In der sozialistischen Demokratie wurde die historische Einschränkung, dass Demokratie immer die Herrschaft einer Klasse und nicht aller gewesen war, fortgeführt. Nur herrschte nun die unterste und größte Klasse. Macpherson stellte zu den liberalen Demokratien fest, dass es zuerst liberale Gesellschaften gab und dann die Demokratie als »Zugabe« kam. Es galt vorher bereits der offene Markt, das Konkurrenzprinzip und die Wahlfreiheit in der Gesellschaft. Und er sah die Demokratisierung als notwendiges Korrektiv zu den Folgen des Marktliberalismus, der zwar große Freiheiten brachte, aber auch sehr viel mehr Ungleichheit, die daraus entsteht, dass »nur einige wenige über angesammeltes Kapital verfügen, während die große Masse (…) ihre Arbeitskraft anbieten muss«.

Für Macpherson stand fest: »Die liberale Demokratie und der Kapitalismus gehören zusammen.«

In Westdeutschland wuchs in den 60er-Jahren des letzten Jahrhunderts die Unzufriedenheit mit den gesellschaftspolitischen Diskrepanzen zwischen Anspruch und Wirklichkeit. In den Schulen wurde das Hohelied der Demokratie gesungen, während in der Politik, in Legislative und Exekutive vielfach die »ewig Gestrigen« das Sagen hatten. Bezeichnend, dass sich keine »antidemokratische Bewegung« formierte, sondern die APO, die »Außerparlamentarische Opposition«. Es wurde offenbar unterschieden zwischen dem an und für sich erstrebenswerten Modell und seiner mediokren Umsetzung. Doch nicht nur bei den Demonstrationen auf den Straßen machte sich der Unmut breit – es gab auch eine APO von innen. So forderte Ralf Dahrendorf in den Jahren 1967/68 eine »Erneuerung der Demokratie«.[11] Beinahe zynisch hieß es von ihm: »Es ist Zeit, dass in Deutschland wieder Politik gemacht wird.« Darunter verstand er, weder aus »genialen Intuitionen« heraus zu entscheiden noch dem Volk nur per Meinungsumfragen aufs Maul zu schauen. Mut zum Experimentieren und Eingestehen von Fehlern sah er als Voraussetzung aufseiten der Politiker an, während Kritikfähigkeit und Informiertheit aufseiten der Bürger vorausgesetzt würden.

Scheindemokratien

Die Organisation *Freedomhouse* beobachtet seit über 30 Jahren die weltweiten Entwicklungen der politischen Verfassungen. Sie konstatierte im Jahr 2002, die liberale Demokratie mit freien Wahlen sei inzwischen die Staatsform von 63 Prozent der Länder dieser Erde. 1972 gab es 43 Staaten, die als »freie Länder« kategorisiert wurden, heute sind es mit 89 mehr als doppelt so viele. Allerdings nahm der Anteil der davon betroffenen Welt-

---

[11] Siehe Literaturverzeichnis am Ende dieses Abschnitts.

bevölkerung nicht im gleichen Ausmaß zu, sondern stieg nur von 35 auf 44 Prozent, was bedeutet, dass es in vielen Staaten mit starkem Bevölkerungswachstum an politischer Freiheit mangelt. Weitere 55 Staaten mit 21 Prozent der Weltbevölkerung waren 2002 als »teilweise freie Staaten« eingestuft, während 48 als »nicht frei« galten. Die Demokratie war also in den letzten 30 Jahren auf dem Vormarsch – zumindest auf dem Papier. Wie sonst wäre folgende Formulierung möglich: »Bevor die Türkei Mitglied der EU werden kann, müssen erst alle Zweifel ausgeräumt werden, dass es sich bei ihr mittlerweile um eine *funktionierende* Demokratie handelt«? Es gibt offenbar auch Demokratien, die nicht funktionieren, so genannte »Nenndemokratien«. Dazu kann man die ehemalige DDR rechnen, in der allein die erstaunlich hohen Zustimmungsraten darauf hinwiesen, dass sie nicht mit demokratischen Mitteln zustande gekommen sein konnten. Heute kann man getrost das Russland unter Putin als Beispiel für eine demokratisch bemäntelte Diktatur nehmen.

Auf die Diskrepanz zwischen der Verehrung des Begriffs Demokratie einerseits und dem mit seinem inflationären und falschen Gebrauch einhergehenden Substanzverlust hat vor gut 30 Jahren Johannes Kleinstück in seinem Essay »Verfaulte Wörter« hingewiesen.[12] Nordvietnam, Algerien, Sudan und das Griechenland der Obristen zählten damals zu den Staaten, die sich selbst als »Demokratien« bezeichneten, ohne die Spielregeln auch nur annähernd zu beachten.

Exportschlager Demokratie?

Das Problem: Die Ursache für die Demokratisierung vieler Länder war oft allein das Versagen und der Zusammenbruch des Vorgängersystems. Zu einer konsolidierten Demokratie ist es jedoch noch ein weiter Weg, der nicht mit einem Vakuum über-

---

[12] Siehe Literaturverzeichnis am Ende dieses Abschnitts.

brückt werden kann. Hat ein Land aber erst einmal einige Jahrzehnte Demokratieerfahrung, so sind selbst in einem Riesenland wie Indien mit seinem Heer an Armen erstaunliche Ergebnisse möglich – so im Mai 2004, als die Regierung mit stolzgeschwellter Brust ob ihrer Verdienste in den Wahlkampf zog und vom Volk, das in seiner Mehrheit vom Wirtschaftswachstum nichts gespürt hatte, überraschend abgestraft wurde.

Wo noch keine stabile politische Situation herrscht, ist es den etablierten Demokratien lieber, es wenigstens mit einer Scheindemokratie zu tun zu haben, die von einer »starken Hand« gelenkt wird (siehe Putin) als mit chaotischen Zuständen mit ständig wechselnden Machtverhältnissen. Der an den Interessen der Wirtschaft sich orientierende Pragmatismus gewinnt auch in den westlichen Demokratien immer wieder die Oberhand. Demokratie soll zwar in die ganze Welt exportiert werden – nur darf dabei der Warenexport nicht leiden.

Was hat die Demokratie, wie wir sie in ihrer heutigen Unreife erleben, überhaupt für Anreize zu bieten? Laut Claus Offe[13] sind es zwei empirische Gründe: Zum einen führten Demokratien seit dem Zweiten Weltkrieg nur wenige und gegen ebenfalls demokratische Staaten überhaupt keine Kriege (McDonald's versuchte, daraus mit der Behauptung, es hätten noch nie zwei Länder, in denen die Fastfoodkette ihre Burger verkauft, gegeneinander gekämpft, Eigenwerbung zu machen). Zum anderen gab es bisher in Demokratien (nach Untersuchungen des Ökonomienobelpreisträgers Amartya Sen) keine ökonomischen Katastrophen im Ausmaß von Hungersnöten.

Doch kann das darüber hinwegtrösten, dass wir weit hinter unseren Absichtserklärungen, möglichst allen Menschen eine aktive Teilhabe an ihrem Gemeinwesen zu ermöglichen, zurückbleiben?

---

[13] In: Armin Pongs (Hrsg.): In welcher Gesellschaft leben wir eigentlich? München 1999.

Verdrossenheit und Übersättigung

Bei einer ernst gemeinten Demokratiereform müssten nach Johannes Heinrichs zunächst einmal die Grundfragestellungen herausgearbeitet werden:

✓ Wie sollen die heutigen Parteiblöcke so grundverschiedene Bereiche wie Außen- und Wirtschaftspolitik, Sicherheits- und Bildungspolitik, Kulturfragen und Ökologie jeweils in sachgemäßer Form behandeln können?
✓ Wie kann die Bandbreite der Bedürfnisse des Gemeinwesens vor dem Primat der Wirtschaft geschützt werden, ohne den Fehler Planwirtschaft zu wiederholen?
✓ Wie können ethische Grundlagen gelegt werden ohne Rückgriff auf theokratische Mittel?
✓ Wie können eine freie Wissenschaft und freies Kulturschaffen bei gleichzeitiger Verantwortlichkeit gegenüber der Gemeinschaft existieren?

Wenn die demokratische Praxis auch bis heute noch als sehr unterentwickelt angesehen werden muss, so waren die theoretischen Grundlagen schon recht früh erstaunlich weit. Abraham Lincoln beispielsweise definierte 1863 Demokratie als »Herrschaft des Volkes durch das Volk und für das Volk« (of the people – by the people – for the people). Ralf Dahrendorf übersetzte den Artikel 20 des Grundgesetzes (»Alle Staatsgewalt geht vom Volke aus«) 1968 so: »Alle politischen Entwürfe sind der verbindlichen Kritik der Bürger unterworfen.«

Parteioligarchien

Heute sehen wir aber recht deutlich, dass »das Volk« zwar das allgemeine Wahlrecht besitzt, aber ein immer geringerer Teil davon Gebrauch macht. Dies als »Politikverdrossenheit« bezeichnete Symptom ist zum Teil Ausdruck der Frustration angesichts der immer wieder gemachten Erfahrung: Egal, wen ich wähle, mein Wille geschieht sowieso nicht. Das Volk hat also nicht das Gefühl, Politik geschehe durch seine Hand (by the people), und folgerichtig kann sie auch nicht für das Volk geschehen (for the people). Teilweise geht die Lethargie aber auch auf die erfolgreiche Erziehung zum Konsumismus, zur kritiklosen Teilhabe an einer vermeintlichen Spaß- und Genussgesellschaft, zurück. Demokratie entpuppt sich bei näherem Hinsehen als Klientelvertretung durch Parteiblöcke, die vom »Wahlvolk« unter starkem Einfluss von Werbekampagnen und TV-Auftritten gewählt wurden. Die meisten Abgeordneten gelangen (ihres Verdienstes an der Partei entsprechend) über Listen zu ihrem Mandat und unterliegen dadurch leicht dem Fraktionszwang.

Oberste Priorität in diesen Parteioligarchien hat der Machterhalt mindestens bis zur nächsten Wahl (Regierungsparteien) oder der Gewinn der Macht spätestens bei der nächsten Wahl (Oppositionsparteien). Dazu hatte es sich bei einer materiell immer besser dastehenden Bürgerschaft als vorteilhaft erwiesen, möglichst den »Status quo plus« zu versprechen: Es bleibt alles beim Alten, und einiges wird besser – wir Politiker machen das schon. Das war in den Wirtschaftswunderjahren ein Kinderspiel. Danach wurde ein Scheinbild durch enorme Staatsverschuldung aufrechterhalten. Heute lässt sich die grausame Realität einer gespaltenen Gesellschaft nicht mehr verbergen. Diejenigen, denen es nicht so gut geht, werden mit Drohszenarien ruhig gestellt, die ihnen zeigen, dass es ihnen auch noch schlechter gehen könnte. Aber statt für echte Reformen zu streiten, die nur als umfassender gesamtgesellschaftlicher Prozess denkbar sind, streiten die Parteien um ideologisch verfestigte Details, bis sich die Bürger von der Politik ab- und der medialen Scheinwelt zuwenden.

Entwicklung eines Fernziels

Heinrichs nennt dies die »Sinngebung des Sinnlosen« und sieht als Ursache unsere »Verzweiflung über die demokratische Theorie-Praxis-Kluft«. Diese entsteht nicht dadurch, dass wir nicht wüssten, was zu tun wäre – die zu verwirklichenden Werte haben wir wunderschön im Grundgesetz und in vielen Beschlüssen niedergelegt. Wir bekommen nur die Umsetzung nicht hin.

Doch wie soll da eine Anpassung an die sich ständig und beschleunigt ändernden Lebensbedingungen stattfinden können? Anpassung nicht im Sinne der den Takt vorgebenden Kapitalmärkte, sondern als gestaltend eingreifende Gegenmacht, die adäquat reagieren kann und letztlich die Basisbedürfnisse aller Menschen gegen die Partialinteressen einer kleinen globalen Mafia verteidigt?

Wobei es bei langfristiger Zielsetzung gar nicht darum ginge, *gegen* diese Minderheit anzugehen, sondern sich im Interesse aller *für* etwas einzusetzen, nämlich für die Sicherung der Lebensgrundlagen der Menschheit und allem anderen Leben auf dieser Erde.

Dazu wäre aber zunächst die Entwicklung einer größeren zeitlichen Perspektive und die Fixierung eines Fernziels nötig, das bei allen notwendigen Zwischenschritten als Leuchtturm dient und nicht aus den Augen verloren werden darf.

Ein Modell zur Diskussion: Die Viergliederung des Parlaments

Genau hier setzt Johannes Heinrichs an: Mit seinem Modell einer »Viergliederung des Parlaments« potenziert er die Gewaltenteilung. Er unterteilt das soziale System des Staates in die vier Subsysteme:

1. Wirtschaftssystem (Konsum, Produktion, Handel, Geld);
2. politisches System (Boden und Verkehr, innere und äußere Sicherheit, Außenpolitik, Rechts- und Verfassungspolitik);
3. Kultursystem (Pädagogik, Wissenschaft, Publizistik, Kunst);
4. Legitimationssystem (Weltanschauung, Ethik, Religion, Spiritualität).

Jedes dieser Subsysteme muss durch ein eigenes Parlament repräsentiert sein, also:

a. Wirtschaftsparlament,
b. politisches Parlament,
c. Kulturparlament,
d. Grundwerteparlament.

Diese Untergliederung ist nötig, damit die unterschiedlichen Interessen und auch die unterschiedlichen Interessenten zu Wort kommen – Parlament kommt vom Französischen *parler* = sprechen.

Heute muss man sich entweder durch eine der Parteien, die die Fünfprozenthürde schaffen, vertreten sehen, oder man muss in einem der über 4000 Verbände organisiert sein, die durch Lobbyarbeit Einfluss auf die Abgeordneten nehmen.

Wer sich dort nicht zugehörig fühlt, hat Pech gehabt: Seine Stimme bleibt ungehört.

Nach der Unterteilung des Parlaments in vier Parlamente müssten sich die Parteien allerdings umorientieren. Die bisherige weltanschauliche Ausrichtung (»christlich«, »sozial«, »freiheitlich«) müsste einer Sachorientierung weichen. Wer heute zum Beispiel die Grünen wählt, weil er für den ökologischen Landbau ist, wählt auch noch Positionen mit, die er unter Umständen persönlich überhaupt nicht teilt.

Die heutige Wahl von Konglomeraten an Programmpunkten in einer Blockpartei verzerrt notgedrungen den Wählerwillen. Und wir erhalten ein »Einheitsparlament«, das auf alle Fragen eine Antwort geben muss. Entscheidungen können nur durch Fraktionszwang herbeigeführt werden, weil individuelles Abstimmen daran scheitert, dass kein Parlamentarier genau weiß, welchem konkreten Wählerwillen er eigentlich sein Amt verdankt.

Wer als Abgeordneter persönlich gegen etwas ist, für das die Regierungspartei, in der er sitzt, im Bundestag stimmen will, muss sich genauso verleugnen wie umgekehrt derjenige, der dafür ist, aber – weil er in der Opposition sitzt – gezwungen ist, mit Nein zu stimmen.

Wenn der Schüler die Schule verlässt,
kann er sich nicht zurechtfinden,
denn es fehlt ihm die Vorbereitung
auf das soziale Leben seiner Zeit;
er wurde weder auf seine Aufgabe als Staatsbürger
noch auf die eines Weltbürgers vorbereitet;
er hat es nicht einmal gelernt,
mit Bewusstsein eine Familie zu bilden.
Maria Montessori (1951)

D. Bildung und Erziehung

Bildung wird (auch von der Politik) immer wieder als ganz wichtiger Bereich herausgestrichen, in den unbedingt mehr investiert werden sollte (schließlich sei nur so unsere Position unter den führenden Nationen zu halten). Und sofort melden sich die Wirtschaftsverbände, bei denen unter Bildung recht einseitig im Beruf verwertbares Wissen und technische Fertigkeiten verstanden werden. Die Bundesvereinigung der Deutschen Arbeitgeberverbände (BDA) fordert auch ganz klar die »Konzentration auf das Grundwissen«. So soll es auch zur Überprüfung der Lernfortschritte »mehr Leistungstests« geben, denn insgesamt sind die Schüler nach Meinung des BDA-Präsidenten Hundt eher unterfordert. Alle Schüler seien regelmäßig »durchzuchecken« und das Ergebnis in einem »Bildungspass« festzuhalten. Es sei kein Raum mehr für die »Kuschelpädagogik« der 70er-Jahre, denn Bildung sei längst zu einem »harten Standortfaktor« geworden.[20]

Doch nicht einmal zur Erreichung dieser eingeengten Ziele werden heute die nötigen Voraussetzungen geboten. Die Rahmenbedingungen, unter denen unsere »Lehranstalten« arbeiten, ermöglichen es nicht, vom einzelnen Kind auszugehen und

---

[20] »SZ« vom 6. Februar 2002

es darin zu unterstützen, seine Fähigkeiten zu entdecken und zur vollen Entfaltung zu bringen. Der Prozess läuft genau umgekehrt: Es werden Ziele definiert und dann der Weg dorthin in minuziöse Schritte zerlegt. Da das Gleichgewicht zwischen Fordern und Fördern nicht stimmt, gehen die meisten Schüler nur ungern in die Schule. Dem Großteil der Lehrer kann unter diesen Bedingungen ihr Beruf auch keine Freude bereiten. Da dies aber ein schon tradierter Zustand ist, kommen Aufschreie erst dann, wenn Studien (PISA!) nicht zu übersehende Fakten vorlegen.

Was aber wäre nötig, damit die Institution Schule allen Schülern bei der Entwicklung ihres Potenzials helfen, die für später benötigten Wissensgrundlagen vermitteln und allen Beteiligten – Schülern, Lehrern und Eltern! – auch noch Freude machen könnte?

Erziehungswissenschaftler raten, den Lernstoff in den Alltag zu integrieren und fächerübergreifend zu unterrichten, um Zusammenhänge zu vermitteln. Wissen hat nur dann eine längere Halbwertzeit, wenn es in Verbindung mit der Praxis steht. Völlig sinnentleert ist reines Faktenwissen zum Beispiel, wenn im Geschichtsunterricht Jahreszahlen von Ereignissen auswendig gelernt werden müssen, aber kein Schüler sagen kann, warum es zu diesem Ereignis kam und welche Auswirkungen es hatte.

Gerade dem Geschichtsunterricht wird oft die Funktion zugeschrieben, den »mündigen Staatsbürger« heranzubilden. Doch durch Wissen über die Fehler der Vergangenheit gelingt dies sicher nicht, wenn gleichzeitig das Bildungssystem die Vermittlung von sozialer Bildung und die Schulung emotionaler Intelligenz versäumt.

Außerdem dürfen die Schulen ihre Aufgabe nicht darin sehen, die Kinder in Formen zu stanzen, die dem gesellschaftlichen Heute entsprechen, sondern sie müssten den Mut haben, auf eine bessere zukünftige Gesellschaft abzuzielen, die von dieser nachrückenden, noch lernenden Generation gestaltet werden muss, in der sich die heute Lehrenden aber auch noch wohl fühlen können.

Wissen über sich selbst

Eine der wesentlichen, heute allerdings stark vernachlässigten Bildungsgrundlagen ist das Wissen über sich selbst – als Individuum, aber auch als Spezies Mensch. Denn was nützen Kenntnisse über Planetenlaufbahnen und Vermehrungsformen von Tieren und Pflanzen, wenn die Vorgänge im eigenen Körper zu kurz kommen?

Doch auch das Wissen über die menschliche Psyche ist von immenser Bedeutung. Wer sich besser versteht, kann auch mehr Verständnis für andere aufbringen und reagiert weniger schnell mit Angst und Aggression.

Parallel dazu sollten soziale Fähigkeiten trainiert werden: Was bringt es mir, wenn ich mit anderen agiere statt gegen sie? Wie trage ich Konflikte so aus, dass es keine Verlierer gibt? Wie kann ich vermitteln, wenn andere in Konflikt geraten?

Wir können doch nicht erwarten, dass friedliche und kooperative Menschen aus Schulen hervorgehen, in denen sie gelernt haben, dass nur die Besten geschätzt werden, in denen sie trainiert wurden, im Konkurrenzkampf zu bestehen, oder in denen sie die Erfahrung machen mussten, dass ihre Bedürfnisse und damit ihre Individualität wenig zählen.

Um einen so gewandelten Lehrplan, der wenig Planung enthalten und viel Spielraum lassen müsste, umsetzen zu können, bräuchte es zum einen mehr und zum anderen anders ausgebildete Lehrer.

Das aber kostet Geld! Doch damit nicht genug: Auch in die Ausgestaltung und Ausstattung der Schulen müsste weit mehr investiert werden, denn schließlich wächst dort unsere Zukunft heran.

Es müssten bauliche Voraussetzungen erfüllt sein, die den Aufenthalt angenehm und nicht ermüdend machen. Dazu gehören die weitgehende Nutzung von Tageslicht, gute Belüftung, entspannende Blicke in die Natur, Abwechslung durch körperliche Betätigungen, Räume für die Begegnung. Denn persönliche Kommunikation ist die Grundlage aller Lernerfolge!

Zeit, Geld und Kooperation

Doch Bildung ist nur ein Teil der Erziehung, und diese ist ein fortwährender Prozess. Deshalb muss sie dort stattfinden, wo sich das Kind jeweils befindet – in der Schule, zu Hause, im Sportverein oder in anderen Gruppen. Das derzeit zu beobachtende Wegschieben der Verantwortung auf die jeweils andere Erziehungsinstitution führt nur dazu, dass Erziehung de facto nicht mehr erfolgt, wohl aber weiter erwartet wird.

Weder darf die Schule ihren Auftrag allein in der Vermittlung von Wissen sehen und Erziehung als alleinige Aufgabe der Eltern verstehen, noch dürfen die Eltern ihr Hauptaugenmerk auf Beruf und Einkommen legen und die Erziehung als Nebenprodukt von Kindergarten und Schule betrachten oder die Kinder sich selber, der Peergroup und den Medien überlassen.

Wenn wir eine demokratische, verantwortungsbewusste und soziale Gesellschaft wollen, müssen unsere Kinder als soziale Wesen aufwachsen. Das geht aber nur in einem förderlichen Umfeld. Und dies ist nicht vorhanden, wo die Kinder in einem ständigen Spannungsfeld zwischen Vernachlässigung und Überforderung leben. Kinder (wie auch die Erwachsenen!) brauchen Anerkennung und Geborgenheit sowie das Gefühl, in ihrer Individualität gesehen zu werden. Sie benötigen einen angstfreien Raum, um Aggressionen möglichst nicht entstehen zu lassen.

Das alles setzt genügend Zeit voraus, sowohl vonseiten der Eltern als auch der professionellen Betreuer. Und es setzt Kooperation voraus, sodass eine Gesamtrichtung für das Kind spürbar ist.

Damit sind wir aber schon wieder in dem Dilemma, dass gesamtgesellschaftlich eine neue Wertehierarchie entstehen muss, was wiederum nur in einem neuen Wirtschaftssystem möglich wäre, das uns auch einmal mit dem erreichten materiellen Niveau zufrieden sein lässt und uns nicht ständig antreibt, noch mehr und noch schneller zu konsumieren.

Fazit: Wir haben gesehen, dass eine durchgreifende ökologische Wende erst möglich wird, wenn wir ein Wirtschaftssystem haben, das dies zulässt. Das Gleiche gilt für eine Wende in Bildung und Erziehung, im Sozial- und im Kulturbereich. Man kann es drehen und wenden, wie man will: Ohne eine Änderung im Geldsystem wird sich auf anderen Gebieten selbst mit dem besten Willen nichts verändern *lassen!*

Literatur

Fuld, Werner: Die Bildungslüge. Warum wir weniger wissen und mehr verstehen müssen. Argon Verlag 2004
Hentig, Hartmut von: Die Schule neu denken. Eine Übung in pädagogischer Vernunft. Beltz-Verlag, Neuausgabe 2003
Montessori, Maria: Texte und Gegenwartsdiskussion. Klinkhardts Pädagogische Quellentexte. Bad Heilbrunn 1996

IV.

DAS SOZIOÖKOLOGISCHE WIRTSCHAFTSSYSTEM DES EQUILIBRISMUS IM MODELLVERSUCH

Auf einem Dampfer,
der in die falsche Richtung fährt,
kann man nicht sehr weit
in die richtige Richtung gehen.
Michael Ende

In den vorhergehenden Kapiteln haben wir uns mit einer Auswahl konkreter Alternativen in den Bereichen Ökologie, Ökonomie und Gesellschaft beschäftigt, die stellvertretend für bereits existierende Lösungsansätze stehen oder als Anregung für weitere zu entwickelnde dienen können. Im folgenden Abschnitt wollen wir versuchen, die einzelnen Puzzlestücke in Beziehung zueinander zu setzen und die noch leeren Stellen mit Vorstellungen zu füllen, um einmal ein Gesamtbild einer »Welt im Gleichgewicht« zu präsentieren.

Dabei sollen auch die Fragen beantwortet werden,

✓ worin sich das Konzept des Equilibrismus von den Vorhaben anderer Organisationen unterscheidet,
✓ wie die Grundbedingungen zur Umsetzung dieses Konzepts aussehen müssen,
✓ welche konkreten Schritte unternommen werden können,
✓ was die Auswirkungen dieses Konzepts auf die Situation der Welt sein könnten.

Was ist das Besondere am Equilibrismus?

Als Essenz der Grundgedanken des Einführungskapitels müssen vor allem der ganzheitliche Aspekt und die biozentrische Sichtweise betont werden. Alle Konzepte von »Weltverbesserern« haben bisher das Manko, sich auf einen ihnen nahe liegenden Bereich zu beschränken, in dem sie etwas zur Verbesserung beitragen möchten. Das ist aus mehreren Gründen verständ-

289

lich: Zum einen ist jede Non-Profit-Organisation auf Spenden angewiesen, muss also für ihre Arbeit werben. Und das geht leichter, wenn man sein Ziel auf eine »griffige«, also leicht begreifbare Kurzformel bringen kann. Zum anderen gilt für viele auch hier die Maxime: »Schuster, bleib bei deinem Leisten«, was zu einem Entweder-oder, einer Spezialisierung auf Umwelt, Menschenrechte, Bildung, Tierschutz, Hungerbekämpfung etc. führt. Natürlich sind auch wir auf Spezialisten angewiesen, doch es gilt, alle Detailergebnisse immer wieder in den Gesamtrahmen des Lebens einzuordnen, die Interdependenzen zwischen den Teilbereichen sichtbar zu machen. Einfach gesagt: Man muss einerseits Sorge tragen, den Wald vor lauter Bäumen zu sehen, und gleichzeitig die einzelnen Bäume noch wahrnehmen.

Wenn thematisch begrenzte Aktionen nachhaltig Erfolg haben könnten, müssten die Gründe für das bisherige Scheitern darin liegen, dass wir es – aus Dummheit oder Ungeschick – bisher falsch gemacht haben. Eine nüchterne Betrachtung dürfte klarmachen, dass dies nicht stimmen kann: Es existieren seit langem so viele Einrichtungen und Organisationen, in denen sich Menschen für Umweltschutz, Menschenrechte, hungernde Kinder, mehr Frauenrechte, Kriegsvermeidung etc. einsetzen, ohne dass sich in der Welt die Verhältnisse auch nur ansatzweise in die angestrebten Richtungen verändert hätten – siehe Millenniumsziele der UNO. Liegt da nicht der Schluss nahe, dass es komplexere Zusammenhänge geben muss, die solche Veränderungen *systematisch* verhindern und uns mit unseren Hilfsprojekten in den meisten Fällen zu kurz greifen lassen?

Fisch, Angel, Fluss

Wir haben zwar erkannt, dass es, um ein bekanntes Bild zu benutzen, keine wirkliche Hilfe ist, wenn wir dem Hungernden einen Fisch reichen. Doch selbst wenn wir ihm eine Angel geben, damit er in Zukunft selber fischen kann und vielleicht sogar in die Lage kommt, Fische verkaufen zu können: Was nützt

ihm dies, wenn stromaufwärts eine Fabrik, die zwar Arbeitsplätze schafft und damit für potenzielle Kunden sorgt, den Fluss
vergiftet und letztlich seine soeben gewonnene Lebensgrundlage zerstört?

Ähnlich verhält es sich mit vielen Umweltinitiativen, die
durch ihre Kooperation mit Unternehmen zwar konkrete Erfol-
ge aufzuweisen haben, sich aber fragen lassen müssen, inwieweit sie nicht gleichzeitig mit Aktionen, die mit Namen bewit-
zelt werden, wie »Trinken für den Regenwald« (WWF und
Krombacher) oder »Fliegen für den Regenwald« (WWF und
LTU), durch die Gewissensberuhigung der Verbraucher zur
Erhöhung der Schäden beigetragen haben.

Hauptsache, der Umsatz stimmt

Solange wir ein Wirtschaftssystem haben, in dem es ausschließlich darum geht, irgendwie zu Geld zu kommen und es für
irgendetwas wieder auszugeben, um damit das Wachstum zu
beschleunigen, wird es uns nicht gelingen, eine bessere Welt,
eine Welt im Gleichgewicht, zu erreichen. Momentan ist es völlig nebensächlich, ob das Geld durch Spekulation oder Arbeit
erworben ist, ob die Arbeit sinnvoll oder schädlich ist, und auch
die Verwendung ist mehr oder weniger belanglos – ob für Brot,
Zigaretten, ein Handy, Kleidung oder Waffen, Hauptsache, der
Rubel und alle anderen Währungen rollen.[1]

Unsere bisherige Wirtschaftsweise hat die Lebensverhältnisse
der Menschheit immer stärker auseinander getrieben. Einer Studie des Worldwatch-Instituts zufolge haben fast drei Milliarden
Menschen weniger als zwei Dollar pro Tag zur Verfügung, wovon 1,2 Milliarden nach wie vor sogar in extremer Armut leben,
während 1,7 Milliarden Menschen zur so genannten »consu-
mer class« gehören, die sich weit mehr Güter kauft, als sie

---

[1] Das Zustandekommen unseres Bruttoinlandsprodukts (BIP) spricht für
sich: Ein Unfall und die anschließende Reparatur (an Fahrzeug und Hal-
ter) gehen positiv in die Bewertung ein!

291

benötigt. Dementsprechend viel Zeit muss zum Geldverdienen, Geldausgeben und für die Beschäftigung mit dem Gekauften aufgewendet werden. Ich brauche ein Auto, um zur Arbeit zu gelangen; ich brauche meine Arbeit, um mein Auto bezahlen zu können. Die Folgen: Stress und geringe Zufriedenheit mit der eigenen Lebenssituation.

Anthropozentrisches Zerrbild

Um hier zu einem Gleichgewicht zu kommen, brauchen wir eine Wirtschaft, bei der es als Aufgabe angesehen wird, alle Menschen mit dem Lebensnotwendigen zu versorgen. Und das ist (qualitativ!) eine ganze Menge, wenn man den Maßstab eines »Lebens in Würde, Gesundheit, Frieden und Zufriedenheit für alle« anlegt. Gesellt man die Forderung nach Nachhaltigkeit hinzu, denkt man also auch an die nachfolgenden Generationen, stehen wir vor wirklich großen Aufgaben. Denn dieses Ziel ist nur zu erreichen, wenn wir uns im Einklang mit dem uns umgebenden Leben bewegen, statt wie bisher meist rücksichtslos unsere egoistischen, auf uns Menschen fixierten Interessen durchzusetzen. Dieser anthropozentrische Blick hat uns blind gemacht für die zerstörerischen Folgen, die unser Tun zunächst für das hat, was wir »Umwelt« nennen, und letztlich auch für uns selber. Wissenschaftler sind sich weitgehend einig, dass die Erde unser Treiben irgendwie überstehen wird, auch wenn der Großteil der existierenden Flora und Fauna aussterben sollte. Nur dürfte dies für uns Menschen kein Trost sein, weil wir zu denen gehören werden, die bei den Umwälzungen mit unter die Räder kommen.

Dogmatische Sturheit?

Welches Gleichgewicht wäre denn wiederherzustellen, um unsere Überlebenschancen auf diesem Planeten zu erhöhen? Nun, es geht dabei nicht um irgendein bestimmtes Gleichgewicht, sondern es dreht sich um das generelle Respektieren des

Gleichgewichts*prinzips* in allen Bereichen! Das Leben findet als ständiger Pendelprozess um einen Gleichgewichtszustand herum statt, in für uns unglaublicher Langsamkeit. Deshalb ist es für uns Menschen von zentraler Bedeutung, innerhalb unserer vergleichsweise kurzen Lebensspanne nicht zu viel Unruhefaktoren in dieses Spiel zu bringen. Wir sollten, im Gegenteil, die in unserem jeweiligen Zeitalter geltenden Spielregeln möglichst umfangreich zu verstehen versuchen, um kreativ, aber nicht störend mitspielen zu können.

Manche Menschen scheinen die Naturregeln jedoch als dogmatische Sturheit der Natur aufzufassen, die uns nur in unserer freien Entfaltung behindern. Carl Amery hat dies einmal in einem satirischen Vortrag[2] sehr schön zum Ausdruck gebracht: Er bot der Natur, »wie einem Sozialpartner oder einer benachbarten Macht«, »ein gewisses Maß an Eigenentfaltung« an, solange »sie daraus kein Herrschaftsrecht ableitet«. »Doch was tut die Natur? Sie besteht auf Herrschaft, (…) auf der strikten Beibehaltung der thermodynamischen Gesetze.« Amery bedauerte im Anschluss, »dass die Natur es für nötig gehalten hat und hält, Hunderte von Arten einfach aus dem Verkehr zu ziehen, weil wir nicht alle ihre überzogenen Vorstellungen von Vielfalt, Komplexität und so weiter honorieren können«.

Anerkenntnis der Notwendigkeiten

Wir dürfen wohl davon ausgehen, dass »die Natur« nicht besserwisserisch ist, sondern sich mit dem Leben und seinen Grundbedingungen einfach besser auskennt. So könnte man selbstironisch sagen: Von der Natur lernen heißt überleben lernen.

Wir kämpfen doch auch nicht ständig gegen die Tatsache an, dass wir alle paar Sekunden atmen müssen, um unsere Lebens-

---

[2] Gehalten im Sommer 1982 in der Evangelischen Akademie Tutzing; enthalten in: Carl Amery, Die starke Position oder Ganz normale Mamus. Acht Satiren. München 1985.

funktionen aufrechtzuerhalten. Wir haben uns sogar die Kenntnis über die Notwendigkeit der Sauerstoffzufuhr zunutze gemacht, um in für uns eigentlich nicht zugängliche, weil lebensbedrohliche Zonen wie den Weltraum oder die Tiefsee vorstoßen zu können. Warum nutzen wir unser Wissen nicht auch, um die Kreisläufe zu erhalten, die uns mit genügend Sauerstoff und allem anderen Nötigen versorgen?

Wenn wir uns dieser Einsicht verweigern, könnte uns einmal ein Szenario drohen, wie es der Autor Dirk C. Fleck in seinem Roman »GO! Die Öko-Diktatur«[3] schildert. Um der Menschheit überhaupt noch eine Überlebenschance zu geben, schützen Öko-Räte die malträtierte Erde vor weiterer Ausbeutung, was ohne dramatische Beschränkungen und Gewalt nicht mehr geht.

Keine Sandkastenspiele

Zu den konkreten Anwendungen des Gleichgewichtsprinzips gehören beispielsweise die Annäherung der ökonomischen Lebensverhältnisse aller Menschen sowie ihre Beteiligung an allen sie betreffenden Entscheidungen. Es gehört dazu der Respekt vor allem anderen Leben, ein ausgewogenes Verhältnis von Export und Import, also Geben und Nehmen. Auch die Reduktion der Schadstoffproduktion auf ein absolutes Minimum, eine Ausgewogenheit in der Ernährung, in Tätigkeit und Ruhephasen, in Weltlichkeit und Spiritualität gehören dazu.

Dies verlangt ein völliges Umdenken, vor dem erfahrungsgemäß große Ängste und somit Ablehnung bestehen. Es werden zwar immer wieder Visionen gefordert, die jedoch, wenn es an ihre Umsetzung geht, sehr schnell zu Utopien erklärt werden. Wir sollten uns dringend die Frage stellen, was utopischer ist: das Festhalten an unserem heutigen Lebensstil oder der Versuch, in einen Einklang mit der Natur zu kommen.

---

[3] Hamburg 1993.

Weitreichende Veränderungen sind bei der heutigen globalen Vernetzung offenbar nur noch durch das Sammeln von Erfahrungen anhand kleiner Praxismodelle möglich. Allerdings sollte man sich dabei nicht auf Laborsituationen und sozioökologische Sandkastenspiele beschränken. Erkenntnisse müssen sozusagen an einem »lebenden Organismus«, einer kleinen, aber real existierenden Volkswirtschaft gewonnen werden.

Grundbedingungen für einen Modellversuch

Die letzte Chance auf Erneuerungen im großen Stil mit sehr bald zu erwartenden Umwälzungen der weltweiten Wirtschaftssysteme wird derzeit täglich vor unseren Augen vertan: Der ökonomische Aufbruch Chinas hätte aufgrund der Bevölkerungszahl und des enormen Nachholbedarfs eine immense Sogwirkung auf die in ihrem Brackwasser stagnierenden großen Wirtschaftsräume der Welt haben können – wenn sich dieser Aufbruch nicht des derzeit weltbeherrschenden Systems des Kapitalismus bedienen, sondern einen anderen Weg beschreiten würde. Der Kapitalismus ist zwar das freiere System, aber keinesfalls gerechter als der Kommunismus – und ebenso sein eigener Totengräber. Warum fällt der Gedanke so schwer, dass *beide* großen sozioökonomischen Systeme auf falschen Grundannahmen beruhen könnten und dass deshalb *beide* nicht funktionieren? Müsste man nicht froh über die Erkenntnis sein, weil so die Möglichkeit eröffnet würde, sich *gemeinsam* auf die Suche nach einem neuen Weg zu machen, indem man verschiedene neue Modelle ausprobiert und auswertet?

Mit Beschleunigung auf dem falschen Weg

So aber werden sich die bereits existierenden Probleme durch die zusätzliche Beteiligung eines Fünftels der Menschheit an der

295

Ausbeutung der endlichen Ressourcen und an der Belastung der Umwelt explosionsartig vergrößern, was als einzigen positiv zu bewertenden Effekt eine Beschleunigung der Einsicht zur Folge haben könnte, dass wir definitiv auf dem falschen Weg sind.

Was wäre gewesen, wenn China die Weichen für seinen rasant wachsenden Energiebedarf von Beginn an in Richtung erneuerbare Energien gestellt hätte und seinen Rohstoffbedarf durch einen möglichst hohen Anteil an Werkstoffen aus nachwachsender Biomasse zu decken versuchte? Es wäre damit weitgehend autark und von Weltmarktpreisentwicklungen, die es derzeit selbst durch seine hohe Nachfrage anheizt, unabhängig. Es hätte seine Exportabhängigkeit vermindern können, und es hätte bald einen technologischen Erfahrungs- und damit Marktvorsprung in diesen Bereichen sicher gehabt. Neben diesen positiven Auswirkungen für die chinesische Wirtschaft hätte die ganze Welt durch eine niedrigere Umweltbelastung profitiert.

Doch nun kann man nur sagen: Besser ein Ende mit Schrecken als ein Schrecken ohne Ende. Trotzdem ist es schade, denn es hätte auch anders laufen können.

Denn gerade eine der Grundbedingungen, die ein »Testgebiet« für einen Modellversuch erfüllen müsste, nämlich eine relativ hohe Abgeschlossenheit von den anderen Wirtschaftsräumen, wurde ja von China trotz seiner Größe bis vor kurzem noch sehr weitgehend erfüllt!

So besteht die heutige Aufgabe darin, ein Gebiet für eine praktische Erprobung eines neuen sozioökologischen Wirtschaftsmodells zu finden, das folgende Charakteristika aufweist:

✓ Es sollte sich um einen geografisch kleinen Wirtschaftsraum handeln mit einer Größe zwischen 10 000 und 15 000 Quadratkilometern (dies trifft auf 39 Staaten zu, also auf 20 Prozent aller Staaten).

✓ Die Bevölkerungszahl sollte zwischen einer halben und einer Million Einwohnern liegen (dies gilt für 42 Staaten, also 22 Prozent).

✓ Wünschenswert ist eine geografische Alleinlage (zum Beispiel eine Insel), wo ein Abschotten von den internationalen Problemen leichter fällt.

✓ Die Bevölkerung sollte so naturnah wie möglich wirtschaften und weitgehend über notwendige Ressourcen verfügen, da eine hohe Import- und Exportabhängigkeit (Rohstoffe, Energie, Nahrungsmittel, Gebrauchsgüter) eine eigenständige Entwicklung nicht zulässt.

✓ Um gegen politischen, sozialen und ökonomischen Druck vonseiten der umliegenden Länder geschützt zu sein, wäre eine Region günstig, die staatsrechtlich ein Teil Europas ist.

✓ Damit wäre in Europa auch in der Bevölkerung ein breiteres Interesse am Verlauf dieses Modellversuchs zu erzielen, mit einer dementsprechenden moralischen und politischen Rückendeckung.

✓ Gleichzeitig sollte es aber eine demokratische und von Europa unabhängige Regierung geben.

✓ Die Region sollte über eine eigene Währung und ein eigenes, sehr einfaches Steuersystem (möglichst nur Mehrwertsteuer und Verbrauchssteuern) verfügen.

✓ Seine wirtschaftliche, politische und militärisch-strategische Bedeutung sollte möglichst gering sein, sodass keine zu ängstliche Kontrolle und keine zu starke Einmischung vonseiten der Großmächte zu befürchten ist.

✓ Die Region sollte bezüglich ihrer Probleme bereits einen Leidensdruck aufgebaut haben und zu Lösungsschritten gewillt sein.

✓ Gleichzeitig sollten die Probleme nicht zu komplex sein, das heißt, es sollte nicht an zu vielen Ecken und Enden kriseln.

✓ Die Region sollte so fruchtbar sein, dass sie die Grundversorgung ihrer Einwohner sicherstellen kann.

✓ Darüber hinaus sollte sie über eine erneuerbare Haupteinnahmequelle verfügen (zum Beispiel Ökotourismus), um im Austausch die benötigte und noch nicht selbst herstellbare Technik importieren zu können.

✓ Um die Chancen einer raschen Ausbreitung von positiven Entwicklungen durch Nachahmung zu erhöhen, wäre es ideal, wenn die Modellregion von anderen kleinen Staaten umgeben wäre, die den Modellversuch ohne große Schwierigkeiten adaptieren könnten.

✓ Die Bereitschaft zur Durchführung des Modellversuchs sollte mittels einer Informationskampagne und eines Referendums aus der Bevölkerung kommen und nicht als technokratischer oder politischer Zwang von oben.

✓ Um diese Bereitschaft zur Teilnahme an einem Experiment zu fördern, müssten die Kosten der Anschubfinanzierung von einem internationalen Fonds übernommen und für das nicht auszuschließende Risiko des Scheiterns von einer größeren Staatengemeinschaft (UN oder EU) eine Kompensation in Aussicht gestellt werden – denn schließlich geschieht der Versuch im Interesse aller. Es wäre auch gut, für den Fall des Erfolgs eine Prämie auszuloben.

Welche »Spielregeln« müsste der Modellversuch festlegen?

Um noch einmal das Ziel dieses Modellversuchs klarzustellen: Es geht nicht um Reformen im bestehenden System, sondern um die Entwicklung und Erprobung eines völlig neuen Systems. Dazu muss man die Spielregeln des alten Systems nicht nur nicht kennen, sondern es ist sogar besser, sie zunächst völlig zu vergessen, was den meisten »Systemveränderern« und »Visionären« leider nicht konsequent genug gelingt. Wenn ich ein Spiel wie »Monopoly« ablehne, weil es den Egoismus, das Konkurrieren und Kaputtmachen anderer zum Ziel hat, und ein Spiel entwickeln möchte, das Kooperation zum Inhalt hat, so nehme ich doch auch nicht die Spielregeln von »Monopoly« und bemühe mich um Modifizierungen der Regeln. Besser fahre ich, wenn ich ein weißes Blatt Papier nehme, worauf ich einen eigenen Spielplan und völlig neue Regeln entwickeln kann.

So ist in etwa der vorliegende Versuch zu verstehen. Und natürlich kann er in seiner Kürze nicht mehr sein als eine Skizze in stark vergröbertem Maßstab.

Bio- statt Anthropozentrismus

Eine Grundgesetzlichkeit für die neuen Spielregeln ist die Einführung des Prinzips des Biozentrismus. Konkret bedeutet Biozentrismus, dass alle menschlichen Tätigkeiten im Einklang mit den Regeln und Kreisläufen der Natur stehen müssen, da wir uns nicht getrennt hiervon betrachten können. Allein die Tatsache, dass sowohl Kapitalismus als auch Kommunismus auf der anthropozentrischen Sichtweise aufbaut, müsste klarmachen, dass beide Systeme nicht reformiert werden können, sondern dass wir komplett neue Systeme erarbeiten müssen.

Dabei ist vor allem das zerstörerische Postulat fortwährenden Wachstums, dem wir bisher folgen wie die Lemminge, durch die Orientierung am natürlichen Wachstumsverlauf zu ersetzen. Schon mit dem »ABC« und dem »Einmaleins« sollten Kinder lernen, dass es in einem begrenzten Raum kein unbegrenztes Wachstum geben kann, dass es für jedes gesunde Wachstum eine optimale Obergrenze gibt, dass sich alle Teile eines Ganzen bei ihrer Entfaltung am Wachstum der Gesamteinheit orientieren müssen. Jeder Baum, jeder Organismus verlangsamt sein Wachstum beim Erreichen der angemessenen Größe, und das Verhältnis von Krone, Stamm und Wurzeln beziehungsweise der einzelnen Organe eines Körpers zueinander folgt einem vorgegebenen, »gesunden« Muster.

Weitere zu beachtende Prinzipien bei der Durchführung eines Modellversuchs mit einem neuen sozioökologischen Wirtschaftssystem sind folgende:

✓ Aller technischer Fortschritt muss auf seine Kompatibilität mit den Naturregeln überprüft werden. Das benötigt Zeit und setzt die von Peter Kafka geforderte »Entschleunigung« unserer Entwicklungen voraus. Derzeit sind etwa 99 Prozent der menschlichen Aktivitäten umweltschädigend. In Zukunft müssen zunächst alle möglichen Auswirkungen einer Neuentwicklung simuliert und daraufhin überprüft werden, ob das Neue mit dem Alten zusammenpasst.

299

✓ Für bereits in Anwendung befindliche Technologien müssen objektive und umfassende Nutzen- und Schadensbilanzen erstellt werden, also mit Berücksichtigung der gesellschaftlichen und Umweltkosten. Nur so sind faire Entscheidungen zwischen herkömmlichen und ökologischen Technologien möglich.

✓ Ein aufgeschlossener Geist muss sich auch in Wissenschaft und Lehre sowie den Medien durchsetzen. Derzeitige »postautistische« Bewegungen, die eine Vielfalt der Lehrinhalte fordern, gehen bereits in diese Richtung.

✓ Bereits erkannte Irrwege dürfen nicht länger mit der einseitigen Begründung des sonst entgehenden Profits weiterverfolgt werden. Dazu gehört in erster Linie die Verwendung endlicher (unterirdischer) Ressourcen. An ihre Stelle sollen regenerative (oberirdische) Ressourcen treten. Die dafür bereits vorhandenen Technologien sind auszubauen und weiterzuentwickeln.

✓ Allerdings sollen falsche Wege nicht bekämpft werden, sondern es soll durch Einsatz für einen besseren Weg der Anreiz zum Nachahmen geschaffen werden, um so den Kreis der mitmachenden Regionen zu erweitern.

✓ Unnötige Gegenwehr von Multis sollte vermieden werden, indem Vorhaben nicht gegen sie gerichtet werden, sondern indem sie Unabhängigkeit von ihnen schaffen, und sie somit entbehrlich machen.

✓ Gewachsene kulturelle, traditionelle und ethnische Gegebenheiten sollen, soweit die Menschenrechte gewahrt sind, respektiert und durch ein auf lange Sicht einzuführendes weltföderalistisches System gefördert werden.

✓ Den geografisch, klimatisch und historisch bedingten Unterschieden der einzelnen hinzukommenden Regionen soll Raum gegeben werden, damit die so wichtige natürliche Vielfalt möglich ist.

✓ Es soll kein Wettrennen aller Regionen und kein Duell einer Region mit einer anderen, mit Siegern und Verlierern, geben. Jede Region führt einen Wettbewerb mit sich selbst, mit ihren bisherigen Gegebenheiten, indem sie sich um die Verbesserung ihrer eigenen Lebensgrundlagen bemüht. Dazu gehört vor allem die Vermehrung des biologischen Reichtums.

✓ Hier müsste später auch ein internationales Bewertungs- und Verrechnungssystem ansetzen, das Verbrauchssteuern im Sinne der im vorhergehenden Kapitel beschriebenen sieben Steuerarten erhebt und auf alle Regionen gemäß ihrer erzielten biologischen Verbesserungsraten verteilt.

✓ Der biologische Reichtum, quasi das Naturvermögen einer Region, setzt sich aus der ortsgebundenen Flora und Fauna zusammen, weil diese über die in lang dauernder Evolution erworbene »lokale Fitness« (Endemie) verfügen und so die weltweite Artenvielfalt gesichert wird. Auch der Mensch mit seinem Wissen und Können (»Humankapital«) gehört dazu!

✓ Der Modellversuch erlaubt einen Beginn im Kleinen; er kann sich mit angemessener Geschwindigkeit in andere Regionen ausbreiten. Das macht den Unterschied zu bisherigen globalen Vorhaben, die gleich alle Staaten zum Mitmachen bewegen wollen (Kyoto-Protokoll, Tobin-Tax, UN-Resolutionen etc.).

✓ Als letzter Punkt soll auch hier noch einmal an die Einhaltung des Subsidiaritätsprinzips erinnert werden.

Praktische Schritte – die Startphase des Modellversuchs

Beginnen muss man zunächst in einer Region, in der zuerst die Prinzipien der Öko-Alternativen (vor allem bei der Energieerzeugung) und der nachhaltigen Wirtschaftsordnung in die Praxis umgesetzt werden.

Wenn sich eine weitere Region diesem Modellversuch anschließt, kann mit der Bildung einer Föderation begonnen und so erste Schritte auf dem Weg zu einem Weltbürgertum mit einer reformierten UN gemacht werden.

Öko-Alternativen/Effizienz- und Strukturneugestaltung

Bei der Umstellung der Wirtschaftsform auf nachhaltige Grundlagen mit dem Ziel einer **Welt im ökologischen Gleichgewicht** stehen folgende wichtige Umwälzungen an:

✓ Der Energieverbrauch muss zunächst reduziert werden. Dies geschieht zum einen durch Unterlassung von Verschwendung (banales Beispiel: Klimaanlagen, die Räume so abkühlen, dass man sich im Pullover einen Schnupfen holt), zum anderen durch die Erzielung einer besseren Effizienz. Das Einsparpotenzial aufgrund von technologischen Fortschritten dürfte bei 50 Prozent des derzeitigen Verbrauchs liegen. Voraussetzung ist allerdings ein bereits bei der Planung auf Ressourcenschonung ausgerichtetes Denken, zum Beispiel bei der Ausrichtung von Häusern und ihren Dächern.

✓ Die Energieversorgung muss auf regenerative Quellen umgestellt werden und eine Mischung der jeweils geografisch optimalen Ressourcen nutzen.

✓ Die Energieerzeugung soll so dezentral wie möglich erfolgen, um einerseits Oligopolbildungen zu verhindern und andererseits die Leitungsverluste so gering wie möglich zu halten.

✓ Alle Produkte müssen aus verrottbaren Werkstoffen hergestellt werden, also kompostierbar sein, womit Müll erst gar nicht anfällt. Damit werden auch die Schäden bei Katastrophen wie Überschwemmungen, Orkane, Brände etc. verringert.

✓ Für alle benötigten Produkte, für die es noch keine biologisch abbaubaren Werkstoffe gibt, sollen die Recyclingverfahren optimiert werden (zum Beispiel durch das auf S. 147 erwähnte Kryo-Recycling).

✓ Vor allem in Gebieten, in denen die Bevölkerung nicht mehr wächst, muss die weitere Bodenversiegelung gestoppt werden. Nicht mehr benötigte Flächen (zum Beispiel nach Firmenstilllegungen) sollen renaturiert werden, um den Lebensraum der Pflanzen- und Tierwelt quantitativ und qualitativ (durch größere zusammenhängende Flächen) zu erweitern und zusätzliche CO_2-Speicher zu gewinnen.

✓ Die Biodiversität, die Vielfalt der Flora und Fauna, soll erhalten beziehungsweise erneuert werden. Je zahlreicher die Arten sind, desto geringer sind die Schäden, die durch Krankheiten verursacht werden können.

✓ Statt Schädlinge chemisch zu bekämpfen und Pflanzen auf ausgelaugten Böden zwangszuernähren, soll der Boden Gelegenheit zur Regeneration bekommen, um seine natürliche Fruchtbarkeit durch die Zunahme des Bodenlebens wiederzuerlangen. Pflanzen mit gesundem Stoffwechsel werden nicht von Schädlingen befallen.

✓ Da die Erträge beim ökologischen Anbau beziehungsweise der Permakultur letztlich nicht geringer ausfallen als bei der Verwendung von chemischem Dünger, von Pestiziden, Insektiziden und Fungiziden, der Einsatz von Kapital und der Arbeitsaufwand aber viel geringer sind, gebietet auch die ökonomische Vernunft einen Umstieg. In den Entwicklungsländern ist die Umstellung auf biologischen Anbau keine große Sache: 80 Prozent der Bauern erfüllen bereits heute die Anforderungen – vor allem, weil sie bisher zu arm waren, um sich die »Segnungen« der Agrarchemie leisten zu können.

✓ Um nicht gezwungen zu sein, die Leistungsfähigkeit der Böden zur Produktion von Getreide im Übermaß zu strapazieren, muss die heutige unsinnige Verfütterung von 40 Prozent des wertvollen Getreides gestoppt werden. Zur Erzeugung von einer Kalorie Fleisch werden zwölf pflanzliche Kalorien verbraucht.

✓ Auf tierisches Eiweiß ist auch aus anderen Gründen weitgehend zu verzichten: Für ein Kilogramm tierisches Eiweiß werden 193 Quadratmeter Boden und über 100 000 Liter Wasser gebraucht, während zur Erzeugung von einem Kilogramm pflanzlichem Eiweiß bei Mais 22 Quadratmeter und 12 400 Liter Wasser und bei Soja 16 Quadratmeter und knapp 9000 Liter nötig sind. Die Alge Spirulina, die neben hoch konzentriertem Eiweiß auch noch wichtige Spurenelemente enthält, kommt für ein Kilogramm Eiweiß mit einem Quadratmeter und 2500 Litern Wasser aus.

✓ Abgesehen vom ethisch nicht vertretbaren Umgang mit den Tieren in der Massentierhaltung (wo sehr treffend von

»Fleischproduktion« gesprochen wird) werden durch den viel zu hohen Weltviehbestand große Mengen Methangas freigesetzt, die klimaschädliche Auswirkungen haben. Gleichzeitig schadet die Überweidung dem Boden durch erhöhte Erosion und verringert das Nahrungsangebot für die Tiere. Besser eine wohl genährte Kuh als zwei magere und kränkliche.

✓ Es gilt angesichts der weiter wachsenden Weltbevölkerung, den Verlusten wertvoller Humusschichten durch Erosion Einhalt zu gebieten und alle Anstrengungen zu unternehmen, an die Wüsten verlorene Gebiete zurückzugewinnen. (Die Landfläche macht nur 29 Prozent der Erdoberfläche aus, und hiervon sind nur knapp mehr als die Hälfte von Vegetation bedeckt, wovon wiederum nur ein Sechstel Ackerland ist.)

✓ Mit dem für alles Leben notwendigen Wasser muss ebenfalls sorgsam umgegangen werden. (Derzeit wird Trinkwasser in den reichen Ländern für Zwecke verschwendet und verschmutzt, für die auch Brauchwasser genügen würde, und in armen Ländern versickert das oft nur spärlich vorhandene Nass aus maroden Leitungen im Boden.) Es ist unsinnig, in Gegenden mit wenig Wasser Pflanzen mit hohem Wasserbedarf anzubauen (wie zum Beispiel Baumwolle) und dies durch staatliche Subventionen zu fördern.

✓ Alle Subventionen sollten schrittweise, aber zügig abgebaut werden, da sie meist Anreize in die falsche Richtung oder gar zum Betrug bieten. Vor allem sollten keine vorübergehenden Brachflächen gefördert werden, da dadurch die Unkrautverbreitung unterstützt wird.

✓ Die Überfischung muss umgehend gestoppt und den Fischbeständen Zeit zur Regeneration gegeben werden.

✓ Beim Pflanzenanbau müssen hoch ertragreiche und vielseitig verwendbare Pflanzen stärker zum Einsatz kommen. Dazu zählen vor allem die Faserpflanzen, die sowohl als Rohstoff zur Energieerzeugung dienen als auch die Basis für Werkstoffe bilden können (aus Hanf können 40 000 verschiedene Produkte hergestellt werden, aus der Brennnessel 10 000).

✓ Ein ganz wichtiger Faktor, sowohl beim Energie- (mit schädlichen Folgen für die Atmosphäre) als auch beim Landverbrauch, ist die Mobilität. (In Deutschland zum Beispiel gab es bereits 1983 knapp zwei Straßenkilometer je Quadratkilometer Fläche. Das war nach Belgien, Japan und den Niederlanden die vierthöchste Straßennetzdichte der Welt. Und auch wenn die Verkehrsflächen insgesamt »nur« zirka fünf Prozent des Bundesgebiets beanspruchen, so ist die von ihnen ausgehende Beeinträchtigung enorm: Die Emission verseucht angrenzende Flächen, der Lärm beeinträchtigt Menschen und Tiere. Vor allem aber gibt es immer weniger zusammenhängende Flächen von ökologisch bedeutsamer Größenordnung. Die Bodenschutzkonzeption der Bundesregierung von 1985 wies aus, dass es im gesamten Bundesgebiet lediglich 120 Flächen von zehn Kilometern mal zehn Kilometern gab, die nicht von Hauptverkehrsstraßen und Schienenwegen zerschnitten waren.)

✓ Es gilt, zunächst den unnötigen Verkehr einzudämmen, der sowohl beim Personentransport als auch beim Güterfernverkehr riesige Ausmaße erreicht hat und derzeit weiter anwächst. Dies bedarf einer Kombination aus gesetzlichen Regelungen und Verteuerungen durch Einbeziehung sämtlicher Kosten in die Preisbildung, also auch der ökologischen, gesundheitlichen und sozialen Komponenten.

✓ Für den notwendigen Verkehr müssen völlig neue Verkehrskonzepte entwickelt werden, die die Bedürfnisse der Reisenden und der Natur auf intelligente Weise zusammenbringen. Dazu gehört, dass für jeden Bedarf die optimale Lösung entwickelt und alle Fortbewegungsformen logistisch aufeinander abgestimmt werden. Für den heute dominierenden Individualverkehr verbliebe dann nur noch eine geringe Notwendigkeit.

✓ Die Antriebsenergien sämtlicher Fortbewegungsmittel sollten weitgehend aus kaltgepresstem Pflanzenöl kommen, der optimalen Energieform, dessen Energieausbeute 15-mal effizienter ist, als die des immer wieder gepriesenen Wasserstoffs.

✓ Es gilt, Motoren zu entwickeln, die eine möglichst hohe Energieausbeute haben. Beispiele wie der Elsbett-Gegenkolbenmotor (Fortbewegung) oder der Stirling-Motor (Erzeugung von Elektrizität und Wärme) zeigen, dass das Potenzial von den heute gebräuchlichen Motoren noch nicht ausgereizt wird.

✓ Ein wichtiger Schritt zur Reduktion des Personennahverkehrs, vor allem aber des Gütertransports, ist die Regionalisierung der Wirtschaft.

Nachhaltige Wirtschaftsordnung

Hier kommen wir zum Kernstück der notwendigen Veränderungen jedes alternativen Modellversuchs. Denn die derzeitige Wirtschaftsordnung ist der Motor der meisten unserer selbstschädigenden Betätigungen. Ob wir die Natur ausbeuten oder uns selbst – der dafür ursächliche Zwang zu ständigem Wachstum entspringt dem Circulus vitiosus unseres Geldsystems. Doch wo steht geschrieben, dass wir das von uns geschaffene System nicht auch abändern können, zumal es zu anderen Zeiten und in anderen Ländern auch andere Formen gab und gibt? Warum gibt ausgerechnet ein Ökonom, der zum so genannten »Rat der Wirtschaftsweisen« gehört, die Notwendigkeit dringender Reformen nicht zu, wenn er selbst feststellt, dass »Kapital immer neues Kapital hervorbringen muss«, weil angeblich »jede Wirtschaftsordnung, die auf Geld aufgebaut ist, Menschen braucht, die bereit sind, ihr Geld zu verleihen«, wofür sie dann »natürlich« Zinsen erwarten?[4] Gustav A. Horn unterschlägt gleich zwei Dinge: zum einen, dass es dann auch immer jemanden geben muss, der sich verschuldet und der sich aus diesem Schuldverhältnis nur befreien kann, indem er eine Mehrleistung erbringt. Ist das Geld mit Zinsen zurückgezahlt, muss das Spiel weitergehen, jedes Mal allerdings mit höherem Einsatz. Vermögen und Verschuldung schaukeln sich so in immer schwindelerregendere Höhen. Das kann nicht funktionieren.

Zum anderen unterdrückt Horn jegliche Frage im Keim, ob es nicht auch eine andere Möglichkeit gäbe, das Geld vor dem Horten zu bewahren und es im Kreislauf zu halten – mit dem Ziel einer **Welt im ökonomischen Gleichgewicht.**

---

4 »Wir sind einfach zum Wachsen verdammt«; Interview mit Gustav A. Horn; »Frankfurter Rundschau« vom 29. September 2004.

✓ Die Lösung heißt Umlaufsicherung und entspricht in etwa einer Standgebühr bei Transportmitteln. Wenn ich einen Container der Bahn nicht zurückgebe, fallen Gebühren an, auch wenn ich ihn gar nicht benutze. Das sieht jeder ein. Aber auch Geld ist in einem gewissen Sinn ein Transportmittel, das der Staat zur Verfügung stellt, um den Austausch von Waren und Dienstleistungen zu ermöglichen. Wer es seiner Funktion entzieht, sollte nicht mit Belohnung gelockt, sondern mit Gebühren abgeschreckt werden.

✓ Betroffen von der Umlaufsicherungsgebühr wäre nur die Bargeldhortung (der berühmte »Sparstrumpf« oder die »schwarzen Kassen«). Wer hingegen Geld zum Sparen auf ein Bankkonto legt, von wo es verliehen werden kann, entzieht es nicht dem Umlauf.

✓ Die Zinsen würden, wenn auch das Geld Marktgesetzen unterliegt und nicht mehr mit »Streik« drohen kann, gegen null tendieren (von einer Bearbeitungsgebühr und der Risikoprämie abgesehen).

✓ Außerdem wäre es neben der Vermeidung der Umlaufsicherungsgebühr auch für den Geldhalter sicherer, sein Geld bei einer Bank zu wissen als in den heimischen vier Wänden.

✓ Erst wenn davon ausgegangen werden kann, dass das ausgegebene Bargeld auch im Umlauf ist, kann die Zentralbank die Geldmenge steuern.

✓ Eine Folge: Der Begriff Inflation könnte langsam in Vergessenheit geraten. Konkret hieße dies: Wer 100 000 Euro »fürs Alter« anspart, bekommt nach 20 oder 30 Jahren den gleichen Gegenwert für sein Geld, den er zu Beginn erhalten hätte. Nicht mehr – aber auch nicht weniger. Sein Geld lagert bei der Bank also nicht nur sicher, sondern auch wertbeständig. Das Märchen von früher, dass Geld nebenher auch noch arbeiten oder sich vermehren könne, glaubt ein paar Jahre nach Einführung der Umlaufsicherung kein Kind mehr.

✓ Da der Geldstreik nicht mehr durch Belohnung (Zinsen) verhindert werden muss, besteht auch keine Veranlassung mehr zu Unternehmensfinanzierungen über Aktiengesellschaften oder über die Börse. Den Druck, zweistellige Renditen für die Shareholder und auf Kosten der Beschäftigten zu erwirtschaften, gibt es nicht mehr. Unternehmen finanzieren sich ausschließlich über Bankkredite, deren Zinsen wegen des hohen Angebots an Kapital marktgerecht gegen null tendieren. Die Kreditkosten bestehen letztlich nur noch aus einer Bearbeitungsgebühr und der Risikoprämie.

✓ Steuern sollen auf den Verbrauch nicht vermehrbarer Güter erhoben werden (dazu mehr im Kapitel »Modell für ein zukunftsfähiges Steuersystem«, S. 180). Dadurch macht es einen erheblichen Unterschied bei den Kosten und den Preisen, ob Güter weite Wege zurücklegen, und ob ein hoher Anteil nicht erneuerbarer Ressourcen verarbeitet wird.

✓ Das heute so aufwändige System der Steuerkontrolle könnte durch das vereinfachte System mit nur noch wenigen Kriterien und sehr wenigen Ausnahmefällen auf ein Minimum an Gesetzen und Verwaltungsaufwand reduziert werden. Schwarzarbeit, Steuerhinterziehung, Korruption und Zollbetrug würden die Grundlage entzogen.

✓ Damit entfällt auch der ständige Zwang zur Größe, zum Fusionieren und zum Globalisieren. Kleine und regional wirtschaftende Unternehmen haben gegen multinationale Konzerne bessere Chancen. Kartelle gehören der Vergangenheit an. Arbeitsplätze werden dezentralisiert, das Wachstum der Ballungsräume beendet. Arbeit und Kapital stehen sich endlich in Augenhöhe gegenüber.

✓ Um allen Menschen ihren menschenrechtlichen Anspruch auf »ihren« Anteil an der Erde zuteil werden zu lassen und gleichzeitig die Lebensgrundlagen für spätere Generationen zu sichern, müssen eine Bodenrente sowie eine Öko-Umlage erhoben und rückverteilt werden (siehe dazu das Kapitel III, 4 E, Seite 193).

✓ Internationale Organisationen wie IWF, WTO und Weltbank werden, wenn immer mehr Regionen sich der nachhaltigen Wirtschaftsordnung anschließen, obsolet. An ihre Stelle tritt ein internationales Ausgleichssystem ähnlich dem, das John Maynard Keynes mit dem Bancor-System[5] vorschwebte. Bei

---

[5] Mehr dazu bei Thomas Betz:
Globalisierung des Geldes. Vortrag vom 30. Oktober 1999; zu finden unter: http://userpage.fu-berlin.de/~roehrigw/betz/glob.htm.

diesem sollte eine »International Clearing Union« (ICU) dafür sorgen, dass jeder Mitgliedsstaat die ihm zugeteilte Maximalverschuldung gegenüber der Union einhält, und ihn bei Schwierigkeiten beraten. Gleichzeitig dürfen Mitgliedsstaaten keine über ihrer Quote liegenden Guthaben aufweisen.

✓ Ein über die rein ökonomischen Kriterien von Keynes hinausgehendes internationales Ausgleichssystem hat der Equilibrismus in der Form der »Internationalen Treuhand« anzubieten (dazu mehr im Abschnitt D).

Weltbürgertum/UN-Reform

Auch neue globale Institutionen, die in Zukunft zunehmend benötigt werden, müssen zunächst in einem kleinen Modell erprobt werden. Dies gilt für alle Einrichtungen mit Belangen von globaler Tragweite. Wir stehen heute vor einem Chaos an weltweiten Zuständigkeiten. Einerseits fehlt vielerorts die im Sinne der Subsidiarität wünschenswerte regionale Selbstständigkeit, andererseits mangelt es aber auch an durchsetzungsfähigen Organen für Entscheidungen mit weltweitem Bezug und generationsüberschreitender Tragweite.

Deshalb soll im Folgenden skizziert werden, wie eine **Welt im politischen Gleichgewicht** aussehen könnte.

✓ Solange die Fernziele noch nicht erreicht sind, muss (mit Anerkennung der UNO) in den bereits beigetretenen Modellregionen eine Art »Parallel-UNO« eingerichtet werden, in der die Bedingungen erprobt werden können, die der »großen« UNO heute zu ihrer Durchsetzungsfähigkeit noch fehlen; dazu gehört unter anderem die Direktwahl von Abgeordneten in ein (im Wachstum befindliches) Parlament. Fernziel ist die Direktwahl eines Weltparlaments.

✓ Außerdem gehört hierzu, dass die internationale und die Bürger der Erde repräsentierende Institution über eine Polizeitruppe für Interventionen zum Schutz bei Übergriffen verfügt sowie über eine permanente Einsatztruppe für Natur-, politische und wirtschaftliche Katastrophen.

✓ Zu den global zu regelnden und zu überwachenden Rahmenvereinbarungen gehören vor allem die Naturrechte und die Menschenrechte.

✓ Wenn sich in weiteren Schritten immer mehr der heutigen 192 UN-Mitgliedsstaaten der neuen Organisation anschließen, bestünde ein weiteres denkbares Fernziel in einer verwaltungsmäßigen Neustrukturierung der Staaten, in einem System von Kontinentalregionen mit jeweils relativ kompatiblen Kerninteressen (Geografie, Ethnie, Religion, Sprache, Kultur) unter Auflösung ihrer oft unsinnig verlaufenden heutigen Grenzen. Dabei böte sich letztendlich eine Zahl von beispielsweise 16 Kontinentalregionen an, die Flächen von durchschnittlich acht Millionen Quadratkilometern und eine Bevölkerungszahl um 400 Millionen Bewohnern umfassen würden. Dies könnten zum Beispiel Nord-, Zentral- und Südamerika sein, Süd- und Nordafrika (mit Arabien), West- und Osteuropa (mit dem westlichen Teil Russlands) und mehrere Regionen in Asien. Aus dem Rahmen fielen die hauptsächlich aus Wasserflächen bestehende ozeanische Inselwelt (mit Neuseeland) sowie das zwar mit 3,3 Millionen Quadratkilometern relativ kleine, aber mit über einer Milliarde Menschen sehr bevölkerungsstarke Indien.

✓ Alle entstehenden Kontinentalregionen könnten nach einem neuen Wahlsystem (siehe den Vorschlag eines viergliedrigen Parlaments von Johannes Heinrichs im Kapitel III, 5 B) je vier Vertreter in ein »Internationales Rahmenparlament« wählen, das vor allem für die Einhaltung der oben genannten Menschen- und Naturrechte zuständig wäre, aber auch die meisten anderen Aufgaben der heutigen UNO übernehmen sollte.

✓ Ein Gremium, quasi das Herzstück des »Internationalen Rahmenparlaments«, würde die »Internationale Treuhand« darstellen. Zu ihren Aufgaben kommen wir weiter unten.

✓ Es wäre zu überlegen, ob bei den Wahlen nicht mehrere Stimmen abgegeben werden sollten, mit denen man einmal einen Abgeordneten als Vertreter der Regionsinteressen, einmal einen als Vertreter der eigenen Ethnie und eventuell einen unter dem Aspekt der Religionszugehörigkeit wählen könnte.

✓ Alle obersten Posten (die Präsidenten einer Region, einer Kontinentalregion oder des Internationalen Rahmenparlaments) sollten in direkter Wahl von allen betroffenen Bürgern gewählt werden können.

✓ Durch das Verbot von Parteispenden würde die Herrschaft der Parteien beseitigt, die heute die Zusammensetzung der Parlamente weitgehend über ihre Listen bestimmen. Die Kandidaten müssten sich klarer zu ihren Positionen bekennen, ihr Wirken wäre besser zu überprüfen, und sie könnten nicht so leicht durch Lobbyisten manipuliert werden. Die Finanzierung politischer Gruppierungen erfolgte über Steuern analog zu den erhaltenen Wählerstimmen und Mitgliederzahlen.

✓ Allen Wählergruppen sollte die Möglichkeit eingeräumt werden, sich in den Medien zu äußern, sodass nicht nur die Größe einer Partei und ihrer Geldmittel entscheidend ist. Natürlich darf es Grenzen der Meinungsäußerung geben, zum Beispiel bei rassistischer Hetze und kriegstreiberischen Aufrufen.

✓ Die direkte Einflussnahme der Bürger soll durch verfassungsmäßige Verankerung von Volksbegehren auf jeder Ebene gestärkt werden.

✓ In den weitgehend eigenständigen Regionen können die jeweiligen Ethnien ihre Sprache, Kultur, Religion, Tradition, Architektur, Sozialstrukturen etc. lebendig erhalten. Auch dies zählt zum Bioreichtum einer Region. Gerade bei den Sprachen läuft ein mit der biologischen Vielfalt vergleichbares und unwiderrufliches »Artensterben« ab.

✓ Es wäre von Vorteil, eine weltweit akzeptierte gemeinsame Verkehrssprache zu entwickeln. Konstruktionen wie Esperanto bevorzugen die Sprecher einer Sprachfamilie. Deshalb wäre einer Neuentwicklung der Vorzug zu geben. Ein interessanter Ansatz wird von 15 internationalen Sprachwissenschaftlern an der Universität Regensburg verfolgt. Das von ihnen entworfene Sprachmedium KOD[6] benutzt völlig neue

---

[6] Mehr dazu: www.eufo-institut.de/deutsch.

Zeichen; es stellt keine neue Sprache mit eigener Grammatik dar, ist aber auch keine Kunstsprache, weil es auf den bestehenden Sprachen aufbaut. KOD versteht sich als zwischensprachliches Repräsentationssystem. Jede an KOD teilnehmende Sprache wird in diesem System dargestellt.

Natürliches Kreislaufwirtschaftssystem

Das größte Hindernis eines regionalisierten Kreislaufwirtschaftssystems ist in fast allen Ländern die zunehmende Verstädterung. Ursachen waren einst die Industrialisierung und die Produktivitätszuwächse in der Landwirtschaft. Heute sind es unter anderem Umweltprobleme (Bodenerosion, Wasserverknappung), Umsiedlung durch Großprojekte (Staudämme) und Verschuldung der landlosen Pächter, die zu dem führen, was gemeinhin »Landflucht« genannt wird, welche in Wahrheit aber eine Vertreibung ist. In Schwellenländern und Dritte-Welt-Ländern werden immer noch Menschen in gewaltigen Strömen vom Land in die überfüllten Metropolen gelenkt, wo sie meist in Slums vegetieren.

Großstädte ziehen aber auch in den Industrieländern nicht nur Gewerbe und Kultur an, sondern potenzieren auch die negativen Seiten von Zusammenballungen wie Versorgungs- und Entsorgungsengpässe, Verkehrsdichte, teurer Wohnraum, Kriminalität, Lärm, schlechte Luft etc.

Eine weitere Folge der teilweise in astronomische Höhen wachsenden Bodenpreise in den Metropolen: Es wird eng, phantasielos und billig gebaut, die Städte verarmen architektonisch immer mehr.

Was wäre zu tun? Welche Veränderungen müssten im Sinne einer **Weltwirtschaft im Kreislaufsystem** erfolgen, die neben einer Reduzierung auch für eine bessere Verteilung der nun einmal durch den Menschen ausgeübten Belastungen sorgen könnte?

Es heißt oft, man könne aus den Fehlern der Vergangenheit lernen. Hier bietet die bisherige Geschichte der Stadtentwicklung und der Architektur ein weites Lernfeld!

✓ Eine Dezentralisierung der Städte kann nur erfolgreich sein, wenn nicht nur Wohnraum (wie in den amerikanischen Suburbs), sondern auch Arbeitsplätze und eine ausreichende Infrastruktur (Schulen, Kino, Läden etc.) regional verfügbar sind. Es braucht demnach viele kleine Zentren statt weniger großer.

✓ Um das Bevölkerungswachstum ohne Zwangsmaßnahmen stoppen zu können, muss in den heute noch armen Regionen eine Palette an Anreizen und Unterstützungen geboten werden. Dazu gehören in erster Linie die Schulpflicht und Belohnungen, wenn der Kinderwunsch erst nach Abschluss der beruflichen Qualifikation erfüllt wird, sowie eine Schulung vor allem der Mädchen und Frauen in natürlicher Verhütung. Ferner eine gute medizinische Versorgung sowie wirtschaftliche Unabhängigkeit der Frauen (zum Beispiel durch die Umverteilung der Bodenrente).

✓ Wichtig sind aber auch Bildungseinrichtungen, in denen ein breiteres Spektrum an Wissen in kleineren Klassen angeboten wird, das auch den Respekt vor jeglicher Existenz, die Befassung mit dem Sinn des Lebens, Einblicke in kulturelle und spirituelle Entfaltungsmöglichkeiten sowie das Training sozialer Techniken einschließt.

✓ Diese Art des Lernens geht nur unter Einbeziehung aller Generationen, was in seinem Umkehreffekt auch zu einem solidarischen Miteinander von Jung und Alt führt, mit einer besseren sozialen Integration der Behinderten und Kranken. Auch dies zählt bei der Bewertung des »biologischen Reichtums« einer Region.

Die »Internationale Treuhand«

Ähnlich wie innerhalb einer Region (beziehungsweise in den anzustrebenden Kontinentalregionen) die Steuern nicht nur die finanziellen Grundlagen des Gemeinwesens bilden, sondern auch zur Lenkung des gewünschten und ungewünschten Verhaltens dienen, so muss die natürliche Kreislaufwirtschaft auch über ein finanzielles Lenkungs- und Bewertungssystem installiert und betrieben werden.

Jede Region entrichtet ökologische Steuern entsprechend ihres Verbrauchs nicht erneuerbarer Ressourcen (zu den Details der Zusammensetzung der Verbrauchssteuern siehe das Kapitel III, 4 B). Zusätzlich führen Regionen mit hoher wirtschaftlicher Leistungsstärke proportionale Zahlungen, ähnlich der heutigen Entwicklungshilfe, ab. Diese verringern sich mit dem Aufholprozess der wirtschaftlich schwächeren Regionen.

Aus dem Gemeinschaftsfonds werden die Einlagen nach einem Kriterienkatalog, in dem die Vermehrung des biologischen Reichtums einer Region bewertet wird, wieder ausgeschüttet.

Je nach Wichtigkeit für eine Region erhält jedes Kriterium einen Koeffizienten, der von den Naturgegebenheiten abhängt und sich mit der Entwicklung in der Region verändert. Ist zum Beispiel der Regenwald einer Region von großer Bedeutung sowohl für die dort heimische Tierwelt als auch für das globale Klima, so wird die Zustandsverbesserung des Waldes in dieser Region mit einem sehr hohen Koeffizienten bewertet. Damit werden die Einnahmeausfälle, die durch ein Verbot des Raubbaus entstehen, kompensiert. Sollten einmal alle Regenwälder sich ihrem früheren Stand annähern, so würde der Koeffizient für diese Bewertung stark gesenkt. Es gäbe aber auch für das Halten eines erreichten hohen Niveaus Fördermittel. Die Region könnte sich ebenfalls noch auf anderen Gebieten verbessern, zum Beispiel bei der Wasserver- und Abwasserentsorgung.

Ein anderes Beispiel aus dem Bereich Demografie: Während eine übervölkerte Region wie Indien einen hohen Koeffizienten bei der Bewertung der Geburtenkontrolle bekommen würde, sähe es bei Westeuropa genau entgegengesetzt aus, da hier die Geburtenzahl eher zu niedrig ist. Indien würde also dafür belohnt, dass es den Familien andere Möglichkeiten der Alterssicherung bietet, als durch die Zahl der eigenen (männlichen!) Nachkommen; dass es den Frauen mehr wirtschaftliche Macht und besseren Zugang zu natürlichen Verhütungsmethoden verschafft; dass Kinder, statt zu arbeiten, die Schule besuchen und dass sich generell die Lebensbedingungen der unteren Schichten bessern. In Westeuropa hingegen wäre als zu belohnende Maßnahme denkbar, dass mehr Raum für Kinder geschaffen wird, wo sie ohne Gefährdung durch den Straßenverkehr ihre Kreativität entfalten und sich austoben können. Des Weiteren sollten Arbeitsverhältnisse, die den Erwachsenen mehr Zeit für Kinder (nicht nur für die eigenen) lassen, entwickelt werden. Ein verminderter Leistungsdruck in allen Altersstufen, damit ein entspannteres Miteinander möglich wird, wäre ebenfalls erforderlich.

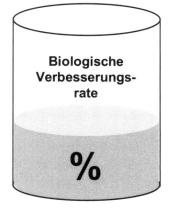

Bemerkungen:
Der biologische Reichtum ist eine Quantität und wird nach einem Kriterienkatalog ausgedrückt. In diesem Katalog ist jede Problemstellung je nach Wichtigkeit und Dringlichkeit mit einem Koeffizienten bewertet. Dieser variable Koeffizient richtet sich nach den Gegebenheiten der jeweiligen Region, je nachdem, ob der biologische Reichtum bewahrt, wiederhergestellt oder vermehrt werden soll.

Die biologische Verbesserungsrate wird durch einen Prozentsatz ausgedrückt. Dieser wird jedes Jahr in den verschiedenen Bereichen des Kriterienkatalogs gemessen, um festzustellen, wie sich der biologische Reichtum vermehrt hat.

Das wirtschaftliche Vermögen entspricht in etwa dem heutigen Bruttosozialprodukt. Allerdings bezieht sich die Bewertung im Equilibrismus auf neue Kriterien einer neuen Geld- und Bodenordnung (nachhaltige Wirtschaftsordnung).

Die ausgeschütteten Investitionsmittel der Internationalen Treuhand werden für die neu erzielten biologischen Verbesserungen gewährt. Da alle Verbesserungen irgendwann den Zenit der Sättigungskurve erreichen, wird auch das Halten eines Niveaus nach Verbesserungen weiterhin durch geringfügige Mittel belohnt.

Die von der Internationalen Treuhand erhaltenen Gelder dürfen ausschließlich zur Verbesserung des biologischen Reichtums reinvestiert werden. Dadurch wird eine Zunahme des wirtschaftlichen Vermögens nur gefördert, solange sich dieser im Einklang mit der Natur befindet. Dies geschieht zum Beispiel durch Vermeiden und Sanieren von Umweltschäden, durch vermehrten Einsatz menschlicher Arbeitskraft, durch Konsum ökologischer Waren, durch Entwicklung von Verfahren zur Nutzung regenerativer Werkstoffe und Energien, durch Abbau von Kinderarbeit, durch verbesserte Gesundheitsvorsorge, um nur einige Beispiele aus einem bis jetzt 250 Kriterien umfassenden Katalog zu nennen.

So kommt es langsam zu einem Kreisschluss: Wirtschaftliches Vermögen fördert notwendige biologische Verbesserungen. Diese werden von der internationalen Gemeinschaft belohnt.

Die Neuinvestitionen stärken die Wirtschaft, die wiederum Verbesserungen im Bereich des biologischen Reichtums umsetzt.

Hier bietet sich der Vergleich mit einem Körper an, der das beste Beispiel für ein Wirtschaftssystem im Gleichgewicht ist: Das »Herz«, das diesen Kreislauf durch Einnehmen von Steuern und Umverteilung in Schwung hält, ist die Internationale Treuhand. Das »Blut«, das im Kreislauf fließt, ist das Geld, das über Steuern eingezogen und über Kompensationszahlungen wieder ausgegeben wird. Die »Messbecher«, mit denen wirtschaftliches Vermögen und biologischer Reichtum und die biologische Verbesserungsrate bewertet werden, stellen die »Organe« dar. Das gesamte Kompensationssystem der Internationalen Treuhand bildet das »Skelett«, und die weltföderalistische Struktur der UN bietet dem Ganzen Schutz wie eine »Haut«.

Das sozioökologische Wirtschaftssystem des Equilibrismus

Die unten folgende Grafik stellt vier unterschiedliche modellhafte Beispielsituationen für den Ausgangsstatus einer Region dar. So kann eine Region in einem Extrem ein hohes wirtschaftliches Vermögen bei sehr niedrigem biologischem Reichtum aufweisen (Region A). Sie muss dementsprechend hohe Steuern und Abgaben entrichten, erhält aber, wenn sie ihren biologischen Reichtum verbessert, proportional zu ihrer Verbesserungsrate Fördermittel zurück. Im anderen Extrem kann eine Region über ein sehr niedriges wirtschaftliches Vermögen verfügen, bei gleichzeitig hohem biologischem Reichtum (Region D). Diese Region kann nun trotzdem in den Erhalt ihrer biologischen Vielfalt investieren, weil sie auch dafür gefördert wird, während sie fast keine Ökosteuern zu entrichten hat.

Zwei weitere exemplarische Kombinationen: Region C, in der wirtschaftliches Vermögen *und* biologischer Reichtum hoch, beziehungsweise Region B, in der beides niedrig ist. Im ersten Fall wird diese Region so lange Nettozahler bleiben, bis die anderen Regionen aufgeholt haben. Im zweiten Fall gilt umgekehrt, dass diese Region Mittelempfänger bleiben wird, bis sie sich den anderen Regionen angenähert hat – vorausgesetzt, sie unternimmt erfolgreiche Bemühungen zur Verbesserung ihres Status. Sollten diese Anstrengungen unterbleiben oder misslingen, würde das Internationale Rahmenparlament ein kommissarisches Gremium einsetzen, das mit den Hindernissen besser klarkommt. Sollte eine missbräuchliche Verwendung der Fördermittel durch korrupte Gruppen der Grund sein, müsste nötigenfalls auch für Rückendeckung durch die internationale Polizeitruppe gesorgt werden.

Jede Region sollte so regional und autark wie möglich wirtschaften. Für Handelsaustausch, Technologietransfer, Tourismus etc. zwischen den Regionen wird ein Bewertungs- und Verrechnungssystem benötigt, das positive Entwicklungen fördert und negative bremst. So sollte die Handelsbilanz zweier Regionen gegen null tendieren (Bancor-System, siehe Seite 308), um Ungleichgewichte und Abhängigkeiten zu vermeiden. Solange dies nicht der Fall ist, werden beide Seiten mit Steuern belastet.

Damit wirtschaftliche Aktivitäten mit der geringstmöglichen Naturbelastung erfolgen, werden Ressourcenverbrauch besteuert (siehe Kapitel III, 4 B) und die Vermehrung des biologischen Reichtums honoriert. Das Grundwerteparlament (siehe Kapitel III, 5 B) setzt die Kriterien fest, die von der Internationalen Treuhand umgesetzt werden.

Erläuterung des equilibristischen Systems anhand von vier modellhaften Beispielregionen

Region A: mit hohem wirtschaftlichem Vermögen und niedrigem biologischem Reichtum
Region B: mit niedrigem wirtschaftlichem Vermögen und niedrigem biologischem Reichtum
Region C: mit hohem wirtschaftlichem Vermögen und hohem biologischem Reichtum
Region D: mit niedrigem wirtschaftlichem Vermögen und hohem biologischem Reichtum

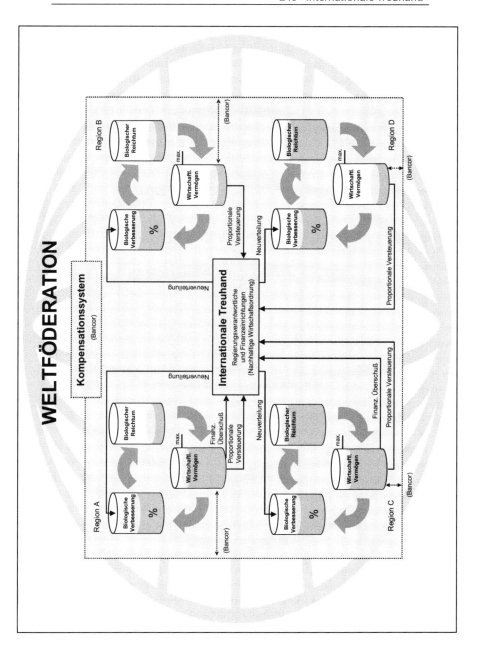

Dieses System kann sich nur durch freiwillige Beitritte der Regionen etablieren, und es benötigt den schützenden Rahmen einer mitwachsenden Föderation der teilnehmenden Regionen mit dem Ziel einer Weltföderation mit einer Weltverfassung. Diese Weltföderation muss im Gegensatz zu den heutigen Vereinten Nationen (UN) die Interessen der Weltbevölkerung vertreten und nicht die Egoismen der einzelnen Nationen repräsentieren.

Da die Bildung der Kontinentalregionen ein Fernziel ist, wird das Treuhandsystem zunächst in den Regionen angewendet, die sich dem Modellversuch anschließen.

Auswirkungen der natürlichen Kreislaufwirtschaft

Die Auswirkungen der natürlichen Kreislaufwirtschaft, die durch das Kompensationssystem in Gang gehalten wird, noch einmal in Kurzform:

✓ Es befreit vom exponentiellen Wachstumszwang und ermöglicht ein natürliches Wachstum mit Obergrenzen.
✓ Es vermeidet die rücksichtslose Ausbeutung von Rohstoffen, die oft einhergeht mit der Vernichtung von Natur- und Kulturräumen und damit der Lebensgrundlagen vor allem von ethnischen Minderheiten.
✓ Es erlaubt die gleichzeitige progressive Entwicklung in allen Regionen, ob sie bisher ein niedriges oder hohes Niveau hatten.
✓ Es regt den Wettbewerb jeder Region mit sich selbst an und vermeidet unsinnige Konkurrenz mit anderen, die oft sogar bis zum Krieg eskaliert.
✓ Es vermehrt den biologischen Reichtum mit einer ökologisch ausgerichteten Wirtschaft.
✓ Es verändert die menschliche Sicht und den Umgang mit der Natur hin zu einer Symbiose.
✓ Es verbessert den Lebensstandard und das Lebensumfeld aller.

Erhoffte Auswirkungen des gesamten Gleichgewichts-Modells

Kein wirtschaftspolitisches System kann das Paradies auf Erden garantieren. Es kann aber die Voraussetzungen dafür beseitigen, dass es systemimmanent, das heißt zwangsläufig, zu einer Hölle kommen muss.

Von einem System, das den Menschen an seine richtige Position inmitten der Natur gerückt und sich vom exponentiellen Wachstum befreit hat, kann man sich einiges versprechen:

✓ Der Mensch wird vom rücksichtslosen Herrscher über die Natur zum achtsamen Hüter der Erde.

✓ Das langsame, natürliche Wachstum zum Beispiel eines Waldes ist auch ökonomisch wieder lohnend.

✓ Die Verschärfung der auf den Menschen zurückgehenden Weltprobleme (wie Klimaveränderung, Anstieg des Meeresspiegels, Ausbreitung der Wüsten, Wirbel- und Sandstürme) wird zunächst gestoppt, und die Auswirkungen werden anschließend langsam reduziert.

✓ Im nächsten Zug können große Teile der bereits bestehenden Schäden beseitigt werden, zum Beispiel durch Bewässerung, Aufforstung, Zurückdrängen der Wüsten und Erholung der Tierbestände zu Lande und zu Wasser. Damit nähert man sich einem Gleichgewicht zwischen Natur- und Kulturraum sowie zwischen Ökologie und Ökonomie.

✓ Die Vielfalt der Natur kann gefördert und im kulturellen Bereich »kopiert« werden.

✓ Mit den verbesserten biologischen Grundlagen verbessert sich auch die Lebensqualität.

✓ Mit für alle Menschen steigender Lebensqualität (die nicht identisch ist mit dem heute rein materialistischen »Lebensstandard«) verringert sich die Tendenz zu kriegerischen Auseinandersetzungen um Territorien und Ressourcen, und auch die Ausbeutung Schwächerer verschwindet.

✓ »Fortschritt« ist erwünscht, wo er positive Auswirkungen hat,

321

zum Beispiel beim Ersetzen offener Holzfeuerstellen durch Solarherde oder Pflanzenölkocher.

✓ Mit der Förderung von Vielfalt im Kulturellen und Spirituellen wächst die Toleranz gegenüber »anderen«.

✓ Wenn das Miteinander der Menschen das frühere Gegeneinander ablöst, werden enorme Ressourcen frei – menschliche Arbeitskraft, natürliche Ressourcen, Finanzmittel. Diese können in die Lösung gemeinsamer Probleme wie Krankheiten und Epidemien gesteckt werden. Insgesamt aber wird (nach Beseitigung der Schäden) weit weniger Arbeit zu leisten sein als heute.

Dies alles sind Puzzlestücke, die noch nicht für ein fertiges Bild genügen. Sie reichen aber hoffentlich aus, um das Thema darzustellen, sodass alle weiteren benötigten Puzzleteile dazu passend entwickelt und hinzugefügt werden können.

Das Thema »Geld« sollte bei der Entwicklung von zukunftsfähigen Modellen keine Rolle spielen – wir haben ja genug davon. Wir müssen es nur von dort, wo es keine oder schlechte Dienste tut, wo es keinen Anliegen mehr dient, sondern nur noch als Anlage um sich selbst kreist, dorthin lenken, wo es Nutzen stiftet.

Es ist eine Schande für alle, die Verfügungsmacht über Kapital haben, wie wenig davon bisher für nachhaltige Projekte eingesetzt wird. Hier aber wäre sogar ein Bereich, wo es nicht einmal eines Gleichgewichts bedürfte, sondern wo hemmungslos und einseitig investiert werden könnte: in positive, zukunftsfähige Entwicklungen!

*Handle so, dass die Wirkungen deiner Handlungen
verträglich sind mit der Permanenz
echten menschlichen Lebens auf der Erde.*
Hans Jonas

Einladung

Wir leben in einer Zeit mannigfaltiger und unterschiedlicher
Krisen, die jedoch einen grundlegenden Hintergrund haben:
die von uns erreichte Geschwindigkeit und ihre ständige weitere Beschleunigung.

Während die natürliche Entwicklung, die wir Evolution nennen, in einem angepassten Fortschreiten bestand und besteht,
das mit ungeheurer Langsamkeit und Zeit für vorsichtig tasten-
de Versuche vonstatten geht, stehen wir bei unserem technischen Fortschritt andauernd auf dem Gaspedal. Nach jeder
Biegung, die wir gerade noch mit Herzklopfen und Angst-
schweiß hinter uns gebracht haben, nehmen wir nicht etwa den
Fuß ein wenig vom Pedal, sondern drücken es im Gegenteil
noch etwas weiter durch.

Was also vordringlich Not tut, ist »Entschleunigung« – und
zwar schnell!

Die Welt, in der wir leben, ist nicht nur komplex, sie ist auch
paradox. So paradox, dass viele Menschen sich auf ihren privaten Kleinraum zurückziehen und sich aus der Gesamtverant-
wortung für das Überleben der Spezies Mensch verabschieden
möchten.

Mit einem Achselzucken, das Ratlosigkeit und gleichzeitig
Überforderung ausdrückt, gibt man sich dem Prinzip Hoffnung
hin.

Aber kann »man« wirklich nichts (mehr) machen? Gibt es keine Alternativen zu unseren heutigen Lebensformen? Oder gibt
es sie, aber zu einem Umlenken ist es bereits zu spät?

Die Antwort auf die letzte Frage kann nur sein: Wenn wir
nichts tun, dann ist es sicher zu spät. Wir können nur versuchen, unsere verbleibende Chance zu nutzen. Vielleicht fließt

323

bereits mit der Entscheidung, nicht nur an heute und an uns zu denken, ein wichtiger neuer Faktor in die Rechnung hinein.

Auch haben nicht alle Menschen dieser Erde den Bezug zur Natur und ihren Regeln verloren, und selbst in unseren Breiten gab es Zeiten, in denen Menschen, deren Lebenserwartung halb so hoch war wie unsere, Projekte begannen, von denen klar war, dass sie erst nach vielen Generationen fertig werden würden. Das setzt das Gefühl für etwas Übergreifendes, für Zusammengehörigkeit auch über Zeiträume, voraus, die den eigenen Lebenshorizont überschreiten.

Dabei ist es wichtig, die »Naturregeln« nicht als etwas Willkürliches zu verstehen, so wie es menschliche Gesetze nun einmal sind, die je nach Intention geändert werden können. In der Natur gilt das, was funktioniert. Das versuchen wir Menschen zwar auch, doch wir schauen, dass etwas *in unserem Sinn* abläuft. Die Natur ist neutral. Deshalb können ihre Regeln auch grausam erscheinen. Wenn zum Beispiel die Katze die Maus frisst, trifft dieses Urteil aus Sicht der Maus sicher zu. Andererseits ist die Natur auch einlenkend. Von Millionen Versuchen, etwas Neues hervorzubringen, nimmt sie die meisten zurück, weil sie nicht funktionieren. Und sie lässt normalerweise allem Zeit, sich auf Veränderungen einzustellen, »mit der Zeit zu gehen«.

Unser »Fortschritt« hingegen ist ein Fortrasen, bei dem vieles und viele auf der Strecke bleiben. Und wir meinen dann, dies der Natur abgeschaut zu haben: Wenn nur diejenigen mitkommen, die den gerade gestellten Anforderungen gewachsen sind, die nach den aktuell geltenden Maßstäben »leistungsfähig« sind, dann empfinden wir dies als eine Art »natürliche Auslese«.

So geschieht Vereinzelung, so entsteht Egoismus, so herrscht die Angst des Zu-kurz-Kommens, so verfällt man in einen Kampf jeder gegen jeden.

Doch der Hauptkampf wird gegen die Natur und damit gegen unsere Lebensgrundlagen geführt. Und auch hier spielt wieder die Beschleunigung eine Rolle, denn die Natur kann sehr wohl auf Veränderungen reagieren. Allerdings nicht, wenn sie an so vielen Stellen und mit einer so hohen Geschwindigkeit passieren.

Geht unser Gastspiel auf diesem Planeten also schon seinem Ende entgegen? Einerseits sind viele Wissenschaftler überzeugt, dass der Mensch bereits weitreichende Schäden angerichtet hat und sich seine Lebensbedingungen zunehmend verschlechtern werden. Andererseits sehen viele aber selbst heute noch beste Voraussetzungen, um ein »menschenwürdiges« Leben für alle zu verwirklichen, auch wenn die Weltbevölkerung, was wahrscheinlich ist, noch einmal um die Hälfte zunähme.

Doch eines ist klar: Wenn die Vision vom Paradies auf Erden Realität werden soll, dann darf nicht weiter gegen die Vernunft gehandelt werden, dann dürfen wir nicht immer erst durch Schaden vorübergehend klug werden (Tschernobyl, Exxon Valdez, 11. September), um dann langsam wieder zu den alten Fehlern zurückzukehren.

Wir müssen *heute* beginnen, positive und konstruktive Projekte auf den Weg zu bringen.

Um die finanziellen und wissenschaftlichen Ressourcen dafür freizubekommen, müssen wir alle zerstörerischen Projekte, allen voran die Rüstung, zügig zurücknehmen.

Wir müssen so unsinnige Pläne wie die Besiedelung von Mond und Mars stoppen und das frei werdende Potenzial auf Fragen lenken, deren Beantwortungen unseren Lebensraum Erde bewohnbar erhalten, oder – wie der Philosoph Hans Jonas es ausdrückte – für die »Weiterwohnlichkeit der Welt« sorgen.

Wir müssen dazu die nötige Renitenz entwickeln und klarmachen: Wir wollen hier nicht weg! Wir wollen auf diesem Planeten bleiben, wir wollen ihn uns endlich einmal wohnlich einrichten, statt ihn auszuschlachten und dann weiterzuziehen! Und die Erde soll für viele nachfolgenden Generationen von Menschen, Tieren und Pflanzen die Insel im Universum bleiben, die uns weiter die Lebensbedingungen bietet, an die wir alle angepasst sind.

Aufruf

Bei aller Skepsis, die der Leser dem oben skizzierten Modell entgegenbringen mag: Beweist nicht jeder Tag aufs Neue, dass wir mit den bisherigen Mitteln unsere großen Probleme nicht bewältigen können? Ist es nicht höchste Zeit, einen anderen Weg als den bisher eingeschlagenen auszuprobieren? Unsere Lebensweise des Raubbaus ist auf die Dauer nicht durchzuhalten. Wir müssen, wenn wir überleben wollen, dem übrigen Leben seinen Raum lassen, uns im Einklang mit der Natur bewegen.

Die Kritiker der genannten Vorschläge zu einer Kursänderung könnten eigentlich ruhig schlafen; denn wenn sie sich sicher sind, dass etwas Neues nicht funktionieren kann, würden sie ja durch das Scheitern eines Modellversuchs nur bestätigt werden. Warum also nicht einigen Visionären die Chance einräumen, sich zu irren?

Alle anderen Visionäre laden wir ein, uns mit weiteren Puzzlestücken am Ausbau des Modellversuchs zu helfen. Dabei sollte das Motto von Albert Einstein bei der Suche nach Lösungen berücksichtigt werden, dass alles so einfach wie möglich sein solle, aber nicht einfacher.

Hilfreich könnte sein, wenn sich die Literatur und andere Kunstformen solcher Zukunftsentwürfe annehmen und von Kassandrarufen, »Schrift-an-der-Wand-Traktaten« und Ausmalen von Horrorszenarien zu einer Darstellung »konkreter Visionen« finden würden und wenn sich »Kreative« an einer Positions- und Zieldefinition beteiligten und ihre Ausdrucksmittel für Scout-Dienste auf dem Weg ins Neuland einsetzten.

Denn auf den Weg dorthin wird sich die Menschheit nur zögerlich begeben, auch wenn nur dort die Zukunft zu finden sein wird, weshalb alle Anstrengungen nötig sind, um trotz der Scheingefechte der Politik, trotz der Ablenkung durch die Medien, vor allem aber trotz der Lockrufe der Rattenfänger, die einen rückwärts gewandten, aber gerade deshalb scheinbar vertrauten Kurs propagieren, Erfolg zu haben.

Während der abschließenden Arbeiten an diesem Buch ging der Wahlkampf in den USA mit dem Sieg von George W. Bush zu Ende.

Einige um die Zukunft Amerikas und damit der Welt besorgte Bürger haben erhebliche private Geldsummen in den Kampf für oder gegen einen der beiden Kandidaten gesteckt, ohne – wie Michael Moore, einer von ihnen – davon überzeugt sein zu können, dass es wirklich einen Unterschied machen würde, wer von beiden Kandidaten gewinnt. »Anything but Bush«, der Slogan der Bush-Gegner, ist doch geradezu eine Bankrotterklärung. Warum können wir immer nur *gegen* etwas sein?

Unsere Hoffnung ist, dass das Stoßgebet von Erich Kästner sich erfüllen möge: »Ach, gäbe es nur ein Dutzend Weise mit sehr viel Geld …«[1]

Würde zum Beispiel jemand wie George Soros, der über 20 Millionen Dollar *gegen* George W. Bush und damit *gegen* eine verkrustete Macht aufgewendet hat, auch nur zehn Prozent dieses finanziellen Engagements *für* eine neue Idee aufbringen, die im Stil der asiatischen Kampftechniken das Bisherige nicht angreift, sondern es umtänzelt und ins Leere laufen lässt, sind wir überzeugt, dass etwas in Bewegung gebracht werden könnte, das eine wirkliche Veränderung in die Welt brächte.

EQUILIBRISMUS e. V.
www.equilibrismus.org

---

[1] Das vollständige Gedicht befindet sich am Beginn des Kapitels »Nachhaltige Wirtschaftsordnung« auf Seite 170.

Geleitwort von Sir Peter Ustinov

Equilibrismus kommt aus dem Lateinischen und bedeutet Gleichgewicht. Unsere Welt scheint heute in mancherlei Hinsicht aus den Fugen geraten zu sein. Der Zustand ist alles andere als im Gleichgewicht. Denken wir nur an die Kluft zwischen armen und reichen Ländern, an die Umweltzerstörung und an die ungleiche Verteilung von Nahrung, Wasser und medizinischer Versorgung. Die Autoren dieses Buches suchen Ursachen und Lösungen für diese und andere Probleme unserer Zeit. Ihr Rahmen ist der Equilibrismus, die Suche nach einem neuen Gleichgewicht.

Bevor wir auf die Theorie des Equilibrismus eingehen, widmen wir uns erst einer einfacheren Frage, nämlich der nach dem natürlichen Gleichgewichtssinn, der den Menschen aufrecht gehen lässt. Diese Gabe wird uns nicht in die Wiege gelegt, sondern wir müssen sie als Kind langsam erlernen, indem wir immer wieder hinfallen, uns wehtun und verletzen. Aber mit der Zeit wird das Gleichgewichtsempfinden zu einem natürlichen Bestandteil unseres Heranwachsens, zumindest in seiner physikalischen Ausprägung. Denn in moralischer Hinsicht ist es während der Pubertät und in der späteren Jugend nur selten anzutreffen. Der Rausch der physischen Beherrschung jedenfalls ist besonders zur Zeit der ersten Bewusstwerdung erinnerungsträchtig. Ich zum Beispiel werde nie die reine Ekstase vergessen, wie ich die steilen Metallstufen der U-Bahn-Station South Kensington in London auf dem Schulweg hinunterpurzelte: drei davon auf einmal, sobald ich die Kunst beherrschte. Später dann im Leben werden solche simplen Errungenschaften vergessen, und in den mittleren Jahren erscheinen drei Stufen auf einmal als unnötig riskant. Mit dem Alter schließlich kehren alle physischen Unsicherheiten des Babyalters langsam zurück, aber die wundervolle, nicht ganz ausgemerzte Erinnerung an das einst so automatische Gleichgewicht führt nun zum vorsichtigen und bedachten Vorgehen.

Die logische Schlussfolgerung dieses Verhaltensmodells ist die wachsende Anerkennung von dem, was natürlich ist im Leben. Von Geburt an sind wir mit bedingten Reflexen und Vorurteilen bedacht worden, die von solch hoch geschätzten Quellen wie Familie, Kirche und Schule ausgehen. Viele Jahre lang braucht der Durchschnittsmensch, um einzusehen, wie viele Meinungen letztlich angeboren anstatt natürlich geformt worden sind und dass der Pfad durch den Dschungel, der für die heranwachsende Person von früheren Generationen gehauen wird, mit verstümmelten Signalen und falscher Information angereichert ist. Viele Menschen ergeben sich einfach dem erdrückenden Gewicht von äußeren Einflüssen, ohne je der innewohnenden universellen Anlagen ihres Geistes gewahr zu werden.

So hat ein langes Leben einen wichtigen Begleiteffekt: Es gibt dem Einzelnen die Zeit, darüber zu entscheiden, was er oder sie wirklich denkt, und zwar frei von der Notwendigkeit, zügige Entscheidungen zu treffen oder sich gedankenlos bestimmten Traditionen zu unterwerfen. Ein wachsendes Verständnis für den Gedanken des Gleichgewichts ist dabei von enormer Hilfe. Ebenso die Erkenntnis, dass der Reichtum der Welt eingeschränkt ist. Kein Wachstum des Lebensstandards ist auf die Dauer haltbar, wenn er auf Kosten von anderen Ländern und Mitmenschen geht. Ökonomische Theorien, die auf endlosen Wachstumsraten basieren, sind letztlich nichts anderes als ein Ausdruck von purer Gier. Sie vernachlässigen außerdem die Lebensbedürfnisse anderer Menschen, nicht zuletzt kommender Generationen. Nichts in der Natur wächst ewig.

Diesem Grundgedanken ist der Equilibrismus verpflichtet. Das Konzept strebt nach einem Ausgleich zwischen Ökologie, Ökonomie, Politik, Sozialem und Kulturellem. In einer Zeit, in der das ausschließlich ökonomische Denken um sich greift und die Wirtschaft auf globaler Ebene omnipotent wird, ist dieses Ziel dringlicher denn je. So wie das einzelne Kind sein Gleichgewichtsempfinden trainiert, so müssen wir uns auch als Menschheit vorantasten. Nach den furchtbaren Katastrophen des 20. Jahrhunderts sollte man meinen, dass wir etwas dazugelernt haben.

Weitere kann sich die Menschheit kaum noch leisten, wenn sie eine Zukunft haben möchte.

Die Kapitel in diesem wertvollen Buch werden natürlich eher die Leserinnen und Leser ansprechen, die sich bereits von den Zwängen der herkömmlichen »Weisheit« befreit haben und erkennen, dass ein Umdenken nötig ist. Andere sind zufrieden mit dem, was sie erreicht haben, und meiden das Risiko einer Selbstfindung.

Es ist fraglich, ob die Antworten auf all die Fragen, die das Leben auf diesem Planeten stellt, jemals komplett gefunden werden können; aus dem einfachen Grund, dass wir umso mehr Fragen finden, je mehr Antworten wir entdecken.

Bitte erlauben Sie mir, mit einem persönlichen Credo zu enden. Ich habe immer instinktiv gefühlt, dass die Wahrheit im Allgemeinen eher in der Mitte liegt als in extremen Positionen. Die Wahrheit, worum es sich auch handelt, ist deshalb sehr schwach. Das mittlere C auf dem Klavier ist weniger dramatisch als die dunklen Töne zur Linken oder die brillant-höheren zur Rechten. Grau sticht weniger direkt ins Auge als Schwarz oder Weiß. Entsprechend ist die Mitte immer Angriffen von den extremen Flügeln ausgesetzt. Letztere führen eine Auseinandersetzung nur auf der Grundlage ihrer ideologischen Richtung. Ist das vielleicht der Grund dafür, das ich Politikern der Mitte mehr traue als denen von rechts oder links? Zweifellos. Zumindest soweit man das Wort Vertrauen hier verwenden kann. Denn Politiker sind gezwungen, als Menschen zu erscheinen, die frei von Fehlern sind. Wie auch immer, ein Politiker einer kleinen Partei der Mitte ist sicher ein Garant für Integrität. Es ist kaum anzunehmen, dass ihn persönlicher Ehrgeiz zu seiner Überzeugung geführt hat.

Selbst wenn ich meine persönliche Überzeugung mit Nachdruck vertrete, darf das nicht als äußere Hülle eines Dogmas betrachtet werden. Dogmen sind Angelegenheiten von rechts oder links und haben mit Faschismus und Kommunismus zu den größten Katastrophen seit Menschengedenken geführt.

Selbst in der politischen Theorie muss es einen gewissen Anteil von Pragmatismus geben. Der Equilibrismus etwa will alles andere als ein Dogma sein. Wie bereits erwähnt leben wir in einer Welt, die letztlich den Launen der Natur ausgesetzt ist. Nichts kann vorausgesehen werden, weder das Wetter noch die Dauer einer Jahreszeit noch Naturkatastrophen. Wie der Kapitän eines Schiffs bei Sturm müssen wir in unserem Denken flexibel bleiben, uns zwar den Wellen anpassen, aber bald wieder unserem Kurs folgen, sobald die Bedingungen es wieder erlauben.

Bei ruhigem Wetter brauchen diese Vorsichtsmaßnahmen nicht zu existieren, aber dennoch ist es von Vorteil, wenn wir sie stets in unserem Bewusstsein halten. Warum? Weil Selbstkritik und Zweifel ein größerer Ansporn zum Denken sind als jede Form von Überzeugung. Zweifel kann die Menschheit vereinigen, Überzeugung teilt sie nur. Und das Denken im Gleichgewicht befähigt uns dazu, den Zweifel als Freund und Potenzial zu betrachten und nicht als eingeschworenen Feind eines Lieblingsdogmas.

In diesem Sinne mögen die Beiträge dieses Buches eine Anregung sein, darüber nachzudenken, ob es nicht auch Alternativen zum Bestehenden gibt.

(Übersetzung: Karla MacBride)

Zeichnung: Sir Peter

Dank der Autoren

Die Autoren danken folgenden Personen:

Sir Peter Ustinow: Er hat uns sein Geleitwort quasi als Kredit (von credere = glauben) geschrieben, als kaum mehr als das Konzept für das Buch vorlag. Als er am 29. März 2004 verstarb, war dieses Buch gerade im Werden. Sir Peters Unterstützung ging vor allem auf persönliche Gespräche zurück, in denen der Gründer und Vorsitzende Eric Bihl ihm (unter anderem in seinem Haus am Genfer See) die Ziele des Equilibrismus e. V. erläutern konnte. Dort trafen zwei Begeisterungsfähige aufeinander, und sicher hätten sich in Zukunft noch weitere Gelegenheiten zur Zusammenarbeit ergeben. Immerhin gab sich Sir Peter in einer seiner verschmitzten Skizzen (siehe nebenstehende Seite) als Equilibrist zu erkennen.
In die Freude darüber, dass dieses Buch nach einem langen Hindernislauf doch noch zum Ziel kam, mischt sich die Trauer über den Verlust dieses großen Idols und Freundes, dem wir nun nicht mehr mit einem fertigen Exemplar das in uns gesetzte Vertrauen bestätigen können.

Daniel Goeudevert: Es ist selten, dass jemand, der in einem Bereich Erfolg hat, noch zu einem kritischen Blick auf diesen Bereich und die eigene Tätigkeit in der Lage ist. Noch seltener aber dürfte es sein, dass jemand obendrein noch fähig ist, seine Perspektive über den für den Erfolg notwendigen Horizont hinaus zu erweitern. Von einer solchen Persönlichkeit Unterstützung in Form eines Vorworts zu erhalten, entschädigt für viele Mühen und wirkt als Ansporn.

Helmut Creutz: Wenn sich jemand so beklauen lässt wie er, dabei die Diebe auch noch berät, wie es am besten anzustellen ist, und – als wenn das alles noch nicht reichen würde – hinterher sogar das Ergebnis überprüft, dann kann sicher keine Naivität der Grund dafür sein, sondern die selbstlose Bereitschaft, die Früchte der eigenen Arbeit möglichst breit zu streuen – und echte Freundschaft. Alle Teile dieses Buches, in denen sich mit dem Themenbereich Geld und Wirtschaft befasst wird, atmen den Geist dieses kühlen Kopfes und scharfen Analytikers.

Ernst Schrimpff: Seit 20 Jahren Lehrstuhlinhaber an der FH Weihenstephan (unter anderem für Bodenkunde, Hydrologie und Erneuerbare Energien), engagiert er sich auch privat für den Umstieg bei der Energieversorgung. Seit 1996 ist er Erster Sprecher der »AG Bayerischer Solarinitiativen«, seit 2001 Vorsitzender des »Bundesverbands Pflanzenöle e. V.« (BVP) und für uns wichtige Anlaufstelle bei allen Fragen zur Land- und Energiewirtschaft.

Peter Kafka (in memoriam): Auch wenn er durch seinen zu frühen Tod direkt nichts zu diesem Buch beitragen konnte, so tauchte die Erinnerung an ihn während der Arbeit an einzelnen Texten immer wieder auf. Er hat durch seine Art, sich das Recht auf »Kinderfragen« zu erhalten, vieles und viele bewegt. Fand er dann Antworten auf seine Fragen, wagte er sie auch dann streitbar zu vertreten, wenn er sich damit unbeliebt machte. Er zweifelte die Sicherheit der »Kernenergie« an, zeigte »Wege zum wirklichen Fortschritt« und erklärte uns die »globale Beschleunigungskrise«. Dabei beschränkte er sich nicht auf sein Fachgebiet der Physik, sondern wagte sich auch auf Neuland, wenn er Zusammenhänge entdeckte, wie zum Beispiel die treibenden Kräfte des Geldes hinter unseren selbstzerstörerischen Aktivitäten. Er hat uns vieles vorgelebt – zum Schluss sogar noch das Sterben.

Unser Dank gilt auch den vielen anderen, die nicht namentlich erwähnt werden, die aber im Hintergrund an diesem Buch mitgewirkt haben. Denn auch wenn die Texte alle »auf dem Mist« der Autoren gewachsen sind, so mussten doch zunächst für die so vielfältigen Bereiche jeweils zuverlässige Lieferanten von hochwertigem Saatgut gefunden werden. Die meisten davon finden sich in den Literaturverzeichnissen mit ihren zur Vertiefung empfohlenen Werken.

Andere Mitglieder und Förderer des Equilibrismus e. V. haben dieses Projekt finanziell und mit ihren Kontakten unterstützt. Unsere Angehörigen standen uns durch ihr Verständnis bei – auch ihnen gebührt der Dank derer, die sich nun stolz als »Macher« dieses Werks präsentieren dürfen.

Notizen zu den Autoren und zum Equilibrismus e. V.

Volker Freystedt, Jahrgang 1950, ist Vorsitzender des Equilibrismus e.v. In Magdeburg geboren, flüchtete er 1953 als »Handgepäck« in den Westen, ging in Düsseldorf zur Schule und machte dort Abitur. Danach studierte er in Bonn und München Völkerkunde, Philosophie und Sozialpädagogik (Diplom-Sozialpädagoge). Es folgen bewegte Berufsjahre unter anderem als Jugendzentrumsleiter, Surflehrer, Layouter, Marketingfachmann und Autor. 1993 Rückkehr zur Sozialpädagogik: zunächst Arbeit mit obdachlosen Jugendlichen, seit 1995 in der Bezirkssozialarbeit. Durch den Bereich Schuldnerberatung Beschäftigung mit der Thematik »Geld«. 1997 prägende Bekanntschaft mit Helmut Creutz, 1999 Kontakt zu Eric Bihl, der 1998 den Equilibrismus e. V. in München gegründet hatte. Intensive Mitarbeit als Schreiber (Artikel, Korrespondenzen, Infomaterial, Öffentlichkeitsarbeit), seit 2000 im Vorstand.

Er ist verheiratet, hat zwei Kinder und lebt am Wörthsee/Obb.

Eric Bihl, 1964 im Elsass geboren. 1981 Abitur in Wirtschaft und Sozialwissenschaft. Er geht für zwei Jahre nach Französisch-Polynesien, wo er seinen Militärdienst als Ausbilder einheimischer Armeeangehöriger absolviert und Erfahrungen mit der Kultur der Maori sammelt. Anschließend folgt eine Banklehre in Frankreich. Seit 1987 in München beim Europäischen Patentamt angestellt.

Beschäftigt sich seit über 22 Jahren mit der globalen Umweltproblematik. Ausgehend von ersten Einsätzen zum Schutz des Tierreichs, entwickelte er ein eigenes Konzept bezogen auf die globalen Probleme der Wirtschaft, Ökologie, Politik, Gesundheit und Gesellschaft. Diese Theorie nennt er das »Prinzip des Equilibrismus« (Gleichgewicht), das sich auf die Regeln der Natur und ihre Kreisläufe stützt. Hauptaugenmerk ist die Beseitigung der Problemursachen anstatt ihrer Symptome.

Eric Bihl ist Initiator und Vorsitzender des international tätigen Equilibrismus e. V.

Er ist verheiratet und lebt in München.